所得税扣除
立场选择与制度进阶

以纳税人基本权利保障为中心

冯铁拴　著

中国政法大学出版社

2022·北京

图书在版编目（CIP）数据

所得税扣除立场选择与制度进阶：以纳税人基本权利保障为中心/冯铁拴著. —北京：
中国政法大学出版社，2022.8
ISBN 978-7-5764-0623-8

Ⅰ.①所… Ⅱ.①冯… Ⅲ.①个人所得税－研究－中国 Ⅳ.①F812.424

中国版本图书馆CIP数据核字(2022)第147899号

书　名	所得税扣除立场选择与制度进阶：以纳税人基本权利保障为中心 SUODESHUI KOUCHU LICHANG XUANZE YU ZHIDU JINJIE: YI NASHUIREN JIBEN QUANLI BAOZHANG WEI ZHONGXIN
出版者	中国政法大学出版社
地　址	北京市海淀区西土城路 25 号
邮　箱	fadapress@163.com
网　址	http://www.cuplpress.com (网络实名：中国政法大学出版社)
电　话	010-58908466(第七编辑部) 010-58908334(邮购部)
承　印	北京鑫海金澳胶印有限公司
开　本	720mm×960mm　1/16
印　张	15.5
字　数	250 千字
版　次	2022 年 8 月第 1 版
印　次	2022 年 8 月第 1 次印刷
定　价	68.00 元

本书获得教育部人文社会科学青年基金项目（项目批准号：
21YJC820009）、湖北省社科基金一般项目（后期资助项目）
（立项号：2021068）资助

序 言

　　博士论文经过修改付梓，这是一件值得庆贺的事情。作为本书作者博士阶段的指导老师，我一直期待铁拴在工作上有所成就，为本书做序推荐自然不容推脱。几年前，厦门大学王宗涛副教授的博士论文出版，我作为导师也曾被邀请做序，只是由于当时手头事情太多，没有办法兼顾，最后不得不选择放弃。事后想来，这一直是我心头很大的遗憾，再无机会弥补。师生一家，学生成长的重要时刻，需要老师的见证和鼓励，这是人之常情。

　　税收是一个很有意思的领域。每一个税种看似有固定的逻辑，俗称"税理"，但它们往往表现为经验共识。在一国法律体系中，每一个税种的内容如何安排，不同税种之间如何搭配，在税收成为法律之前，一般都没有具体要求。例如，我国目前为止尚没有法律界定过所得税是什么，应该怎么做才符合所得税的要求。人们对所得税的总结，要么是基于先入为主的税收知识，要么是来自对本国所得税法的概括。即便在国际法的层面，目前也找不到明确的规则或定义，来说明什么是所得税，什么不是所得税。推动所得税国际协调的，似乎不是法律义务，而是国家之间的默契，其动力来自贸易及投资的需求。

　　对待所得税扣除，同样也存在这种视角差异。大部分人基于税理而发表评论，认为所得税是纯收入税，当然应该扣除成本和费用，否则就与流转税无异；即便现实立法有所偏离，该扣除的项目没有扣除，也不会从合法性角度去质疑，最多只是主张规则不合理。毕竟，立法机关才是裁量决断的主体，它需要平衡各种各样的利益，而不只是依循纯粹的理念。另一种思路是去寻找更高位阶的依据，从宪法基本权利的立场为纳税人争取空间。即便法律没有事先对所得税扣除设定标准，但如果扣除规则违反了宪法有关营业自由、财产权保护、人权保障的规定，那么就可以将其纳入合法性审查的范围，对其法律效力作出判定，并要求立法机关修改完善。

　　铁拴在构思和写作博士论文时，大体上综合了以上两种视角，本书在这方面也基本上没有变化。宪法对税法的指导和规范，往往只是提出大致方向或者明确最低要求，不可能设定具体的标准。这其实给了立法机关很大的空间，只要不触及底线，所得税的税前扣除无论怎么处理，都很难被认定为违反宪法。因此，所谓营业自由保障或生存权保障，其所起到的作用，也只是给税法提供一般性指引，让所得税税前扣除更具合理性。跟财税学界基于税理而做的分析相比，这种做法虽然出发点不一样，实际效果却相差不大。也正是这个原因，本书虽然对所得税税前扣除提出了很多改进意见，但并没有指认现行哪一条规则违反宪法、实际侵犯了纳税人的基本权利。

从宪法的立场和角度研究税法，这是近几年税法学界非常流行的范式，给税法研究带来了一股清新之气。宪法学研究往部门宪法的方向拓展，也正好契合了税法学发展的需要。需要注意的是，这只是税法研究的一个向度，不宜成为全部。否则，税法学就会失去自我，仅仅成了宪法学的素材；税法学研究也容易因此陷入空转，不断重复宪法的方向性要求。有鉴于此，税法落实宪法的要求，不能停留在"不违反宪法"的层次，而应该通过自己的积极创造，让宪法要求在税法中得以实现。税法要做到不违反宪法，在制度设计方面并不是难事；困难的事情在于，如何在宪法指导下让税法更加优良，如何提炼税法本身的内在规律性，平衡政府财政需求和纳税人权利保护。这方面内容更是税法学的特色所在，希望铁拴在本书出版后能有更多突破。

第一次出版著作，难免会有些小激动。铁拴将样书封面发给我看时，忍不住表达了这种激动心情，我完全能够理解。在他博士论文写作的最后关头，武汉因新冠肺炎疫情而封城，学校也采取了封闭措施，铁拴一个人被困宿舍两个多月，其间的心理压力可想而知。挺过这段困难时期，顺利通过论文答辩毕业后，他进入武汉工程大学法商学院任教，继续从事与税法有关的教研工作。从教两年多的时间，他得到了领导和同事的帮助，也经历了一些磨练和挫折。对铁拴而言，这些都是宝贵的财富。只要心怀感恩之心，不管是什么样的经历，都是人生的财富，不仅学术方面可以考虑更加周全，为人处世也能更加通达稳重。赠人玫瑰、手留余香，前人总结的至理名言，相信铁拴能铭记在心，在生活和工作中时时观照，不辜负母校和就职单位的栽培。

再次祝贺新书出版，特此推荐！

熊　伟

武汉大学财税与法律研究中心

2022 年 8 月 31 日

◆ 前　言

所得税作为以所得为征税对象的税种，视纳税主体之不同又可区分为个人所得税与企业所得税。对所得而非对收入征税内涵着对各类费用的扣除，但费用扣除这一客观现象并不足以说明所得税规则设计者在设计费用扣除制度时所需恪守的基本立场。从一国可以自主决定是否开征所得税这个角度来说，立法者不仅可以定义所得的内涵，还可以决定包括费用扣除制度在内的所得税规则的方方面面，是否设计扣除以及如何设计扣除取决于规则设计者的单方裁量，即便允许扣除，此种情形下的扣除也只是国家给予纳税人的恩惠。但将所得税法置于宪制国家的视域下，包括所得税法在内的所有法律都不得侵犯宪法赋予纳税人的各项基本权利，扣除亦难以逃脱基本权利的拘束。对所得税扣除采取的立场不同，所得税扣除规则的设计自然有别。改革开放以来，我国所得税税制虽不断完善，但扣除规则中的乱象却从未停息，追根溯源方知是国家恩惠立场致其如此。为此，本书以问题为导向，遵循"基本权利保障立场的提出——基本权利保障立场的证成——基本权利保障立场的运行环境评估——基本权利保障立场的实现"的思维进路阐明放弃国家恩惠立场以采行基本权利保障立场的必要性与可行性，并在此基础上为我国所得税扣除规则的调适与完善提供具体指引，主要内容包括以下五章。

第一章，我国所得税扣除存在的突出问题及其根由。改革开放以来，我国所得税税制虽不断完善，但仔细审视我国所得税扣除规则变迁进程，则可谓乱象迭出。其中既有成本费用扣除沦为行政机关调控工具的一面，也有生计费用扣除内在逻辑缺失的问题。乱象的形成既有我国税收立法中一贯存在的税收法律工具主义因素，也有我国税法规范制定者过度重视所得税扣除的工具性机能而忽视其价值性机能的缘故。但这些都源于我国税法规范制定者对待所得税扣除所采取的立场——国家恩惠立场。

第二章，所得税扣除基本权利保障立场的提出。所得税扣除国家恩惠立场并非我国所独有，但是，恩惠立场也非无远弗届，已经引发理论界与实务界的反思与批判，其核心焦点就在于国家征税权应如何面对纳税人的基本权利。与之不同，德国则以其司法实践诠释出其对待所得税扣除的特别立场——基本权利保障立场。基本权利保障立场下，所得税扣除并非国家恩惠的结果，而是源于纳税人的基本权利，立法者能且仅能在合乎基本权利保障意旨下形塑所得税扣除规则。应对国家恩惠立场引发的所得税扣除乱象，我国有必要认真对待所得税扣除基本权利保障立场。

第三章，所得税扣除基本权利保障立场的证成。在国家恩惠立场与基本权利保障立场之间如何抉择，这既要考察所得税扣除背后的税理与法理，也要理性评估一国的具体国情。从税理层面来说，净所得原则乃扣除存在的核心机理，而净所得原则的良性运转又以根植于基本权利保障的量能课税为价值取向。借由量能课税，所得税扣除机理亦可谓内置基本权利保障理念。就法理层面而言，所得税扣除是纳税义务孕育出的财产权，财产权作为基本权利保障的核心与载体，根植于财产权社会义务的征税权受基本权利本质内容的限制，所得税扣除便是制衡所得税征税权以确保基本权利本质内容不受侵犯的工具。就国情面来说，确立基本权利保障立场亦有其必要性。它不仅可以呼应对所得税法进行合宪性审查这一时代课题，还有助于补强税收法定原则的价值缺憾，助力我国迈向税收实质法治。

第四章，所得税扣除基本权利保障立场的运行环境评估。鉴于税收正义的终极目的在于保障基本权利，作为税法建制原则的税收法定、量能课税以及稽征经济又分别在形式正义、实质正义与技术正义三个维度彰显着税收正义，故而评判所得税扣除基本权利保障立场的运行环境就可以从这三个维度加以展开。尽管为所得税扣除规则植入基本权利保障立场还面临诸多障碍，但这种障碍随着税收法定原则的稳步推进、合宪性审查日益受到重视以及税收征管技术不断提升也在不断消解。总体来说，我国具备支撑基本权利保障立场运行的制度环境。

第五章，所得税扣除基本权利保障立场的实现：以扣除规则进阶为中心。基本权利保障立场在所得税扣除中的实现具体分为两个层面：第一个层面为原则或者规则设计基准层面的实现；第二个层面系所得税扣除具体规则层面的实现。遵循成本费用扣除与生计费用扣除两分的思路，营业（财产）自由保障应成为成本费用扣除的基本指引，生存权保障则应作为生计费用扣除的核心标尺。就成本费用扣除而言，对其作出的限制亦构成对基本权利的限制，理应遵循法律保留原则，规范层级亦需摆脱规范性文件主导的局面；在实体完善方面，核实扣除应当成为个人所得税成本费用扣除的总体方向，而企业所得税立法则应重点调整罚没损失禁止扣除、经营费用限额扣除等规则。生计费用扣除问题则主要面临规则补足与规则拓展两个方面的问题，规则补足涉及基本减除费用扣除、保险费用扣除以及专项附加扣除的讨论，规则拓展则聚焦于扣除主体以及扣除项目。

目　录

序　言　　　　　　　　　　　　　　　　　　　　　　　/ 1

前　言　　　　　　　　　　　　　　　　　　　　　　　/ 3

导　论　　　　　　　　　　　　　　　　　　　　　　　/ 1

一、研究背景与研究价值　　　　　　　　　　　　　　　/ 1

二、研究文献述评　　　　　　　　　　　　　　　　　　/ 3

三、研究思路与研究方法　　　　　　　　　　　　　　　/ 11

第一章　我国所得税扣除存在的突出问题及其根由　　　　/ 14

第一节　所得税扣除规则变迁及其存在的突出问题　　　　/ 15

一、我国所得税扣除规则变迁梳理　　　　　　　　　　　/ 16

二、所得税扣除的二元问题：从成本费用扣除到生计费用扣除　　/ 23

第二节　所得税扣除问题存在的因由　　　　　　　　　　/ 32

一、税收法律工具主义的影响　　　　　　　　　　　　　/ 33

二、立法者对所得税扣除税法机能认知的偏差　　　　　　/ 36

三、所得税扣除立场的内在局限：国家恩惠立场　　　　　/ 43

第二章　所得税扣除基本权利保障立场的提出　　　　　　/ 47

第一节　所得税扣除恩惠立场既有实践及其批判　　　　　/ 48

一、所得税扣除恩惠立场的美国实践及其批判　　　　　　/ 48

二、所得税扣除恩惠立场在我国台湾地区的实践及其批判　　/ 54

第二节　所得税扣除基本权利保障立场的提出　　　　　　/ 56

一、基本权利与所得税扣除的逻辑连接　　　　　　　　　/ 56

二、所得税扣除基本权利保障立场的具体面貌：以德国经验为参照　　/ 60

三、所得税扣除基本权利保障立场与国家恩惠立场的关系　　/ 64

第三章　所得税扣除基本权利保障立场的证成 / 70

第一节　所得税扣除机理内置基本权利保障理念 / 71

一、扣除的核心机理：净所得原则 / 72

二、净所得原则的价值取向：量能课税 / 75

三、量能课税：基本权利保障的具体化 / 79

第二节　所得税扣除法理孕育基本权利保障功能 / 84

一、所得税扣除的权利面向：从纳税义务到财产权 / 85

二、财产权：基本权利保障的核心与中枢 / 90

三、所得税扣除：基本权利制约课税权的工具 / 93

第三节　所得税扣除基本权利保障立场的法治价值 / 99

一、助力所得税法的合宪性审查 / 101

二、补强税收法定原则的价值缺憾 / 105

第四章　所得税扣除基本权利保障立场的运行环境评估 / 113

第一节　植入基本权利保障立场的规则障碍 / 114

一、基本权利保障：税收正义的终极目的 / 115

二、税收正义的最佳评估标准：税法建制原则 / 118

三、所得税扣除的建制原则检视 / 124

第二节　确立基本权利保障立场的制度环境进化 / 141

一、税收法定稳步推进：改进扣除的法源环境 / 142

二、合宪性审查的引入：增强扣除内容正当性 / 147

三、税收征管技术革新：提升扣除标准的典型性 / 150

第五章　所得税扣除基本权利保障立场的实现：以扣除规则进阶为中心 / 155

第一节　基本权利保障立场下所得税扣除规则设计基准 / 156

一、营业自由保障为基础的成本费用扣除规则设计基准 / 157

二、生存权保障为核心的生计费用扣除规则设计基准 / 163

第二节　成本费用扣除规则的进化 / 171

一、成本费用扣除规则的形式诉求 / 172

二、成本费用扣除规则的实体完善 / 176

第三节　生计费用扣除规则的补足与拓展 / 183

一、基本减除费用扣除规则的改善 / 184

二、保险费用扣除规则的调适 / 187

三、专项附加扣除规则的改进 / 190

四、生计费用扣除规则的拓展 / 196

结　论 / 199

中外文参考文献 / 201

后　记 / 222

导　论

　　所得税被公认为是最富有属人性的税种，其根源就在于所得税仅对净所得课税，允许纳税人在缴纳所得税前扣除各类成本和费用。然而，各个国家或地区所得税税制所植根的具体情形却不尽一致，其对待所得税扣除这一能够减少纳税人纳税义务的税负减轻机制所呈现出的价值立场也迥然有别。有的国家或地区将所得税扣除看作其给予纳税人的恩惠，具有代表性的为美国；也有国家或地区将所得税扣除看作基本权利之于所得税法的必然要求，典型如德国；还有国家或地区游离于国家恩惠与基本权利之间，对所得税扣除缺乏一贯而又清晰的立场。诚然，立场本身无对错之分，但立场的选择却有适合与否的问题。所得税作为我国税制中极为重要的一环，也是税制改革的重点领域。在税收法治渐成社会共识、宪法权威以及纳税人基本权利日益受到重视的当下，我国在设计所得税扣除规则时是否要固守既有立场，如否，又该遵循何等立场殊值思考。然而，纵观既有文献，所得税扣除立场选择问题却远未受到理论界和实务界的足够重视，与其在所得税税制中的重要地位明显不相匹配，难以为所得税法在合宪合法轨道上良性运行提供助力。是故，无论是繁荣所得税法研究，还是策动直接税制的建立健全，所得税扣除立场选择问题都应受到社会各界的足够重视。

一、研究背景与研究价值

　　所得税作为直接税的典型代表，向来为各国所重视，我国也不例外。改革开放以来的历次税制改革，所得税皆为核心议题之一。纵观我国所得税税制的变迁史，不论是个人所得税税制的调整，还是企业所得税的历次修补，税前扣除规则皆为关键内容。企业慈善捐赠税前扣除制度的大幅调整、税前扣除凭证管理办法的浴火重生，个人所得税中的基本减除费用扣除标准大幅提高、专项附加扣除制度的全新引入等，这些无不昭示着所得税扣除制度在所得税税制乃至国家治理中有着不容忽视的地位。尽管如此，立法机关对所得税扣除制度仍未给予足够重视，而是广泛授权行政机关，致使所得税扣除制度沦为行政机关推行减税降费等宏观调控政策的重要工具。而所得税扣除这一植根于所得税理的税收减除机制本就以减少纳税义务以使纳税人受益的面向存在，又被频繁用作推行经济社会政策工具，长此以往，也就被打上了浓厚的国家恩惠标签，与纳税人的权利无关，与纳税人宪法上基本权利的关系更是无从谈起。受制于此，洞察所得税扣除的内在宪法机理也就近乎无人问津。在税收法定原则快速推进的当下，即便所得税扣除法律规制局面能够大为改观，若国家恩惠观不加以改变，纳税人的基本权利仍难得到充分保障。因为，立法者仍旧可以随意塑造所得税扣除规则，进而单方面决定国家税权与纳税人权利的边界。在一个奉行法治的国家，宪法拥有最高法律地位，立法者制定的法律不得违反宪法规定以及宪法精神，尤其不得违背宪法中的基本权利规范。为此，党的十九大以来更是明确要求，"加强宪法实施和监督，推进合宪性审查工作，维护宪法权威"。如何确保所得税立法尤其是所得税扣除立法摆脱立法者的单方自由裁量，接受宪法尤其是宪法基本权利规范的约束也就格外重要。在坚持以人民为中心的发展思想、贯彻新发展理念、构建新发展格局的时代背景下，在建立健全直接税制的税改征程中，重新审视我国对待所得税扣除所持有的立场，这不仅是回应时代关切的应有之义，也是助推所得税法研究迈向精细化的必然选择。具体来说，本书具有以下价值和意义。

第一，提升所得税扣除理论研究的整体性与体系性。所得税作为个人所得税与企业所得税的统称，对净所得课税的这一税制机理驱使扣除制度成为所得税税制的焦点问题。然而，基于理论基础的不甚成熟以及国家所得税立法重心的倾斜，税法学界对所得税扣除的研究仍主要集中在个人所得税的基本减除费用扣除上，缺乏对所得税扣除的整体性研究。随着个人所得税专项附加扣除制度的全新引入，企业所得税税前扣除在减税降费中的频繁应用，扣除制度在所得税税制中的价值与功能将愈加丰富。此种背景下，所得税扣除再也不能甘当所得的附庸，在所得中泯灭其自身应有的独特法治价值。本书以所得税扣除为研究对象，以立场选择为核心，以整体化研究进路为方法论证我国所得税立法中扣除应当采取何种立场。这将有助于国内法学界尤其是税法学界进一步深化对所得税扣除的认知，使扣除的法理价值被更加充分地挖掘。

第二，增进宪法与税法的学术对话。部门法分工虽有助于增强法学研究的精细化，但也使得学科间的对话愈加稀有，宪法与税法的关系便是如此。在价值立场上，宪法侧重规范国家公权，甚至希望公权力尽可能少干预社会以最大程度地保障纳税人的基本权利；税法作为经济法的龙头法，则更加强调国家对社会的干预，无论是就其财政收入筹集功能而言抑或就其经济社会调控功能来说。不过，税法作为宪法的子部门法，无论如何都不能与宪法相抵触，国家干预毫无疑问应当以基本权利保障为逻辑起点和归宿。在合宪性审查快速推进的当下，税法如何在助力纳税人基本权利保障实现的轨道上进行国家干预是必须回答的问题。有着理念差异的两个部门法该如何对话则有赖于更加具体而又深入的探讨。本书联动宪法与所得税法，从基本权利保障立场出发，观测所得税扣除应该如何回应，具有增进法际之间学术对话的效果。

第三，助力所得税扣除立场选择与制度设计的体系自洽。对所得税扣除遵循的立场不同，其对应的制度设计自然有别。在国家恩惠立场下，所得税扣除的本质在于国家恩赐，而非纳税人的基本权利，国家对所得税扣除的设计具有广阔的裁量空间，对其的限制与拒绝皆取决于国家单方意志。而在基本权利保障立场下，所得税扣除并非国家自由裁量的结果，而系基本权利作用于所得税法的产物，对扣除的限制与拒绝构成对基本权利的限制，自应遵循基本权利限制的一般原则。与之相应，在所得税扣除规则的设计上，国家恩惠立场下的所得税扣除规则行政主导与国家本位的特质更为突出；基本权利保障立场下所得税扣除规则法律主治和纳税人权利本位特征更为明显。本书通过论述基本权利保障立场之于我国所得税扣除制度的兼容性，既可为人民中心立场在所得税法落地提供范例，也可为我国所得税扣除规则的进阶指明方向。

二、研究文献述评

(一) 国内研究现状

国内关于所得税扣除的研究虽不胜枚举，但多由经济学学者主导，法学界的声音则尤为孱弱。而在有限的法学文献中，所得税扣除也很少成为被专门研究的对象，要么是被一笔带过，要么是"一叶障目，不见泰山"。至于从基本权利保障角度审视所得税扣除的文献更是乏善可陈，更别提系统论证一国对待所得税扣除为何只能选择基本权利保障的立场。具体来说，与所得税扣除相关的研究呈现出以下特征。

第一，聚焦所得税扣除的制度效应及优化、制度借鉴与完善。此类研究主要出自经济学学者，也是所得税扣除研究的主流。采制度效应及优化路径的学者大多采用定量研究方法，首先分析现行某项所得税扣除制度的经济和社会效用，然后指出其存在的不足，进而围绕其经济社会效应的充分发挥建言献策。[1]基于对扣除制度的经济社会效应的重视，此类研究对扣除制度本身的法理正当性也就难以有过多的关照，只能在现行扣除制度框架下对扣除制度进行局部修补，难以摆脱对扣除的就事论事研究。至于采制度借鉴与完善论的学者，他们多采取比较研究方法，通过分析其他国家或地区的个人所得税扣除制度，指出我国个人所得税扣除制度的完善方向。[2]此种研究过于强调制度借鉴，对扣除的税理或者法理予以反思自非其所关注的重点。不过，近年来也有少量文献开始涉足对所得税扣除税理乃至法理的讨论。[3]

第二，虽从法学角度研究所得税扣除，但侧重制度建构与完善，在理论基础和研究对象上皆呈现出碎片化、缺乏系统性的特征。在中国知网（CNKI）硕博学位论文数据库中以扣除为题名检索得到的20余篇法学学位论文中，绝

---

〔1〕 参见但不限于以下文献，胡华夏等："研发费用加计扣除政策实施的影响因素分析"，载《税务研究》2017年第2期；王俊峰、朱志凌："基于博弈模型的'企业R&D费用加计扣除'政策研究"，载《科技管理研究》2014年第18期；赵彤、范金、周恒冠："长三角地区企业研发费用加计扣除政策实施效果评价与对策建议"，载《中国科技论坛》2011年第6期；韩秀兰、王久瑾："工薪所得个人所得税费用扣除额变动与居民工薪收入益贫式增长"，载《税务研究》2014年第3期；廖筠、武秀芳、董若斌："考虑家庭结构的个人所得税费用扣除标准分析"，载《财经问题研究》2017年第2期；刘蓉、寇璇："个人所得税专项附加扣除对劳动收入的再分配效应测算"，载《财贸经济》2019年第5期。

〔2〕 参见但不限于以下文献，李华、袁帅："个人所得税房贷利息扣除的国际实践与思考"，载《税务研究》2017年第3期；盛常艳、薛兴华、张永强："我国个人所得税专项附加扣除制度探讨"，载《税务研究》2018年第11期；伍红、郑家兴："不同国家（地区）个人所得税专项扣除特点及启示"，载《税务研究》2019年第3期；刘颖："完善我国个人所得税扣除项目问题的思考——基于中国与加拿大个人所得税相关政策比较"，载《国际税收》2019年第4期；马念谊："泰国个人所得税扣除制度及启示"，载《税务研究》2019年第3期。

〔3〕 参见但不限于以下文献，谭珩："关于企业所得税扣除的几个问题"，载《税务研究》2012年第12期；马珺："个人所得税税前扣除的基本逻辑：中美比较分析"，载《国际税收》2019年第9期；高亚军："和谐社会视角下我国个人所得税费用扣除标准的社会合意性研究"，载《宏观经济研究》2013年第10期；吴旭东、孙哲："我国个人所得税费用扣除的再思考"，载《财经问题研究》2012年第1期。

大多数围绕个人所得税费用扣除制度展开研究，仅有寥寥数篇围绕企业所得税税前扣除制度展开研究，尚无统合企业所得税扣除和个人所得税扣除展开的研究。人为割裂开企业所得税扣除与个人所得税扣除，个人所得税中的成本费用扣除与生计费用扣除，这无形中导致所得税扣除规则研究的碎片化，难以从中提炼出所得税扣除的事物本质。同时，对所得税扣除的研究过于偏向对策论或者制度建构论。[1]尽管此类研究也能为所得税扣除制度的建构与完善提供些许理论基础，但在理论的可兼容性上几无论证，更不必说对所得税扣除立场的考察。此外，由于法学界对所得税扣除要素的重视程度不足，对扣除的研究要么附着在对所得的研究上，[2]要么仅着眼于某一具体扣除项目，[3]进一步制约了对所得税扣除研究的体系化与整体化。

　　第三，聚焦税法与基本权利的内在联系，一定程度上涉及所得税扣除与基本权利关系。就税法与基本权利关系的研究，由于立意较为宏观，因而获得了较多学者的重视。[4]较有代表性的是，高军的纳税人基本权理论，[5]王婷婷的课税禁区理论，[6]马福军的劳动权的税法保障研究，[7]张怡的人本税

---

[1]　较为欣慰的是，个别硕士学位论文已经尝试从主观净所得原则来讨论个人所得税生计费用扣除，在理念上比较契合本书所主张的基本权利保障立场。比较遗憾的是该文未能联动个人所得税扣除和企业所得税扣除加以研究，对相关理论也主要停留在引进阶段。参见张潇逸："个人所得税法税前扣除规则研究——主观净额所得原则的引入"，西南政法大学 2018 年硕士学位论文。

[2]　参见但不限于以下文献，徐蓉：《所得税征税客体研究》，法律出版社 2010 年版；聂淼："所得的税法诠释"，武汉大学 2017 年博士学位论文。

[3]　参见但不限于以下文献，侯卓："税收优惠的正当性基础——以公益捐赠税前扣除为例"，载《广东社会科学》2020 年第 1 期；冯铁拴："回归住房权保障：重塑'首套住房贷款利息'扣除标准"，载《现代经济探讨》2019 年第 7 期；杨利华："美国慈善捐赠税收扣除制度的考察与思考"，载《北方法学》2016 年第 3 期；叶姗："社会财富第三次分配的法律促进——基于公益性捐赠税前扣除限额的分析"，载《当代法学》2012 年第 6 期；徐妍："个人所得税赡养老人专项附加扣除制度法律问题研究"，载《学习与探索》2020 年第 1 期。

[4]　参见但不限于以下文献，姚明铭："宪法权利与税法"，载刘剑文主编：《财税法论丛》（第 3 卷），法律出版社 2004 年版；后易："论税法中的人权保障机制"，中南大学 2005 年硕士学位论文；梁文永：《人权与税权的制度博弈》，中国社会出版社 2008 年版；钱俊文："国家征税权的合宪性控制"，苏州大学 2006 年博士学位论文；许炎："论赋税与宪政的关系"，中国政法大学 2007 年博士学位论文；汤喆峰："税收合宪性的判别标准"，载《法学》2017 年第 9 期；朱孔武：《征税权、纳税人权利与代议政治》，中国政法大学出版社 2017 年版。

[5]　参见高军："纳税人基本权研究"，苏州大学 2010 年博士学位论文。

[6]　参见王婷婷："课税禁区法律问题研究"，西南政法大学 2014 年博士学位论文。

[7]　参见马福军："劳动权的税法保障研究"，西南财经大学 2011 年博士学位论文。

法理论。[1]相比之下，围绕所得税法与基本权利关系展开的研究则要少得多。张翔作为宪法学者，其主要从财产权与个人所得税关系的变迁过程来思考个人所得税的宪法边界。[2]陈治和冉富强主要立足于生存权保障，认为个人所得税法减免优惠与费用扣除制度等仍有进一步完善空间。[3]汤洁茵则不拘泥于生存权角度，而是基于纳税人基本权利的双重功能——防御功能与给付功能——考察个人所得税如何保障纳税人基本权利。[4]陈薇芸在其博士毕业论文基础上修改而成的《社会福利与所得税法》一书第二章较为系统地展示出个人所得税法与公民的财产权、生存权以及平等权等基本权利的密切关系，值得重视。[5]这些讨论虽充分肯认所得税法与基本权利之间的关系，对于从基本权利保障角度审视所得税扣除有一定的借鉴价值，但令人遗憾的是，这些研究略显宏大，尚无法全面揭示出所得税扣除与基本权利之间的内在关系。可喜的是，随着税收法定原则的稳步推进以及合宪性审查逐渐启动，学术界也开始更加认真对待税法与宪法的关系，颇有从理念对接迈向具体结合的趋势。其中，王宗涛聚焦一般反避税条款的合宪性审查及改进就具有划时代意义，标志着税法学研究与宪法的互动不再停留在宏观理念上，还可以落实在具体的税法规则上。[6]

第四，虽提出所得税扣除应当坚持的基本立场——人权保障，但缺乏严谨论证。[7]学术的生命在于论证，而不在于观点。预设立场固然有其必要性，但是立场选择的必要性与可行性同样必须予以求证，否则研究也就缺乏最起

---

〔1〕 参见张怡等：《人本税法研究》，法律出版社 2016 年版。

〔2〕 参见张翔："个人所得税作为财产权限制——基于基本权利教义学的初步考察"，载《浙江社会科学》2013 年第 9 期。

〔3〕 参见陈治："基于生存权保障的《个人所得税法》改革及完善"，载《武汉大学学报（哲学社会科学版）》2016 年第 3 期；冉富强："论生存权对个人所得税征缴的限制"，载《河南社会科学》2013 年第 11 期。

〔4〕 参见汤洁茵："纳税人基本权利的保障与实现机制：以个人所得税为核心"，载《中国法律评论》2018 年第 6 期。

〔5〕 参见陈薇芸：《社会福利与所得税法》，翰芦图书出版有限公司 2009 年版。

〔6〕 参见王宗涛："税法一般反避税条款的合宪性审查及改进"，载《中外法学》2018 年第 3 期。

〔7〕 参见但不限于以下文献，闫海："个人所得税扣除的人权逻辑"，载《西南政法大学学报》2006 年第 1 期；刘剑文："对个税工资薪金所得费用扣除标准的反思与展望——以人权保障为视角"，载《涉外税务》2009 年第 1 期；陈业宏、黄媛媛："我国个税项目扣除问题研究"，载《法律科学》2010 年第 6 期；刘畅："个人所得费用扣除标准的人权考量"，载《理论探索》2013 年第 6 期；李貌："日本《所得税法》中'所得扣除'制度研究"，载《江苏理工学院学报》2019 年第 5 期。

码的对话平台，从而难以实现研究者的客观中立。纵然如此，此类文献也极为匮乏，仅有闫海、刘剑文、刘畅、李貌等少数学者对个人所得税费用扣除的人权保障立场作出了一定程度的探讨。但受限于文章的篇幅，所得税扣除要遵循的立场为何只能是基本权利保障而不能是其他这一前置问题并未受到足够重视，制约了他们对所得税扣除价值与功能更为深入的认知，致使他们未能就所得税扣除制度设计提出更加系统科学的建议。

　　与我国大陆地区不同，我国台湾地区从基本权利角度研究所得税的文献屡见不鲜。[1]例如，葛克昌专门著书《所得税与宪法》就所得税与基本权利的关系进行较为系统地考察。[2]从基本权利角度对所得税扣除进行深入探讨的文献亦不在少数。例如，邱晨从比较法角度系统分析所得税法上私人费用扣除的基本权利基础及其界限；柯格钟更是旗帜鲜明地指出免税额与扣除额若涉及基本权利，立法者规范形成空间则应受到严格限制，相反，若不涉及基本权利则纯属立法者的补助，其形成空间则较为宽阔，也即对免税额与扣除额持何种立场并不是一个无关紧要的问题。[3]在学位论文中同样不乏从基本权利角度审视所得税扣除。

　　整体而言，我国关于宪法与税法的整合研究虽已经具备一定的学术积累，但仍侧重于理念对接与宏大叙事，在回应具体规则或制度设计上仍显得不够"接地气"，精耕细作的作品仍极为有限。具体到所得税扣除研究上，学界虽有一些关注，但也主要停留在就事论事层次上，鲜有从基本权利保障立场出发对所得税扣除进行系统化研究的。既有成果虽也不乏从人权角度观测所得税扣除的，但这些研究要么缺乏体系性，要么存在想当然而缺乏精细化论证，更不必说系统论证基本权利保障立场与所得税扣除的契合性以及在我国为所得税扣除植入基本权利保障立场的可行性。在加快建设社会主义法治国家的当下，从基本权利保障立场出发对所得税扣除进行系统研究固然必要，但也

---

　　[1]　参见但不限于以下文献，张伟志："论所得税法之最低生存保障"，台湾大学 2017 年硕士学位论文；柯格钟："论家庭所得课税制度"，载《东吴法律学报》2009 年第 4 期；柯格钟："薪资所得减除必要费用课税"，载《月旦法学教室》2017 年第 178 期；蔡维音："基本权之合体技？——兼具生存权与财产权性格之社会给付请求权"，载《月旦法学教室》2019 年第 196 期；黄俊杰："税捐基本权"，载《台湾大学法学论丛》2004 年第 2 期；黄俊杰："税捐之扣除"，载《月旦法学教室》2004 年第 25 期。

　　[2]　参见葛克昌：《所得税与宪法》，北京大学出版社 2004 年版。

　　[3]　参见柯格钟："论免税额与扣除额之意义"，载《裁判时报》2014 年第 28 期。

要格外注重系统化的论证。为此，有必要提升我国所得税法学研究的纵深程度，而这不仅关系着我国所得税税收立法质量的提升，更关乎每一位纳税人的切身权益。

（二）国外研究现状

以美国为代表的英美法系与以德国为代表的大陆法系对所得税扣除的研究路径不尽一致。

从既有文献来看，美国学者对所得税扣除的研究，视个人扣除与经营费用扣除而有所不同。就个人扣除而言，学者们比较青睐于从个人扣除的功能定位出发探讨哪些个人扣除应当作为所得税基准税制意义上的扣除。如美国学者托马斯·D. 格里菲斯（Thomas D. Griffith）所言，所得税中私人扣除问题是税法学界很受欢迎的热门话题，但相关文献多集中在对特定法典条款的优点评述上，只有一些学者从更为普遍的理论角度出发。[1]威廉·J. 特尼（William J. Turnier）则将私人扣除的功能角色总结为改善税基、筹集财政收入以及与社会价值观兼容，并以之作为评判一项私人扣除是否正当的标准。[2]而在所得税扣除理论指导下，杰弗里·H. 卡恩（Jeffrey H. Kahn）则在考察医疗费用、盗窃和伤亡损失、慈善捐款以及个人住房抵押贷款的利息扣除这四项个人扣除项目后，指出这些扣除项目与所得税的税收分配目的以及秉持的立场在逻辑上是吻合的，不应归入税式支出的范畴。[3]利莫·里扎（Limor Riza）重点探讨了慈善捐赠扣除与儿童照料支出扣除各自的税制机理，结合税收的增加收入、促进监管和再分配三大目标作出判断，认为捐赠扣除系税收优惠，而儿童照料支出扣除才属于所得税机理上的扣除。[4]阿迪·利伯森

---

[1] See Thomas D. Griffith, *Theories of Personal Deductions in the Income Tax*, Hastings Law Journal, Vol. 40：2, pp. 343-396（1989）.

[2] 具体是指以下三点：其一，改善税基，从而产生只有所得需要纳税的结果；其二，提供一种手段从而使税基与分配给所得税的主要财政角色保持一致；其三，作为促使税收制度与基本社会价值观相兼容的一种手段。See William J. Turnier, *Personal Deductions and Tax Reform：The High Road and the Low Road*, Villanova Law Review, Vol. 31：6, pp. 1703-1704（1986）.

[3] See Jeffrey H. Kahn, *Personal deductions-a tax "ideal" or just another "deal"*? Law Review of Michigan State University-Detroit College of Law, Vol. 2002：1, pp. 1-55（2002）.

[4] See Limor Riza, *In Retrospect of 40 Years, Another Look at Andrews' Personal Deductions Argument：A Comparison of Charitable Contributions and Child-Care Expenses*, DePaul Business & Commercial Law Journal, Vol. 15：1, p. 55（2016）.

（Adi Libson）则从社会地位平均主义角度探讨了禁止混合支出税前扣除的经济社会意义。[1]而在经营费用扣除上，学界的兴趣点集中体现在公共政策理论对经营费用可扣除性的影响上，惩罚性损害赔偿支出的可扣除性、非法活动支出的可扣除性皆为探讨的对象。[2]总体而言，学者们对个人扣除的研究更倾向于理论建构，而对经营费用扣除则更青睐于对扣除理论的具体演绎，对扣除的法理基础乃至宪法权利基础则缺乏足够关注。实际上，即便将视野放宽至税法与基本权利的关系上，受制于美国法院系统对税法合宪性审查的消极态度，[3]学者对联动税法与宪法进行研究的兴趣也尤为薄弱，研究成果也主要集中在平等权对税法的限制，较少涉及其他基本权利对税收立法权的限制。较有代表性的学者有亨利·奥多尔（Henry Ordower）[4]，威廉·B. 巴克（William B. Barker）[5]，理查德·J. 伍德（Richard J. Wood）[6]，斯蒂芬·W. 马扎（Stephen W. Mazza）[7]，维多利亚·哈特曼（Victoria Hartman）[8]。至于从基本权利角度审视所得税扣除的文献则更是乏善可陈。

与美国法院的立场相反，德国联邦宪法法院对税法尤其是所得税法的审

---

[1] See Adi Libson, *Taxing Status*: *Tax Treatment of Mixed Business and Personal Expenses*, University of Pennsylvania Journal of Business Law, Vol. 17: 4, pp. 1139–1140 (2015).

[2] See but not limited to: Leo A. Diamond, *The Relevance (or Irrelevance) of Public Policy in Disallowance of Income Tax Deductions*, Taxes–The Tax Magazine, Vol. 44: 12 (1966); Donald H. Gordon, *The Public Policy Limitation on Deductions from Gross Income*: *A Conceptual Analysis*, Indiana Law Journal, Vol. 43: 2 (1968); Charles A. Borek, *The Public Policy Doctrine and Tax Logic*: *The Need for Consistency in Denying Deductions Arising from Illegal Activities*, University of Baltimore Law Review, Vol. 22: 1 (1992); Kimberly A. Pace, *The Tax Deductibility of Punitive Damage Payments*: *Who Should Ultimately Bear the Burden for Corporate Misconduct*, Alabama Law Review, Vol. 47: 3 (1996).

[3] See Henry Ordower, *Horizontal and Vertical Equity in Taxation as Constitutional Principles*: *Germany and the United States Contrasted*, Florida Tax Review, Vol. 7: 5, pp. 330–331 (2006).

[4] See Henry Ordower, *Horizontal and Vertical Equity in Taxation as Constitutional Principles*: *Germany and the United States Contrasted*, Florida Tax Review, Vol. 7: 5, pp. 330–331 (2006).

[5] See William B. Barker, *The Three Faces of Equality*: *Constitutional Requirements in Taxation*, Case Western Reserve Law Review, Vol. 57: 1, pp. 1–54. (2006).

[6] See Richard J. Wood, *Supreme Court Jurisprudence of Tax Fairness*, Seton Hall Law Review, Vol. 36: 2, pp. 421–480 (2006).

[7] See Stephen W. Mazza & Tracy A. Kaye, *Restricting the Legislative Power to Tax in the United States*, The American Journal of Comparative Law, Vol. 54: Supplement (2006).

[8] See Victoria Hartman, *End the Bloody Taxation*: *Seeing Red on the Unconstitutional Tax on Tampons*, Northwestern University Law Review. Vol. 112: 2, pp. 313–354 (2017).

查态度极为积极。[1]在所得税领域，德国联邦宪法法院作出的裁判绝大多数都是关于立法机关对所得税扣除作出的规定是否侵犯纳税人的基本权利。基于生存权、平等权以及婚姻家庭制度保障，德国联邦宪法法院于 2008 年 2 月 13 日的一则裁判中指出，所得税法不允许纳税人为确保自身及家庭成员最低限度生存所投保的长期照护保险与健康保险费扣除抵触基本法。[2]而基于平等权保障，德国联邦宪法法院于 2008 年 12 月 9 日就德国联邦所得税法第 9 条作出裁判，认为不准劳工 21 公里部分的往返交通费用税前扣除的规定违背基本法。[3]受此影响，德国学者也比较习惯从基本权利角度审视所得税扣除规则。赖纳·温斯曼（Rainer Wernsmann）尝试运用包含自由权、平等权、生存权在内的合宪性分析框架对立法者作出的一些扣除限制进行检视讨论。[4]莫里斯·莱纳（Moris Lehner）则尝试着从财产权私用性的角度论证成本费用扣除的宪法基础。[5]莫妮卡·贾克曼（Monika Jachmann）进一步指出，所得税中的成本费用扣除除了受到财政宪法的原则性约束，更为具体的限制则来源于基本权利，这些基本权利涉及平等权、财产权以及职业自由权。[6]斯特凡·布雷纳斯多弗（Stefan Breinersdorfer）更是运用基本权利限制理论分析费用扣除的宪法基础。他将基本权利对税法的控制分为三个层级：第一层级对应生计费用扣除，这一部分立法者无权限制，仅能规定具体内容；第二层级对应成本费用扣除，立法者有较大裁量空间，但应顾及量能课税等的限制；第三层级则主要涉及平等原则的例外，这一部分仅需立法机关具有特定的事实和理由。[7]

---

〔1〕 参见 ［美］维克多·瑟仁伊：《比较税法》，丁一译，北京大学出版社 2006 年版，第 81~82 页。

〔2〕 BVerfGE 120, 125.

〔3〕 BVerfGE 122, 210.

〔4〕 Rainer Wernsmann, Die Einschränkungen des Werbungskosten - und Betriebsausgabenabzugs im Zusammenhang mit Pendlerpauschale, Arbeitszimmer, Alterseinkünften und Abgeltungssteuer, DStR-Beih 2008, S. 37ff.

〔5〕 Moris Lehner, Die verfassungsrechtliche Verankerung des objektiven Nettoprinzips-Zum Vorlagebeschluss des BFH und zur Entscheidung des BVerfG über die Verfassungswidrigkeit der Entfernungspauschale, DStR 2009, S. 189ff.

〔6〕 Monika Jachmann, Objektives Nettoprinzip als tragendes Element im Gesamtsystem des Steuerrechts und Grenze für die Steuerpolitik, DStR-Beih 2009, S. 129.

〔7〕 Stefan Breinersdorfer, Abzugsverbote und objektives Nettoprinzip - Neue Tendenzen in der verfassungsgerichtlichen Kontrolle des Gesetzgebers, DStR 2010, S. 2492.

概而言之，美国对所得税扣除的研究比较偏向实用主义，强调所得税扣除的经济社会效用，对理论的建构与应用多与法律文本无关。而德国对所得税扣除的研究则更加偏向规范主义，尤为关注扣除的法理正当性，较为重视扣除的基本权利基础。二者研究路径虽有所不同，但都能够摆脱对所得税扣除的就事论事并深入所得税扣除的事物本质加以考察，而这恰是我国所需学习与借鉴的。

三、研究思路与研究方法

（一）研究思路

本书坚持问题导向，以所得税扣除乱象为分析起点，以所得税扣除规则进阶为终点，以所得税扣除立场转变为中间桥梁。在这一思维进路下，全书共设置了五章，其大致思路如下。

第一章，揭示我国所得税扣除乱象并探寻制约其的立场动因，形成本书的问题导向。之所以要研究所得税扣除立场选择问题，这并非学者在书斋中的无病呻吟，恰恰是因为所得税扣除立场是制约所得税扣除规则的深层动因，立场选择的合适与否直接决定规则是否可欲。基于此，该章首先对我国所得税扣除规则加以梳理，然后对所得税扣除中的乱象加以揭示并作为本书分析的起点，接下来则是对乱象产生的原因刨根问底，最终发现导致所得税扣除乱象产生的根源在于立场的局限——国家恩惠立场。既然扣除乱象源于国家恩惠立场，那么乱象的解决根本仍有赖于立场的转变。然而，除了国家恩惠立场，还有什么立场可以选择，这就需要进一步思考。

第二章，提出所得税扣除基本权利保障立场。国家恩惠立场导引下的所得税扣除规则问题重重，这为探寻所得税扣除的备选立场提供了前提。基于此，本章转换视角，将视野转向税收法治发达的国家或地区，希冀为所得税扣除立场选择提供比较法经验。一方面，以美国为样本，展示出国家恩惠立场的运行状况；另一方面，以德国对所得税扣除的特有立场为中心系统阐述该立场与国家恩惠立场的本质差别，明定其为基本权利保障立场。在此基础上，通过总结两种立场的消长状况，廓清基本权利保障立场的内涵与外延，进而提出所得税扣除基本权利保障立场这一学术命题。

第三章，证成所得税扣除基本权利保障立场。国家恩惠立场固然不妥，但基本权利保障立场是否就一定可取，这并非当然的问题，还需结合税理、法理以及我国的税收法治状况加以证明。为了说明确立基本权利保障立场的必要性，本书分三个维度展开。其一，所得税扣除机理内置基本权利保障理念，这一部分主要是从税理角度出发去论证所得税扣除与基本权利保障的内在关联，出发点在于净所得原则，进而从净所得原则的价值追求证明其与基本权利保障的关系；其二，所得税扣除法理孕育基本权利保障功能则借助基本权利限制及基本权利限制的限制理论从权利义务的角度去论证所得税扣除对所得税征税权的制衡功能，逻辑起点在于所得税扣除作为财产权乃基本权利的核心与载体；其三，所得税扣除基本权利保障立场的法治价值（如补强税收法定原则的价值缺憾）则从现实层面证成了所得税扣除坚持基本权利保障立场的必要性。

第四章，所得税扣除基本权利保障立场的运行环境评估。确立所得税扣除基本权利保障立场固然必要，但是否可行仍需加以评估。为了达到评估的目的，必须选取合适的工具。有鉴于基本权利保障与税收正义在价值理念上的高度吻合性，本书采用税收正义的三个维度，即税法建制三原则作为评估基本权利保障立场确立可行性的工具。从实然层面来看，为所得税扣除植入基本权利保障立场还面临些许障碍，但是税收法定稳步推进以及税收征管技术的提升等都将为基本权利保障立场的运行提供相匹配的制度环境。

第五章，所得税扣除基本权利保障立场的实现。基本权利保障立场从根本上来说还只是一种价值理念，若价值理念无法转化为现实规则，那么选择价值立场的意义也就大打折扣。但是，直接将基本权利保障立场与所得税扣除规则进行对接也不甚现实，毕竟前者过于抽象而后者又过于具体。为了达此目的，需要先从基本权利保障理念导出扣除规则设计的基准，进而在规则设计基准的指引下进一步去形塑或者完善我国既有的所得税扣除规则。具体来说，本书首先将基本权利保障具体化为营业自由保障与生存权保障，然后分别从扣除范围和扣除标准两个层面对成本费用扣除与生计费用扣除所应遵循的基准加以提炼，最后在规则设计基准的指引下对我国现行成本费用扣除规则和生计费用扣除规则的完善提出较为具体的建议。

（二）研究方法

1. 比较研究

所得税扣除基本权利保障立场涉及税法、社会法与宪法等跨部门法知识，还涉及税收学、会计学、社会学等关联学科知识。要想对所得税扣除进行系统化研究必须注重学科之间的借鉴。但不同学科有着不同的立场，学科之间的借鉴也就尤其需要比较。另外，扣除作为世界主要国家或地区所得税税制普遍具备的制度构造，但各国对待所得税扣除的立场有所不同，在对其他国家或地区外经验进行借鉴时亦应顾及立场差异所引发的问题。

2. 规范文本分析

研究立法者或决策者对待所得税的立场，实际上就是要把握其对待所得税扣除的内心想法。然而，要充分把握决策者的想法并不容易，毕竟决策者从来不会阐明他的立场或态度。但是，这也不等于说立场研究是毫无意义的。法律规范作为决策者思想与智慧的结晶，通过分析各种规范文本去洞察其所坚守的立场不失为一种捷径。有鉴于此，本书特别关注决策者在各种场合形成的书面文字并将之作为考察决策者立场的重要工具。诚然，决策者在某些情况下的词不达意也可能会导致规范分析方法的失灵。但是，从研究的角度来说，仍有必要假定决策者所运用的任何一个词汇都代表了其真实的想法。

3. 利益衡平分析

所得税扣除立场选择的过程也是权衡的过程。是否要选择某一立场，不能仅看其是否有现实价值，还要看这种立场赖以运行的环境是否能够给予必要的支持。在国家恩惠立场与基本权利保障立场之间究竟选择何者，是坚守既有的立场还是转向新的立场，这需要综合权衡。而利益衡平分析可以为立场的选择提供较为有效的方法与工具支持。由于立场更多的是一种理念与态度，不同国家之间固然可以分享相似的立场，但各国的经济社会文化发展状况不同，在具体形塑所得税扣除规则时亦会有所差异，这就要求在借鉴其他国家或地区经验时要在多种备选方案之间选择一种最适合本国具体情况的方案。

第一章

我国所得税扣除存在的突出问题及其根由

一般来说，"能够表彰特定个人或组织之负税能力的指标主要为：所得、财产及消费。所以，将之选取为税捐客体。以之为基础，可将各种税目归类为：所得型之税捐、财产型之税捐或消费型之税捐"。[1]所得型之税捐即所得税，它并非一个具体的税种，而是"以所得为征税对象，并由获取所得的主体缴纳的一类税的总称"。[2]根据获取所得的主体不同，所得税一般又可划分为个人所得税和企业所得税（亦有称"法人税"）。基于此，有学者将应税所得界定为"自然人或法人在一定期间内，由于劳动、经营、投资或把财产提供他人使用而获得的继续性收入，扣除为取得收入所需费用后的余额"。[3]诚然，仅以"为取得收入所需费用"来概括所得税扣除并不充分，但"扣除"在所得税中的作用与地位却无论如何都不应被忽视，不管是个人所得税还是企业所得税。

所得税扣除制度是世界各国所得税税制中极为重要的一环，我国也不例外。近年来，我国个人所得税法的改革与调整很大程度上就是围绕所得税扣除展开的，无论是费用减除标准的调整还是专项附加扣除的全新引入。而在企业所得税法领域，税前扣除规则虽看似稳定，但其变动却隐藏于国务院财税主管部门出台的一系列与税前扣除相关的规范性文件之中。考察我国所得税扣除规则变迁史，可以发现我国所得税扣除尚存诸多乱象。其中既有成本费用扣除沦为行政机关调控工具的一面，也有生计费用扣除内在逻辑缺失的一面。乱象的形成既有我国税收立法中一贯存在的税收法律工具主义因素，也有我国税法规范制定者缺乏对所得税扣除税法机能的深刻认知，过于重视扣除的工具性机能而忽视其价值性机能这一因素。不过，根本而言，这些都

---

〔1〕 黄茂荣、葛克昌、陈清秀主编：《税法各论》，新学林出版股份有限公司2015年版，第19页。

〔2〕 张守文：《税法原理》，北京大学出版社2018年版，第207页。

〔3〕 刘剑文：《财税法——原理、案例与材料》，北京大学出版社2015年版，第229页。

受制于我国税法规范制定者对待所得税扣除所采取的立场——恩惠立场。妥善应对我国所得税扣除中存在的乱象，既要在所得税扣除上确立起旗帜鲜明的立场，又要对现有的恩惠立场重新加以审视。若非如此，所得税扣除制度"将很容易在无意识当中成为权力所有者的工具，成为权力者的法政策目标，甚至罪恶的法政策的工具"。[1]

第一节 所得税扣除规则变迁及其存在的突出问题

"概念乃是解决法律问题所必需的和必不可少的工具。没有限定严格的专门概念，我们便不能清楚地和理性地思考法律问题。没有概念，我们便无法将我们对法律的思考转变为语言，也无法以一种可理解的方式把这些思考传达给他人。如果我们试图完全否弃概念，那么整个法律大厦就将化为灰烬。"[2]尽管我国所得税法律文本中频繁出现"扣除"二字，但严格来说，所得税扣除并非一个纯粹的法律概念，而是对所得税中的扣除现象的提炼与概括，是对所得税中的减除机制的形象描绘。基于此种认知，有论者主张所得税扣除不仅包括税基扣除，也包括税额扣除（亦称"抵免"）。[3]然而，税额扣除与税基扣除无论是在税制机理上还是在语言表达上都有着较大出入，将之混为一谈并不可取。更何况，通常理解的所得税扣除仅指税基扣除。为保持概念理解的统一性，避免引发概念的混乱，本书语境下的所得税扣除限于税基扣除，也即所得税税基确定过程中的各种减除机制。就所得税扣除类型来说，可以分为三大类：（1）为获取收入而发生的成本费用扣除。（2）满足本人及家庭成员基本生活的生计费用扣除。（3）立法者为税收政策目的而规定的各种特别扣除。[4]不过，在认知所得税扣除时，尚存广义与狭义之别。广义上的所得税扣除既包括成本费用扣除，也包括生计费用扣除，还包括基于政策目的的特别扣除。狭义上的所得税扣除仅包括成本费用扣除和生计费用扣除。鉴于特别扣除根本而言只是一种借助扣除外形来实现特殊政策目的的税收优

---

〔1〕 ［德］魏德士：《法理学》，丁晓春、吴越译，法律出版社2005年版，第273页。

〔2〕 ［美］E. 博登海默：《法理学 法律哲学与法律方法》，邓正来译，中国政法大学出版社1998年版，第504页。

〔3〕 参见谭珩："关于企业所得税扣除的几个问题"，载《税务研究》2012年第12期。

〔4〕 参见施正文："分配正义与个人所得税法改革"，载《中国法学》2011年第5期。

惠措施，并非基准税制意义上的扣除，从而与另外两类扣除项目有着本质差异。故而，从狭义层面界定所得税扣除更为可取，本书亦采狭义见解。

改革开放以来，我国所得税立法模式由分散立法逐渐走向统一立法，税法规则也在不断修改完善。与之相应，无论是我国的个人所得税扣除规则还是企业所得税扣除规则都经历了较大变化。但是，所得税扣除制度中仍存在诸多乱象。为了揭示这些乱象，本节遵循个人所得税与企业所得税两分的思路，先对扣除规则的变迁路径加以梳理，在此基础上，分别从成本费用扣除和生计费用扣除两个维度对我国所得税扣除规则中存在的问题加以检视并作为后文分析的起点。

一、我国所得税扣除规则变迁梳理

（一）个人所得税扣除规则变迁

伴随着改革开放事业的推进，我国于 1980 年出台了《中华人民共和国个人所得税法》（以下简称《个人所得税法》），由于当时国内居民的收入极低，而该法规定的费用减除标准又极高，该法被认为主要适用于外籍在华工作的纳税人。[1]彼时，个人所得税采取分类征收的模式，所得包括六大类型，分别为工资薪金所得、劳务报酬所得、特许权使用费所得、利息股息红利所得、财产租赁所得以及经中华人民共和国财政部确定征税的其他所得。扣除规则也显得比较简化，其中工资薪金所得按照每月收入减除 800 元费用的余额纳税，劳务报酬所得、特许权使用费所得、财产租赁所得的应纳税所得额计算采取定额减除与定率减除相结合的模式。所谓定额减除，是指这几类收入每次不满 4000 元的定额减除 800 元的费用，超过 4000 元的减除收入的 20%作为费用。至于利息、股息、红利所得以及其他所得，则无费用减除。从立法文本来看，工资薪金所得、劳务报酬所得、特许权使用费所得以及财产租赁所得的应纳税所得额皆采"收入－费用＝应纳税所得额"的结构。所不同的地方仅在于工资薪金所得的收入无论高低都只能减除一个固定的费用，并不会随收入的提高而增加。需要特别说明的是，这一阶段，在词语表达上，与收入相抵的对象皆为"费用"而非各种名目的"扣除"。

个人所得税极高的费用减除标准使之"名至而实不至"，国内居民并不负

---

〔1〕 参见赵仁平："近现代中国个人所得税功能的历史变迁"，载《现代财经》2010 年第 10 期。

有所得税纳税义务。不过，这一现象随着《中华人民共和国个人收入调节税暂行条例》（以下简称《个人收入调节税暂行条例》）于 1986 年的出台而被打破。个人收入调节税虽旨在调节个人收入之间的差异，但无论从形式还是内容来看，与《个人所得税法》的规定都如出一辙，可以被认为是针对中国公民征收的一种个人所得税。该税较之于个人所得税在征税模式上有所改进，采取综合征收与分项征收相结合的模式。其中，工资薪金收入、承包转包收入、劳务报酬收入以及财产租赁收入列入综合收入，纳税人月综合收入额超过地区计税基数的，就其超基数的三倍以上的部分缴纳个人收入调节税。其中虽然不存在"费用"扣除，但"基数的三倍"可以大体上认为是获取综合收入纳税人应税所得的费用扣除标准。[1]就分项征收的投稿、翻译、专利权的转让、专利实施许可和非专利技术的提供、转让取得的收入则可以减除一定的费用，这一费用减除标准与《个人所得税法》（1980 年）的规定类似，采取定额减除与定率减除相结合的模式，即收入低于 4000 元的可以减除费用 800 元，而收入超过 4000 元的则可以减除收入的 20% 作为费用。不过，此种扣除标准并未得到完全贯彻。以财产租赁收入为例，其作为《个人收入调节税暂行条例》下的综合收入中的一项，在计算综合收入时已经允许扣除了 400 元到 460 元不等的"费用"。据此，国家税务局（已更名为国家税务总局）认为"如果再对其中的每个单项扣费，则会出现重复扣费现象"，但鉴于财产租赁收入的实际情况，其仍然认为"对财产租赁收入，可扣除缴纳的营业税、城建税、教育费附加等各项税金和维修费后，余额并入当月综合收入计算征收个人收入调节税"。[2]换言之，财产租赁收入的扣除至少包括了两个阶段，第一阶段为确定财产租赁的净收入而作出的扣除，第二阶段为纳入综合收入后的扣除，尽管这与《个人收入调节税暂行条例》所确定的扣除标准有所冲突。略有不同的是，"劳务报酬收入项目中的医疗、办学收入，可根据实际情况，经省、自治区、直辖市税务局机关核定，扣除必要的费用后征税"，[3]即此类劳务报酬收入应当先扣除必要费用后再纳入综合收入。不过，于国家税务总局而言，这似乎并不会导致重复扣费问题。除此之外，这一时期还开征了个体工商户所得税，其属性介于个

---

〔1〕 需要说明的是，"基数的三倍"也因不同工资区而有所差异，从 400 元到 460 元不等。

〔2〕 参见《国家税务局关于财产租赁收入征收个人收入调节税问题的批复》（国税函发〔1990〕1236 号）。

〔3〕 参见 1988 年《关于明确个人收入调节税几个政策问题的通知》。

人所得税与企业所得税之间，在税率上采取累进税率从而与个人所得税的税率结构颇为类似，但在应纳税所得额的计算上与企业所得税的应纳税所得额基本一致，即"纳税人每一纳税年度的收入总额，减除成本、费用、工资、损失以及国家允许在所得税前列支的税金后的余额，为应纳税所得额"。[1]

为简化税制和公平税负，1993 年全国人民代表大会常务委员会（以下简称全国人大常委会）对《个人所得税法》作出修改，将个人收入调节税和个体工商户所得税并入已有的个人所得税中。此次税制改革奠定了我国个人所得税的基本格局。修改后的《个人所得税法》规定分别对工资薪金所得、个体工商户的生产经营所得、企事业单位的承包承租经营所得等 11 种所得征收个人所得税，在征收模式上采取分类征收。在扣除规则上，工资薪金所得的费用减除标准依旧为 800 元定额，劳务报酬所得、稿酬所得、特许权使用费所得、财产租赁所得的费用减除标准延续了既有的扣除标准，即低于 4000 元的定额减除 800 元，超过 4000 元的减除收入的 20%。[2]财产转让所得以收入扣除财产原值和合理费用后的余额为应纳税所得额。个体工商户生产经营所得则延续了个体工商户所得税的主要做法，其应纳税所得额为收入额减除成本、费用以及损失。企事业单位的承包经营、承租经营所得的应纳税所得额的计算与之类似，为收入总额减除必要费用后的余额。[3]较有突破性的是，

----

[1]　参见《中华人民共和国城乡个体工商业户所得税暂行条例》。

[2]　但根据《国家税务总局关于印发〈征收个人所得税若干问题的规定〉的通知》（国税发〔1994〕089 号）第 6 条第 2 款，"纳税义务人出租财产取得财产租赁收入，在计算征税时，除可依法减除规定费用和有关税、费外，还准予扣除能够提供有效、准确凭证，证明由纳税义务人负担的该出租财产实际开支的修缮费用。允许扣除的修缮费用，以每次 800 元为限，一次扣除不完的，准予在下一次继续扣除，直至扣完为止"。即财产租赁所得的应纳税所得额的计算并非收入与定额费用或定率费用相抵的结果，还涉及修缮费用以及相关税费。就费用减除次序而言，《国家税务总局关于个人所得税若干业务问题的批复》（国税函〔2002〕146 号）作出规定，依次为税费、修缮费用及法定费用。而就劳务报酬所得和特许权使用费所得，实际发生的中介费也可据实扣除，从而与《个人所得税法》的规定不尽一致，就此《财政部国家税务总局关于个人所得税若干政策问题的通知》（财税字〔1994〕020 号）第 3 条规定，"对个人从事技术转让、提供劳务等过程中所支付的中介费，如能提供有效、合法凭证的，允许从其所得中扣除"。不过，为了打击逃税问题，根据《国家税务总局关于个人所得税偷税案件查处中有关问题的补充通知》（国税函〔1996〕602 号）的规定，劳务报酬所得在定率扣除20%的费用后不再扣除中介费。

[3]　根据《中华人民共和国个人所得税法实施条例》（以下简称《个人所得税法实施条例》）（1994 年）第 18 条的规定，这里的收入总额并非毛收入，所谓的费用也不是通常理解的成本费用，而是指"纳税义务人按照承包经营、承租经营合同规定分得的经营利润和工资、薪金性质的所得；所说的减除必要费用，是指按月减除 800 元"。实际上，这个必要费用等同于工资薪金所得能够减除的费用。

修改后的《个人所得税法》首次引入了捐赠扣除项目。[1]当然，这一项目并非定义应纳税所得额的扣除，在此不再赘述。这些扣除规则在法律层面一直延续到 2018 年。稍有变动的是工资薪金所得的费用扣除标准，其中 2005 年《个人所得税法》修改之际工资薪金所得的费用扣除标准由 800 元首次提升到 1600 元，[2]2007 年提高到 2000 元，2011 年则进一步提高至 3500 元。

　　2018 年《个人所得税法》迎来又一次根本变革。此次法律修改不仅简并了所得的类型，还初步实现分类征收与综合征收相结合，某种意义上接近于个人收入调节税的征收模式。但在费用扣除上又作出了较大幅度调整。具体而言，综合所得中除去工资薪金所得外，劳务报酬所得、稿酬所得、特许权使用费所得不仅在计算各自收入额阶段允许定额或定率扣除一定费用，[3]还准许在纳入综合所得后再次扣除系列项目，即除了由工资薪金所得的费用减除项目延续下来的"费用"，还增加了专项扣除（具体指个人按照国家规定的范围和标准缴纳的基本养老保险、基本医疗保险、失业保险等社会保险费和住房公积金）、[4]专项附加扣除（具体指子女教育、继续教育、大病医疗、住房贷

　　[1]　在个人收入调节税时代，国家税务总局认为，"有的承包人将取得的承包收入用于捐赠，应当是先纳税后捐赠，对其承包、转包收入中属于应纳个人收入调节税部分的税款是无权捐赠的"。简单来说，纳税人所捐赠款项不能税前扣除。具体参见《国家税务局关于对个人收入调节税几个政策问题的批复》[（89）国税所字第 171 号]。

　　[2]　2005 年《个人所得税法实施条例》作出同步修改，第 25 条明确"单位为个人缴付和个人缴付的基本养老保险费、基本医疗保险费、失业保险费、住房公积金，从纳税义务人的应纳税所得额中扣除"。可以说这是对《个人所得税法》中扣除项目的进一步补充。

　　[3]　实际上，根据国务院财税部门发布的政策规定，在某些特殊劳务报酬所得中收入减除费用后的余额并不直接纳入综合所得，即在纳入综合所得之前还要减除一些项目。例如，"保险营销员、证券经纪人取得的佣金收入，属于劳务报酬所得，以不含增值税的收入减除 20% 的费用后的余额为收入额，收入额减去展业成本以及附加税费后，并入当年综合所得，计算缴纳个人所得税。保险营销员、证券经纪人展业成本按照收入额的 25% 计算"。参见《财政部　税务总局关于个人所得税法修改后有关优惠政策衔接问题的通知》（财税 [2018] 164 号）。

　　[4]　就三险一金的性质来说，情况比较复杂。由于失业保险不存在个人账户问题，可以认为构成纳税人的支出项目，符合税前扣除的基本原理，即有支出方有扣除，无支出即无扣除。而基本养老保险、基本医疗保险以及住房公积金则有所不同，这些项目皆存在个人账户问题，计入个人账户的资金实质上相当于限定用途的强制储蓄，并没有减少纳税人的当期收入，也无法构成纳税人的支出，因而此种税前扣除更接近于对这部分收入不征税或免税。当然，目前的政策规定是纳税人领取时也免税。但按照税理来说，提存时若不征税或免税，领取时应当全额征税，这实际上已经构成了递延纳税，属于税收优惠。而提存时不征税，领取时又免税，则相当于给予了递延纳税与免税双重优惠。正常模式下，应当是提存时征税，领取时对于已纳税的部分不再征税，仅对增值部分征税。严格来说，养老保险、医疗保险以及住房公积金中个人账户部分都应当作为纳税人当期收入，个人提存部分不宜采取扣

款利息或者住房租金、赡养老人等支出）以及其他扣除。[1]按照立法者的逻辑，除工资薪金所得外，其他三类所得可以在计算收入额和应纳税所得额两个阶段减除费用，在计算收入额而需减除的费用可称为"成本费用扣除"，在纳入综合所得后再次扣除的系列项目可近似称之为"生计费用扣除"。实行分项征收的其他几种类型的所得，其应纳税所得额的计算并未发生根本变化。[2]

（二）企业所得税扣除规则变迁

与个人所得税的变迁路径颇为类似，我国企业所得税立法也是伴随着改革开放而推进的，呈现出由分散立法到统一立法的特征。1980年《中华人民共和国中外合资经营企业所得税法》（以下简称《中外合资经营企业所得税法》）出台，其适用于在我国境内设立的中外合资经营企业。1981年《中华人民共和国外国企业所得税法》（以下简称《外国企业所得税法》）公布，适用于在我国境内设立的外国企业。1991年，这两部法律为《中华人民共和国外商投资企业和外国企业所得税法》（以下简称《外商投资企业和外国企业所得税法》）所囊括。在定义应纳税所得额上，三者有着共同的表达，即"收入总额，减除成本、费用以及损失后的余额，为应纳税的所得额"。至于何谓成本、费用以及损失，这三部法律都缺乏明确规定。国务院制定的实施细则，虽作出了系列规定，但整体而言除对企业的交际应酬费用按照营业收入的一定标准加以限制外，对于其他支出并无过多约束条件。同样，内资企业所得税

（接上页）除的方式。不过考虑到这部分提存资金的特殊性，尤其是对于个人而言缺乏足够的控制能力，不能自主支配，更何况"缴存"一词也有一种收入转移的意思，因而将之视为个人的支出并在税前扣除亦有可肯定之处。

〔1〕《个人所得税法实施条例》（2018年）第13条第1款规定，其他扣除，包括个人缴付符合国家规定的企业年金、职业年金，个人购买符合国家规定的商业健康保险、税收递延型商业养老保险的支出，以及国务院规定可以扣除的其他项目。其他扣除虽然被现行《个人所得税法》定性为计算个人所得税应纳税所得额之前的扣除项目，但实际上这几类扣除项目皆为税收优惠政策。不过需要说明的是，为保持分析的方便性，若无特别说明，本书仍遵循立法者的基本思路，暂将此类扣除项目纳入讨论的范围，作为定义个人所得税税基的扣除。

〔2〕例外的是，《个人所得税法实施条例》（2018年）第15条第2款规定，取得经营所得的个人，没有综合所得的，计算其每一纳税年度的应纳税所得额时，应当减除费用6万元、专项扣除、专项附加扣除以及依法确定的其他扣除。即经营所得的应纳税所得额除了要以收入总额减除必要的成本、费用和损失，还要减除费用6万元、专项扣除以及专项附加扣除。

的征收，也经历了按照企业性质划分的私营企业所得税、集体企业所得税以及国营企业所得税到逐渐统一的内资企业所得税的历程。1993 年，《中华人民共和国企业所得税暂行条例》（以下简称《企业所得税暂行条例》）的出台标志着内资企业所得税走向统一。该条例对应纳税所得额的界定为"收入总额减去准予扣除项目后的余额"。其中，"准予扣除的项目，是指与纳税人取得收入有关的成本、费用和损失"。就企业税前可以扣除的项目及标准而言，条例在限额扣除上采取未穷尽列举的模式，除在第 6 条第 2 款列举出系列限额扣除的项目外，还有兜底条款规定"其他项目，依照法律、行政法规和国家有关税收的规定扣除"。而在不准扣除的项目中同样存在类似现象，"与取得收入无关的其他各项支出"这一兜底条款则使得哪些项目是限额扣除的，哪些项目是不准扣除的存在较大的流变性。例如，业务招待费、广告费与业务宣传费的扣除标准，不仅在该条例中未明确规定，在该条例配套的实施细则中同样缺乏明确规定。但这并不代表企业发生的此类支出可以据实扣除，而是要受到一系列的规范性文件的限制。为此，《企业所得税税前扣除办法》（国税发〔2000〕84 号）还专门就广告费、业务宣传费以及业务招待费税前扣除限额标准作出具体规定，广告费的限额为营业收入的 2%，业务宣传费的限额为营业收入的 5‰。粮食类白酒行业则不允许扣除广告费。同时，该办法还进一步扩张了《企业所得税暂行条例》和配套的实施细则所不允许扣除的项目，贿赂等非法支出不得扣除，违反税收以外的法律法规发生的滞纳金亦不得扣除。此后，国家税务总局还通过系列规范性文件的形式对各行业的广告支出扣除标准进一步作出不同规定。[1]

　　2007 年《中华人民共和国企业所得税法》（以下简称《企业所得税法》）的出台，标志着内外资企业所得税走向统一。不过，该法对于企业所得税扣除规则的规定仍然比较笼统。该法第 8 条规定，"企业实际发生的与取得收入有关的、合理的支出，包括成本、费用、税金、损失和其他支出，准予在计算应纳税所得额时扣除"。何谓相关、合理，该法并未作出过多解读，只是通过负面清单的形式排除了某些支出的可扣除性，如企业发生的罚款罚金支出、税收滞纳金支出以及未经核定的准备金支出。但在禁止扣除项目中依旧存在

---

　　〔1〕　参见《国家税务总局关于调整部分行业广告费用所得税前扣除标准的通知》（国税发〔2001〕89 号）。

"与取得收入无关的其他支出"这类兜底条款。这意味着什么样的支出能扣除，什么样的支出不能扣除具有很大的不确定性。也因此，该法授权国务院制定实施条例，同时授权国务院财税主管部门就扣除的具体范围和标准另行规定。为此，国务院制定了《中华人民共和国企业所得税法实施条例》（以下简称《企业所得税法实施条例》），该条例第二章第三节以"扣除"命名。该节不仅对相关和合理的内涵作出进一步解释，还通过列举的方式对扣除范围和扣除标准加以界定，但这并没有完全解决企业支出与收入的相关合理判断问题。该条例在职工教育经费扣除（工资薪金总额的2.5%）、广告费与业务宣传费用扣除（营业收入的15%）、为职工支付的商业保险费扣除上仍允许国务院财税部门作出例外规定。而在实践中，国务院财税主管部门凭借《企业所得税法》和《企业所得税法实施条例》的相关授权，在系列税前扣除项目上作出了例外规定。其中既涉及职工教育经费税前扣除标准的整体调整，由《企业所得税法实施条例》所确定的工资薪金总额的2.5%提高到工资薪金总额的8%，[1]也有广告费与业务宣传费扣除标准的例外调整，对部分行业由《企业所得税法实施条例》所确定的营业收入的15%或提高到30%或降至0。[2]除此之外，国务院财税主管部门还就系列税前扣除事项或加以扩张如企业支付的责任保险费税前扣除，[3]或加以限制如佣金手续费

---

〔1〕 可以说职工教育经费税前扣除标准提高到工资薪金总额的8%已经不是例外，经过一系列的变迁，当下所有企业职工教育经费支出扣除限额都已经提至这一标准，2.5%已无适用空间。具体可参见《财政部 国家税务总局对中关村科技园区建设国家自主创新示范区有关职工教育经费税前扣除试点政策的通知》（财税〔2010〕82号）；《财政部 国家税务总局关于高新技术企业职工教育经费税前扣除政策的通知》（财税〔2015〕63号）；《财政部 税务总局关于企业职工教育经费税前扣除政策的通知》（财税〔2018〕51号）。

〔2〕 值得说明的是，针对部分行业广告费和业务宣传费税前扣除政策的特别规定虽依赖于数个单独的政策，但政策之间具有很强的连续性，很大程度上可以认为这构成对某些行业广告费和业务宣传费扣除标准的一般性规定。具体可参见《财政部 国家税务总局关于部分行业广告费和业务宣传费税前扣除政策的通知》（财税〔2009〕72号）；《财政部 国家税务总局关于广告费和业务宣传费支出税前扣除政策的通知》（财税〔2012〕48号）；《财政部 国家税务总局关于广告费和业务宣传费支出税前扣除政策的通知》（财税〔2017〕41号）；《财政部 国家税务总局关于广告费和业务宣传费支出税前扣除有关事项的公告》（财政部 国家税务总局公告2020年第43号）。

〔3〕 严格来说对责任保险的税前扣除可以根据《企业所得税法》以及《企业所得税法实施条例》的规定加以扣除，而不宜定性为国家税务总局扩张的产物。但从国家税务总局的公告来看，纳税人缴纳的责任保险之前并未被允许税前扣除，因而国家税务总局才发文进一步明确，就此来说这更接近于国家税务总局额外增加的扣除项目。参见《国家税务总局关于责任保险费企业所得税税前扣除有关问题的公告》（国家税务总局公告2018年第52号）。

支出，[1]或兼而有之如企业为职工支付的补充保险的限额税前扣除。[2]

二、所得税扣除的二元问题：从成本费用扣除到生计费用扣除

通过对个人所得税和企业所得税中的扣除规则梳理，整体上可以认为我国现行所得税中的扣除不外乎是对成本费用的扣除和对生计费用的扣除。不过，由于企业和个人的差异，企业所得税中的扣除仅涉及成本费用扣除。而个人所得税的纳税人是自然人，其为了获取应税收入需要付出一定的经济代价，对此种经济代价的弥补即成本费用扣除；在此基础上还有一类费用支出与纳税人获取净收入无关但与纳税人个人乃至家庭生活有关的支出，是为生计费用扣除。透过前述的规则梳理，可以发现这两类扣除规则在设计与运行中仍然存在诸多乱象，其中既有成本费用扣除规则的价值错乱，也有生计费用扣除规则的内在逻辑缺失问题。下文予以详细展开。

（一）成本费用扣除的工具性与调控性主导

成本费用扣除，在不同国家或地区的所得税税制中称呼略有不同，即便在同一国家所得税税制中的称呼也会因为所得类型的差异而有所不同。例如，我国现行《个人所得税法》第 6 条在界定经营所得的应纳税所得额时称"成本、费用以及损失"，在确定财产租赁所得、劳务报酬所得、特许权使用费所得以及稿酬所得的收入额时称"费用"，而在明确财产转让所得收入额时则称"财产原值和合理费用"。在我国企业所得税中，则指"成本、费用、税金、损失和其他支出"。[3]《日本所得税法》第 37 条则称"必要经费""取得费""为取得收入而支出的金额"等。不过，不管具体称呼为

---

[1]　参见《财政部　国家税务总局关于企业手续费及佣金支出税前扣除政策的通知》（财税[2009] 29 号）；《国家税务总局关于企业所得税应纳税所得额若干税务处理问题的公告》（国家税务总局公告 2012 年第 15 号）；《财政部　税务总局关于保险企业手续费及佣金支出税前扣除政策的公告》（财政部　国家税务总局公告 2019 年第 72 号）。

[2]　参见《财政部　国家税务总局关于补充养老保险费、补充医疗保险费有关企业所得税政策问题的通知》（财税［2009］27 号）。

[3]　严格来说还应当包括"亏损"，但亏损形成的原因是往期成本、费用、税金、损失等在数额上超过了收入，即亏损是负的应纳税所得额。由于企业的经营行为具有持续性，衡量其纳税能力在理论上不应按照每一年的应纳税所得额，而应按照整个生命周期的应纳税所得额加以核算。但基于财政可持续的考虑，只能人为地将之加以分期。也因此，弥补亏损的过程实际上是将往期的成本费用结转至本期加以抵减。因而若无特别说明，本书不再提及亏损，而是将之涵盖于成本费用之中。

何，其所指向的对象应属一致，即为取得收入而发生的必要成本费用。至于为何要扣除这些必要的成本费用，有论者指出，"不把收入额作为征税标准，而把必要经费等扣除后的金额作为征税标准，实际上具有为了不要让征税挤占原资而阻碍营业的扩大再生产的意义"。[1]当然，何谓必要的成本费用，由于概念本身的不确定，在解释上，对某项支出是否构成必要成本费用，不同主体可能存在不同认知。但是，从税法规则制定的角度来说，抽象意义上的成本费用扣除事项应具有相对明确且可预期的特征，如某项收入的获取是否会伴随成本费用的发生，这些成本费用大致包括哪些典型项目等。而回顾我国所得税中的成本费用扣除规则的变迁历程，我国既有法律规则对成本费用的界定要么过于"一刀切"，要么过于"抽象"，从而使得法律规则在实施中大打折扣。导因于此，在成本费用扣除上，政策僭越法律、行政调控主导的现象也就尤为突出。某项支出是否与收入获取相关，是否构成必要费用，并不完全取决于该项费用支出的客观性质，反而时常受制于规则制定者的调控意图，所得税扣除规则因而沦为技术性与工具性规则。

在个人所得税中，法律对成本费用扣除规则作出的规定时常受到国务院财税主管部门规范性文件的挑战，而且此种现象并不少见，尽管此种僭越与突破确有客观必要性。[2]如前所述，早在20世纪80年代末，国务院财税主管部门就已经认识到财产租赁收入的获得并非毫无代价，而是需要缴纳相关税费，甚至还需要承担一定的修缮费用，但碍于国务院制定的《个人收入调节税暂行条例》的明确规定，才不得不一方面承认重复扣除费用与立法理念不吻合，另一方面又必须妥善回应财产租赁收入的特殊情况，进而作出变通规定。如果说彼时的规则解释者作出此种特别规定有违法之嫌，但至少其已经意识到突破上位法确有不妥之处，这在某种程度上意味着规则执行者并未将费用扣除事项作为纯粹的技术性或细节性事项加以对待。相比之下，之后《个人所得税法》历次修改皆未将国家税务总局确立的此种变通规则在立法上

---

〔1〕 ［日］中里实等编：《日本税法概论》，郑林根译，法律出版社2014年版，第98页。

〔2〕 之所以说具有客观必要性，是因为法律本身作出的成本费用扣除过于"一刀切"以致难以应对纷繁复杂的交易实践。不过，这也不足以成为法律执行者漠视立法者已经确立的成本费用扣除规则的正当理由。相反，此种模式更是突出说明国务院财税主管部门将成本费用扣除规则看作技术规则，而缺乏足够重视。

加以肯认，[1]而国家税务总局作为税法规则的具体解释者，非但没有改变其既有的做法，反而进一步认为在法外另行确定扣除规则这一做法是"贯彻执行"《个人所得税法》的结果。[2]就此而言，成本费用扣除规则至少于国家税务总局而言尚难构成《个人所得税法》上的实体要素，充其量也不过是技术性和细节性事项。若非如此，自无"贯彻执行"的可能。同样，《财政部　税务总局关于个人所得税法修改后有关优惠政策衔接问题的通知》（财税〔2018〕164号）的定位系"贯彻落实修改后的《中华人民共和国个人所得税法》"，既为"贯彻落实"，按照字面理解，自然不是对税收法律规则本身作出的修改与调整。然而，该文件第3项明确规定"保险营销员、证券经纪人取得的佣金收入……收入额减去展业成本以及附加税费后，并入当年综合所得"，而按照《个人所得税法》的规定，劳务报酬所得的收入额在并入当年综合所得之前并不需要减除其他项目，因为它本身已经是收入减除费用的结果。这进一步说明，对于国务院财税主管部门而言，成本费用扣除规则的改变仅为执行法律的具体性或细节性事项，尚未构成税法的实体构成要素。此外，鉴于该文件以"优惠政策"自居，还可以看出"展业成本以及附加税费"的减除于财政部和国家税务总局而言不仅具有成本费用扣除的意义，还有着税收优惠的作用。众所周知，税收优惠政策的目的是实现对经济社会发展作出特别调控而非对纳税人之间税收负担加以公平分配而作出的特别措施。"展业成本以及附加税费"这一成本费用扣除也因而被贴上了浓郁的产业调控标签，颇有促进保险行业和证券行业发展的韵味。[3]

　　不过，更能体现个人所得税成本费用扣除调控属性的典型案例莫过于为获取劳务报酬收入而发生的中介费能否据实扣除的问题。关于中介费用扣除

---

〔1〕　无论是1993年修正的《个人所得税法》还是2018年修正的《个人所得税法》，皆未能突破1980年《个人所得税法》作出的规定，即财产租赁所得等于财产租赁收入减除800元（收入不超过4000元的情况下）或者20%的费用。

〔2〕　《国家税务总局关于印发〈征收个人所得税若干问题的规定〉的通知》（国税发〔1994〕089号）的出台目的系"更好地贯彻执行《中华人民共和国个人所得税法》（以下简称税法）及其实施条例（以下简称条例）……现将一些具体问题明确如下"，其第6条第2款就明确提及，"纳税义务人出租财产取得财产租赁收入，在计算征税时，除可依法减除规定费用和有关税、费外，还准予扣除能够提供有效、准确凭证，证明由纳税义务人负担的该出租财产实际开支的修缮费用……"。

〔3〕　"由于目前保险市场同业竞争激烈，保险营销员的营销费用有所增加，现行规定已不能使展业成本得到完全扣除。为促进保险事业发展，合理调整保险营销员的税收负担……"，参见《国家税务总局关于保险营销员取得佣金收入征免个人所得税问题的通知》（国税函〔2006〕454号）。

的问题，如前文所述，国家税务总局一度允许获取劳务报酬收入和技术转让收入的纳税人在计算应纳税所得额时据实扣除。然而，此规则仅运行不足两年，就发生了重大改变，获得劳务报酬所得的纳税人在 1996 年之后不得再据实扣除中介费用，而禁止扣除的原因似乎就在于打击偷逃税款的行为。[1]可是，打击偷逃税款却无法解释为何技术转让收入仍可据实扣除中介费用。如此看来，中介费用与获取收入是否存在关联，是否可以成为适格的必要费用也就取决于规则制定者的单方意志及其内在动机。一言以蔽之，在国务院财税主管部门视域下，成本费用扣除规则作为技术性规则，基于调控需要可以予取予夺。

在企业所得税领域，由于立法的广泛授权，成本费用扣除规则更是沦为技术性与细节性事项。虽然《企业所得税法》对部分扣除事项作出了规定，但更多的扣除事项却授权国务院财税主管部门具体规定，无论是扣除的范围还是扣除的标准。而与之形成鲜明对比的是，企业所得税的税率和纳税主体却由法律本身作出明确规定。此种差别待遇固然与事项的属性不无关系，但差距之大也足以显示出扣除规则在企业所得税法中颇为尴尬的地位。当然，与个人所得税法对待扣除规则的"一刀切"不同，企业所得税法对扣除规则却走向了另外一个极端——极度抽象。然而，过于抽象的规则注定很难得到有效实施，这才使得政策大行其道。具体来说，政策不仅决定着某项支出能否扣除，还决定着其扣除的具体标准。例如，企业发生的职工教育经费支出是否可以税前扣除？可以税前扣除的额度如何？职工教育经费支出的具体范围包括哪些？等等。这些皆取决于国务院财税主管部门制定的规范性文件。[2]又如，

---

〔1〕《财政部 国家税务总局关于个人所得税若干政策问题的通知》（财税字［1994］020 号）规定，"对个人从事技术转让、提供劳务等过程中所支付的中介费，如能提供有效、合法凭证的，允许从其所得中扣除"。不过，为了打击逃税问题，根据《国家税务总局关于个人所得税偷税案件查处中有关问题的补充通知》（国税函［1996］602 号）的规定，劳务报酬所得在定率扣除 20% 的费用后不再扣除中介费。

〔2〕例如，核力发电企业为培养核电厂操纵员发生的培养费在国家税务总局明确之前被认为职工教育经费支出的范畴，但在《国家税务总局关于企业所得税应纳税所得额若干问题的公告》（国家税务总局公告 2014 年第 29 号）发布后，培养费"可作为企业的发电成本在税前扣除"进而不必按照职工教育经费支出进行税前扣除。又如，航空企业实际发生的飞行员养成费、飞行训练费、乘务训练费、空中保卫员训练费等空勤训练费用，在国家税务总局发布《国家税务总局关于企业所得税若干问题的公告》（国家税务总局公告 2011 年第 34 号）后，其定性不再归属于职工教育经费支出，而调整为"航空企业运输成本"。

业务宣传费与广告费用是否可以税前扣除，如果可以税前扣除，那么是否可以据实扣除？再如，违约金、赔偿金这些虽属生产经营中发生的支出，但与收入的获取关联性并不明显，能否税前扣除？[1]

广泛的政策裁量空间使得企业所得税中的成本费用扣除沦为行政机关进行宏观调控的工具。以广告宣传费用税前扣除为例，由于粮食类白酒的生产会导致粮食稀缺，而为了减少粮食浪费，粮食类白酒发生的广告宣传费用一度不得税前扣除。[2]与之不同，成本费用扣除在某些情形下还成为政府鼓励或诱导纳税人从事某些行为的政策工具。例如，为了"鼓励企业加大职工教育经费投入"，职工教育经费税前扣除标准近年来由工资薪金总额的2.5%分阶段提高到8%。而为了"鼓励软件产业和集成电路产业发展"，符合规定条件的企业发生的职工培训费用可以单列并据实扣除，不受限制。[3]不过，更为重要的是，就连职工教育经费税前扣除本身还被赋予了"健全社会力量投入的激励政策"的属性。[4]质言之，企业为了提升职工工作技能而发生的费用能否税前扣除以及在何等程度上税前扣除，不取决于其是否系纳税人获取收入所必要，也不依赖于其是否与纳税人生产经营活动有关，仅取决于决策者是否打算激励企业进行职工教育经费投入以及激励的程度。一旦决策者认为不必激励企业进行职工教育经费投入，那么企业发生的职工教育培训支出还能否税前扣除也就成为一个悬而未决的问题。[5]又如，企业为员工购买商业保险的支出通常情况下不被认为与企业获取收入相关，因而不允许税前扣

---

[1]　《国家税务总局关于颁发〈集体、私营企业所得税的若干政策规定〉的通知》（国税发[1993] 040号）第21条第3项就明确"企业的下列支出不得在所得税前扣除：……被没收的财物、支付的违约金、赔偿金、罚款"。尽管该文件已经废止，也尽管当下普遍认为违约金和赔偿金系与生产经营相关的支出可以税前扣除，但此等差别至少说明了某一项支出能否税前扣除在很大程度上受到了政策的影响。

[2]　参见《财政部　国家税务总局关于粮食类白酒广告宣传费不予在税前扣除问题的通知》（财税字[1998] 45号）。

[3]　参见《财政部　国家税务总局关于进一步鼓励软件产业和集成电路产业发展企业所得税政策的通知》（财税[2012] 27号）。

[4]　参见《国务院关于加快发展现代职业教育的决定》（国发[2014] 19号）。

[5]　之所以说是悬而未决的问题，是因为立法者并不否认职工教育经费支出对于获取收入的必要性，在其看来，"这里的职工教育经费支出，是指企业为提高其职工工作技能，为企业带来更多的经济利益流入，而通过各种形式提升职工素质，提高职工工作能力等方面的教育所发生的教育费支出"，即职工教育经费支出是企业获取收入的必要支出。参见刘焜主编：《〈中华人民共和国企业所得税法实施条例〉释义及适用指南》，中国财政经济出版社2007年版，第148页。

除。然而，同是商业保险的补充商业保险（如企业年金）仅因其系国家鼓励的商业保险，此种支出便被认为是与企业获取收入相关的成本费用，进而准予扣除。

凡此种种，皆意味着成本费用扣除已然在某种意义上沦为行政机关推行政策调控的工具。作为所得税法一部分的成本费用扣除规则也沦为了技术性规则。也因如此，成本费用扣除的工具价值愈发凸显，实体价值却黯然失色。

（二）生计费用扣除的逻辑缺失

与企业所得税的纳税主体为追求利润的经济组织不同，个人所得税的纳税主体为自然人，作为自然人的"纳税义务人'每日辛勤工作'所期待者，莫不过是营业收入与销售财货的结果，还能够填饱自己与家人，并满足日常生活所需。因此，（个人）所得税法就必须将纳税义务人生存必要的费用，以及营业上的成本（营业成本与执业费用）从纳税的税基中先予以排除"。[1]是故，"在个人所得费用扣除制度的设计上，具有维持生计性质的所得应成为课税禁区，即个人所得纳税的衡量标准必须扣除诸如基本生活费用、健康费用等保障生存的必要费用"。[2]基于此，个人所得税中的扣除项目不仅要考虑成本费用扣除，更要重点考虑具有维持纳税人及其家庭生计意义上的扣除项目。

如前文对我国个人所得税扣除规则的梳理，单就立法文本来看，在我国个人所得税中是否存在生计扣除，尚不能轻易下结论。至少在1980年我国最初引入《个人所得税法》的时候很难说考虑了个人生计费用，因为彼时无论是工资薪金所得还是劳务报酬所得，抑或财产租赁所得，在确定应纳税所得额时普遍采取了"收入—费用"的结构。收入的概念并不难理解，其表示经济利益的流入，而"费用"一般对应的是经济利益的流出。当然，在个人所得税场域下，"费用"既有可能是获取收入的成本费用，也可能是维持生计的费用。但结合前文的规则梳理与分析，至少劳务报酬、特许权使用费项下的"费用"是获取收入的必要成本费用，而非生计费用。那么工资薪金所得项下的"费用"又当如何理解，不无困惑。若从法解释的角度来说，在同一法律条文内，同一法律用语应当有着同样的意义。这就意味着工资薪金所得项下

---

〔1〕 黄士洲："依法课税的宪法意义与租税改革的关键理念"，载刘剑文主编：《财税法论丛》（第10卷），法律出版社2009年版，第108~124页。

〔2〕 刘畅："个人所得费用扣除标准的人权考量"，载《理论探索》2013年第6期。

的"费用"很可能是获取工资薪金收入的必要成本费用。然而，一般认为工资薪金收入的获取通常并不需要发生什么成本费用。[1]那么，这个"费用"是否可以理解为生计费用呢？这需要结合我国《个人所得税法》变迁路径进一步考察。1980年，恰逢中国改革开放起步，百废待兴，国内居民生活水平极低，生计费用无论如何都难以达到800元。即便从个人所得税引入的初衷——对外籍个人征收所得税——出发，也很难认为是维持外籍个人的生计费用的标准。结合时任财政部部长刘仲藜于1993年8月25日在第八届全国人民代表大会常务委员会第三次会议上对《个人所得税法》修改的说明来看，彼时对工资薪金所得确定800元的费用扣除标准系出于"税负从轻"，带有很强的税收优待目的，而1993年引入外籍个人附加费用减除，其主要目的也不过是"基本维持这些外籍专家原来的税收负担水平"，即对冲人民币相对美元贬值给外籍个人带来的影响。故而，至少到1993年，我们还很难认为工资薪金所得的费用减除与生计费用存在何种直接关联。[2]当然，若纳税人赖以谋生的所得并非工资薪金所得，而是诸如劳务报酬、特许权使用费以及财产租赁等所得类型，其更无生计费用可以扣除。

十余年后，即2005年，工资薪金所得费用减除的作用开始与生计费用产生内在关联，费用减除的目的在于确保职工消费支出能够税前完全扣除并适当考量职工家庭生活消费支出。[3]这一观念在此后数次《个人所得税法》修改中皆受到肯认并进一步深化。归纳起来，工资薪金所得费用减除标准的确定要充分考量"就业者人均负担的年消费支出（包括衣、食、住、行等方面）"，[4]其目的在于"体现居民基本生活费用不纳税的原则""进一步减轻

---

〔1〕 大体有以下几种原因：（1）花费的成本费用难以衡量；（2）即使相应成本费用可以细化，花费与收入是否存在必然联系也是个难题；（3）绝大多数的成本费用可以通过报销制度和公用设备的集体采购制度解决，若允许扣除会导致与企业所得税税前扣除重复叠加。参见石坚、刘蓉、费茂清："个人所得税费用扣除制度的国际比较研究"，载《国际税收》2018年第7期；刘鹏："税收公平与个人劳动所得税前扣除设计"，载《地方财政研究》2017年第1期。

〔2〕 在1993年，就业者中的月工薪收入在800元以上的仅为1%左右。结合这一事实，很难认为工资薪金所得费用减除是为了满足纳税人的生计费用，反倒更像是为了调节收入而对高收入群体征税的一种措施。当然，由于高于800元的纳税人本就很少，其调控效果也不会很理想。

〔3〕 参见金人庆：《关于〈中华人民共和国个人所得税法修正案（草案）〉的说明》，2005年8月23日在第十届全国人民代表大会常务委员会第十七次会议上。

〔4〕 谢旭人：《关于〈中华人民共和国个人所得税法修正案（草案）〉的说明》，2007年12月23日在第十届全国人民代表大会常务委员会第三十一次会议上。

工薪收入人群中中低收入者的税负"等。[1]2018年《个人所得税法》修改，除减除费用得到保留外，针对综合所得的专项附加扣除制度得以引入，专项附加扣除制度被认为"考虑了个人负担的差异性，更符合个人所得税基本原理，有利于税制公平"。[2]就此而言，立法者及其起草者认为基本减除费用和专项附加扣除的主要目的在于不同层面上保障纳税人及其家庭的生计支出。至于专项扣除和其他扣除的定性，立法者和法案起草者虽未对之作出明确界定，但结合司法部、财政部、国家税务总局负责人就《个人所得税法实施条例》修订答记者问来看，减除费用6万元、专项扣除、专项附加扣除以及其他扣除似乎皆可定性为"家庭生计必要支出"。[3]

明确我国立法者所定义的家庭生计扣除的范围之后，重新检讨我国《个人所得税法》扣除规则的变迁，可以发现从1993年到2018年这二十余年，《个人所得税法》层面的生计费用扣除仅限于工资薪金所得纳税人，而取得劳务报酬所得、经营所得以及财产租赁所得等所得的纳税人并不能扣除生计费用。[4]然而，亦如前述，生计费用扣除所针对的对象是自然人，自然人的存续并不因其取得所得的类型是勤劳所得还是资本所得抑或二者兼有的经营所得而有所不同。2018年《个人所得税法》实行分项与综合相结合的税制改革后，取得四项综合所得的纳税人可以扣除家庭生计费用，一定程度上彰显出

---

〔1〕 谢旭人：《关于〈中华人民共和国个人所得税法修正案（草案）〉的说明》，2011年4月20日在第十一届全国人民代表大会常务委员会第二十次会议上。

〔2〕 刘昆：《关于〈中华人民共和国个人所得税法修正案（草案）〉的说明》，2018年6月19日在第十三届全国人民代表大会常务委员会第三次会议上。

〔3〕 "为支持鼓励自主创业，对个体工商户等经营主体给予家庭生计必要支出减除，实施条例规定：取得经营所得的个人，没有综合所得的，计算其每一纳税年度的应纳税所得额时应当减除费用6万元、专项扣除、专项附加扣除以及依法确定的其他扣除。"

〔4〕 之所以特别强调法律层面，是因为在政策层面，获得生产经营所得的纳税人也可以减除生计费用。但是政策层面作出的规定具有很强的随意性，也无法评估其与工资薪金所得费用减除标准的内在关联，尽管在实践中经营所得的费用减除标准在很长一段时期内都是按照工资薪金所得费用减除标准加以执行。例如，《企业投资者征收个人所得税的规定》第6条第1款规定："投资者的费用扣除标准，由各省、自治区、直辖市地方税务局参照个人所得税法'工资、薪金所得'项目的费用扣除标准确定。投资者的工资不得在税前扣除。""参照"一词就很形象地揭示出投资者的生计费用减除并无法定依据，纯属政策裁量的结果。又如，《个体工商户个人所得税计税办法（试行）》（国税发〔1997〕43号）第13条第1款规定，"个体业主的费用扣除标准和从业人员的工资扣除标准，由各省、自治区、直辖市地方税务局根据当地实际情况确定，并报国家税务总局备案"。"根据当地实际情况确定"相较于前者而言更是模糊了其与工资薪金所得的费用减除标准的内在关联。

立法者对生计费用扣除的内在逻辑有了初步认知。但是，根据法律的规定，取得其他类型所得的纳税人在确定应纳税所得额时依然不能扣除家庭生计费用。令人颇为欣慰的是，根据《个人所得税法实施条例》第 15 条的规定，没有综合所得但有经营所得的纳税人也可以扣除生计费用。只是此种例外系国务院出于"支持鼓励自主创业"这一特殊的政策考量而给予从事生产经营纳税人的一种政策优惠。此种政策优惠适用于从事生产经营的纳税人时需要满足两个条件：（1）从事生产经营的纳税人无综合所得；（2）从事生产经营所得的纳税人必须实行查账征收，不能实行核定征收。无论从何种角度观测，这与生计费用扣除的基本逻辑都不相吻合。就前者而言，若纳税人不仅取得生产经营所得，还同时取得综合所得，根据既有的规定，即便综合所得数额极小，根本不足以维持家庭生计，综合所得与生计费用之间的差额仍不能由纳税人取得的经营所得加以抵减，也即所得来源的差异使得基本生活费用可以被征税。就后者来说，其暗含着若纳税人获取的经营所得（利润）无法通过查账的方式确定时，纳税人的生计费用便可以被征税这种价值取向。

撇开生计费用扣除的外部逻辑问题不谈，仅就其内部而言，同样可以发现诸多逻辑悖论。如前述，立法者倾向于将 6 万元费用减除、专项扣除、专项附加扣除以及其他扣除皆视为家庭生计支出。然而，从 6 万元费用减除的历史沿革来看，其考量的因素主要包含"城镇居民家庭平均每一就业者负担人数"和"城镇居民人均消费性支出（包括基本生活支出和非基本生活必需品支出）"两大因素。就城镇居民人均消费性支出而言，按照国家统计局的口径分别包含下列内容：食品烟酒消费，衣着消费，居住消费，生活用品及服务消费，交通和通信消费，教育、文化和娱乐消费，医疗保健消费以及其他用品及服务消费支出。某种意义上，基本减除费用已经在较大程度上考虑了纳税人的衣、食、住、教育、医疗这些关乎基本生存的支出。而专项附加扣除考虑的因素与之颇为类似，涉及的范围也主要是教育、居住、医疗这些消费支出。单从形式上来看，专项附加扣除与基本减除费用考量的因素就有较多重合之处。也无怪乎论者指出基本减除费用更接近于其他国家或地区的标准扣除，而专项附加扣除则接近于分项扣除，"两种扣除同时适用，造成重复扣除"。[1] 更为深入的反思则是，在 2018 年《个人所得税法》修改之前，专项

---

〔1〕　马珺："个人所得税税前扣除的基本逻辑：中美比较分析"，载《国际税收》2019 年第 9 期。

附加扣除并不存在，彼时仅有的基本减除费用也仅适用于工资薪金所得纳税人，若将专项附加扣除作为与基本减除费用相并列的生计费用扣除项目对待，岂不意味着我国《个人所得税法》在很长一段时期都没有做到确保纳税人及其家庭的基本生活费用不课税这一起码的税制要求？答案显然是否定的，纵然基本减除费用也确有不足。

第二节　所得税扣除问题存在的因由

法治作为一种与人治相对的比较成功的国家治理模式却是不争的事实。然而，"作为经典概念，法治蕴涵隽永，然幽昧经年，即便在标榜法治传统的西方亦不曾有过一个公认的定义"。[1]但这并不意味法治的核心内涵无从把握，如论者所言，"法治是实体与形式的统一体，是人类法律—社会实践所追求的共同目标。把握住法治的上述两个方面，就真正站在了法治这个概念的入口处"。[2]更进一步来说，"树立法律在社会中的最高权威，实现法律对权力的有效驯服，切实保障公民的自由和权利"[3]便是法治的核心要义。也因如此，在任何一个法治国家或者立志于建设法治国家的国度，"政策僭越法律"的现象皆应避免，因为与法律相比，政策不仅缺乏足够的民意代表性，就连起码的程序正当都未必能够得到满足，稍有不慎就会对人民的自由与权利带来诸多负面影响。具体到税收法律与税收政策关系上，论者更是旗帜鲜明地指出，"在法律明确规定的范围之内，根据税收法定主义的要求，是没有税收政策存在的余地的"。[4]

就我国所得税扣除规则而言，政策主导局面至为明显。但是，就我国所得税扣除规则中的乱象而言，个中因由颇为复杂。其中固然有政策这匹"脱缰野马"带来的问题，成本费用扣除沦为调控的工具与之就不无关系。但不少情况下，政策这匹"脱缰野马"非但没有为恶，反倒是弥补了所得税法律本身的诸多不尽如人意之处，甚至在不少情形下还得到了法律的明确授权或

---

〔1〕　夏恿："法治是什么——渊源、规诫与价值"，载《中国社会科学》1999年第4期。
〔2〕　王人博、程燎原：《法治论》，广西师范大学出版社2014年版，第112页。
〔3〕　梁迎修："理解法治的中国之道"，载《法学研究》2012年第6期。
〔4〕　翟继光："论税收政策的合法化"，载刘剑文主编：《财税法论丛》（第5卷），法律出版社2004年版，第178~194页。

默许。这看似"荒唐"的问题本不应在实践税收法定的先行者——《个人所得税法》和《企业所得税法》内部出现,但扣除中存在的诸多乱象又确为明证。那么是什么原因导致我国所得税扣除中的乱象得以产生?这显然不宜单纯归结于税收政策僭越了税收法律,或者说是税法执行者未能严格贯彻落实税收法律规定,还应进行更为深入的思考,探讨背后的原因即为本节的重点。遵循从表及里、从外到内的逻辑,分别从税收法律工具主义的影响、立法者对所得税扣除税法机能认知的偏差以及所得税扣除立场的内在局限这三个层面加以探讨。

一、税收法律工具主义的影响

法律工具主义作为一种关于法律本质和法律功能的法学世界观和法学认识论,它强调在社会系统中,法律只是实现一定社会目标的工具和手段,如阶级工具、经济工具、国家工具、政策工具、道德工具。[1]"各种非工具主义法律观都具有如下共同特征:在某种意义上,法律的内容是既定的;法律无所不在;法律制定的过程并非创造而只是发现;法律并非人类意志的产物;法律具有某种自治性和内在的一致性;在某种程度上,法律是客观确定的。"[2]就法律工具主义与非法律工具主义最大的分野来说,主要在于法律本身是否具有内在价值。工具主义法律观认为法律本身并无独立的价值,因而"法律是一个能够承载人们欲望的容器,是可以被操控、施行和利用以实现特定目标的工具",与之相反,非工具主义法律观则认为法律本身就承载有诸如自由、公平、正义等价值,因而"法律是一套能够约束所有人的正确的社会秩序规范。法律并不完全服务于我们个人或集体的想法或意志"。[3]作为两种截然不同的法律观,工具主义法律观所强调的是法律的实用性,而非工具主义法律观所重视的则是法律的规则性,也有论者将这两种法律观分别称为"实用主义法治观"和"规则主义法治观"。[4]

---

〔1〕　参见谢晖:"法律工具主义评析",载《中国法学》1994年第1期。

〔2〕　[美]布赖恩·Z.塔玛纳哈:《法律工具主义　对法治的危害》,陈虎、杨洁译,北京大学出版社2016年版,第15页。

〔3〕　[美]布赖恩·Z.塔玛纳哈:《法律工具主义　对法治的危害》,陈虎、杨洁译,北京大学出版社2016年版,第1页。

〔4〕　封丽霞:"大国变革时代的法治共识——在规则约束与实用导向之间",载《环球法律评论》2019年第2期。

　　受工具主义法律观的长期影响，税法在很长一段时期内被学界作为宏观调控法加以对待，尽管近年来不乏批评的声音。[1]与此同时，税收工具主义思想对税收法律工具主义更是有着颇多影响。无论是封建社会时期的皇粮国税还是社会主义计划经济时期人们对税收无偿性、强制性、固定性这三性的过度强调，都使得税收的意义主要限于为政府运转筹集资金。新中国成立初期发挥临时宪法作用的《中国人民政治协商会议共同纲领》第40条第2款对税收"以保障革命战争的供给、照顾生产的恢复和发展及国家建设的需要为原则"的定位更是说明了这一点。随着市场经济的发展，税收的作用虽有所扩张，但其仍然被作为一种工具对待，只不过不再是单纯筹集资金的工具，而是在此基础上对国民经济进行干预和调控的工具。较有代表性的观点是，借助税收来"改变国民收入在各部门、各地区、各纳税人之间的分配比例，改变利益分配格局，对经济和社会活动产生影响"或者"通过运用税收手段，调节纳税人的经济利益，控制纳税人生产和经营的方向与规模，实现一定时期国家的经济和社会目标"。[2]在法律工具主义与税收工具主义的共同驱使下，税收法律工具主义的形成也就不足为奇。

　　税收法律工具主义深刻塑造着我国税制改革与变迁历程。20世纪80年代初期到20世纪90年代初期，《个人所得税法》《中外合资经营企业所得税法》《外国企业所得税法》《外商投资企业和外国企业所得税法》四部所得税法律先后施行。然而，与此形成鲜明对比的是，适用于国内公民以及内资企业的诸多所得税立法皆由国务院以暂行条例的形式通过。同是所得税立法，涉及外商的便采用法律的形式，不涉及外商的则采取行政法规的形式，以致论者认为这种差别"不能从立法技术或立法者信息不足的角度来解释，而只能从法律工具主义的角度来解释：为了改革开放以及'与国际接轨'，迎合外商对'税收法定主义'的要求，因此，与外商紧密相关的所得税要制定法律"。[3]当然，彼时的"税收法定主义"仅仅只是为了满足外商投资企业的需要，还很难说法律本身承载了何种实体价值。但即便如此，政策与法律之间的法律

---

　　[1]　参见熊伟："走出宏观调控法误区的财税法学"，载刘剑文主编：《财税法论丛》（第13卷），法律出版社2013年版，第74~80页。

　　[2]　巨宪华编著：《经济结构调整的税收对策研究》，中国税务出版社2003年版，第67~68页。

　　[3]　邢会强："政策增长与法律空洞化——以经济法为例的观察"，载《法制与社会发展》2012年第3期。

位阶尚较为明确，即政策低于法律，法律较之于政策有着更多的权威。20 世纪 90 年代末以来，尽管建设社会主义法治国家的呼声日益高涨，法治理念可谓是日益深入人心，法律工具主义一定程度上受到削弱，但是这并没有使税收法律工具主义这一思想发生根本改观，反倒是在某种程度上使之进一步异化。因为与建设法治国家相伴随的是社会主义市场经济的全面建设，税收作为政府干预市场的经济性手段自然受到更多的关注，"各类税种的课税要素作为重要的调控工具亦被广泛运用"。[1]实际上，在此期间，诸多党政国策"对财税法功能的阐述均是从经济功能，特别是其中的宏观调控层面着手加以展开的"。[2]在异化了的税收法律工具主义之下，税收法律主要是被当作实现一定目的的工具，并且此种工具与诸如政策等其他工具并无优劣次序，究竟选择何种工具很大程度上可以说取决于何者更有利于决策者实现特定目的。"相较于法律，税收政策的制定主体是国务院及其财政部门，这些主体最为了解税法适用中存在的问题，且在税收专业知识的掌握、相关信息的获取方面均处于绝对的优势地位，在面对税法适用中存在的漏洞、偏差以及错误等问题时，能够最快作出而且同时可能是最为合理的规则补充。"[3]政策突破法律也就司空见惯。也因此，即便"重大改革须于法有据"，但在我国的税制改革上，政策主导的特征依旧格外明显，并且"可分为税制变迁'法外运行'、政策推动税制整体立废、政策推动税制局部修正三种类型"。[4]由此以观，税收法律工具主义在我国的影响也就不言而喻。

　　具体到我国所得税扣除乱象，税收法律工具主义仍然可以对之作出解释。因为，这一观念不仅深刻影响着立法者，还影响着税法解释者。对于税法解释者来说，"为了实现特定的目的，法律规则和程序可以成为被利用的工具，而不是具有约束力的规定"。[5]在财政部和国家税务总局看来，法律规定的扣除规则不能解决现实中的复杂问题，较之于政策来说使用效果极其不理想，因而才会频频突破法律文本规定而在法外创造扣除规则，至于说法律本身内

〔1〕 张守文："税制变迁与税收法治现代化"，载《中国社会科学》2015 年第 2 期。

〔2〕 侯卓："财税法功能的'法律性'解构"，载《财经法学》2017 年第 1 期。

〔3〕 李乔彧："个人所得认定治理路径的转型"，载《行政法学研究》2020 年第 1 期。

〔4〕 侯卓："税制变迁的政策主导与法律规制——税收法定二元路径的建构"，载《财经理论与实践》2017 年第 5 期。

〔5〕 张丽清编译：《法治的是与非——当代西方关于法治基础理论的论争》，中国政法大学出版社 2015 年版，第 45 页。

涵的民主、正义等价值显然不是其所关注的。对于立法者来说，"法律服务于立法者的目的，无论这些目的是什么，无论实现目的需要什么手段"。[1]在此种观念下，也就不难理解为何生计费用扣除会存在逻辑缺失，成本费用扣除规则的工具性与调控性特质又何以格外突出。

二、立法者对所得税扣除税法机能认知的偏差

如果说法律工具主义理念在所得税扣除中的盛行是导致所得税扣除乱象的直接原因，那么决策者对所得税扣除税法机能认知的偏差则是扣除乱象产生的内在原因。机能作为生物学上的一个专业词汇，它最初是指"细胞、器官等的作用和活动能力。如：生殖机能；造血机能"。[2]这一生物学术语得以进入社会科学领域归功于以社会学者 E. 涂尔干为代表的功能主义理论流派。[3]"这一流派的理论把社会跟生物有机体相类比，认为社会是由相互依存的各部分构成的整体系统，各部分都在系统中承担一定的作用或功能，研究社会现象应当注意研究其结构与功能。"[4]扣除作为所得税法乃至整个税法的一环，亦有其独特的价值与功能，即扣除的税法机能。就其机能来看，它不仅是所得税税基界定的核心标尺，还是国家财政与纳税人财产进行分割的利器，更是国家征税权的税基边界。不过，税基确定机能和征税权限定机能更为侧重扣除的本体性价值。相较之下，扣除的财产分配机能则更加强调扣除的工具性价值。然而，决策者对所得税扣除本体税法机能的认知却不尽全面，过于重视所得税扣除的财富分配机能而对其税基确定机能与征税权边界设定机能关注不足。

（一）所得税扣除之本体税法机能

税基作为税收的核心构成要件，而扣除则攸关所得税税基的确定，是为扣除的税基确定机能。"税收构成要件是指实体税法所规定的税收发生的各种前提条件……当纳税人真实发生的具体生活事实符合税法的抽象条件时，即

〔1〕 张丽清编译：《法治的是与非——当代西方关于法治基础理论的论争》，中国政法大学出版社2015年版，第45页。

〔2〕 夏征农、陈至立主编：《辞海：第六版彩图本》，上海辞书出版社2009年版，第998页。

〔3〕 机能主义又称功能主义，皆为英文"functionalism"的中文翻译。参见不列颠百科全书公司编著：《不列颠简明百科全书》，中国大百科全书出版社编译，中国大百科全书出版社2011年版，第572页。

〔4〕 赖正直：《机能主义刑法理论研究》，中国政法大学出版社2017年版，第1页。

意味着税收构成要件的实现和税收债务的发生。"[1]不过,"租税具有数据性之特质,必须将租税客体以一定之数量表示,始能据以决定应适用之税率及计算实际成立之租税债务"。[2]作为税收定量构成要件的税基也就颇为重要,而非可有可无的构成要素。只是,在不同税种领域,税基确定的复杂性不尽一致,而所得税的税基尤为复杂,因为"立法机关在设计所得税的时候,不仅要回答应税总所得的定义这个困难的问题,还必须明确地阐明,为了得出最终税基,以便应用税率计算纳税额,哪些项目可以从总所得中扣除掉"。[3]详言之,所得税的税基确定较之于其他税种的税基而言具有较强的复合性。正如我们所熟知的"税基×税率=应纳税额"这一税捐债务确定公式,应纳税额由税基和税率两个变量决定,由于二者互不隶属,因而我们不会将应纳税额作为税收的构成要件,而是将税基和税率作为两个独立的税收构成要件。之所以如此,盖因在其他税种中,税基的确定并不复杂,如在流转税中只要确定了应税收入额就可以确定流转税的税基,而在财产税中,确定了财产的价值就可以确定财产税的税基。但是,在所得税中,所得税的税基并不能直接确定,还需进一步分解,即"应税收入−扣除=应纳税所得额"。因而,在所得税税基确定公式中,应纳税所得额的确定不仅取决于收入额,也取决于扣除额,若无法确定扣除额,所得税的税基亦难确定,税捐债务的成立即面临不确定性。职是之故,在我国台湾地区释字第705号中,明确指出"捐赠列举扣除额金额之计算……皆涉及税基之计算标准,攸关列举扣除额得认列之金额,并非仅属执行前揭'所得税法'规定之细节性或技术性事项,而系影响人民应纳税额及财产权实质且重要事项"。当然,扣除在决定应纳税所得额的过程中不仅涉及定量问题,即具体扣除额,还涉及定性问题,即某项扣除是否具有可扣除性。基于此,扣除不仅是所得税税基核算的必备要素,而且是所得税税基核算中尤为特别的要素。

扣除具有财产分配机能。所谓财产,通常是指由具有金钱价值的权利所构成的集合体。[4]"在法律上构成财产必须同时满足两个基本条件:一是财产

---

〔1〕　刘剑文、熊伟:《税法基础理论》,北京大学出版社2004年版,第190页。

〔2〕　陈敏:《税法总论》,新学林出版股份有限公司2019年版,第307页。

〔3〕　[比]西尔文·R.F.普拉斯切特:《对所得的分类、综合及二元课税模式》,国家税务局税收科学研究所译,中国财政经济出版社1993年版,第58页。

〔4〕　参见王泽鉴:《民法总则》,中国政法大学出版社2001年版,第233页。

的客体条件，它必须是独立于或相对独立于主体之外的客体；二是财产的主体条件，它必须是主体享有财产权的客体。"〔1〕按照财产的主体条件分类，财产又可划分为私人财产与国家财产。"税法是对各类主体的利益的平衡，是分割社会财富的利器"，〔2〕也因此，"在一个相对静止的条件下，公民与国家所握有的财产利益此消彼长"。〔3〕税法作为财富分配之法，若从税收构成要件的角度分析，税基和税率由于直接体现为具体的数字，因而对于财富分配来说作用也最为突出。具体到所得税领域，这一结论亦能成立。亦如前文所述，所得税的税基颇为特殊，它自身也还需要受制于收入和扣除两个具体要素的制约。也正是这个原因，所得税应纳税额公式不仅可以表现为"应纳税所得额×税率＝应纳税额"，还可以进一步分解为"（应税收入－扣除）×税率＝应纳税额"。在后一关系式下，所得税的税基已然不复存在，影响所得税的因子直接表现为收入、扣除以及税率。若按照这一思路，将这一公式做进一步引申，还可以通过"税前财产－（应税收入－扣除）×税率＝税后财产"〔4〕这一关系式展示出纳税人财产与国家财政之间的关系以及扣除在其中所具有的分配功能。具体而言，在收入和税率保持固定的情况下，当扣除额越大，国家从所得税中获取的财政收入就越少，而纳税人保留下来的税后财产也就越多；当扣除额越小，国家从所得税中获取的财政收入就越多，纳税人保有的税后财产也就越少。在此意义上，扣除堪称纳税人财产与国家财政的分配工具。

扣除内涵征税权限定机能。随着市民社会与政治国家的逐渐分野，国家公权边界问题逐渐走上历史舞台。就国家公权力的边界而言，"公权力对私权利的边界是公权力的所有类型边界中最重要的一条边界，公权力的越界行为在这一领域发生得最为普遍、最为常见，因此规范公权力与私权利的边界是

---

〔1〕 刘少军、王一轲：《货币财产（权）论》，中国政法大学出版社2009年版，第2页。

〔2〕 张守文：《财富分割利器：税法的困境与挑战》，广州出版社2000年版，第338页。

〔3〕 熊伟：《财政法基本问题》，北京大学出版社2012年版，第26页。

〔4〕 值得注意的是，关系式中的税前财产在个人所得税领域与企业所得税领域有不完全相同的内涵。在企业所得税领域，税前财产可以理解为企业税前利润；在个人所得税领域，税前财产可以理解为税前所得。此外，本关系式也并非严格意义上的纳税人财产与国家财政关系等式，因为所得税并非国家财政收入的唯一来源。不过，考虑到所得税在一国财政收入中占有绝对重要地位，而增值税作为价外税通常情况下也不影响纳税人的经营利润或者税前所得，而诸如契税、印花税、房产税等税费又大多计入纳税人的成本费用从而归属于扣除项目，所得税也就成为影响纳税人最终可支配财产的最为重要的一项税收。税前利润和税前所得在这个意义上可以作为税前财产的代名词。

所有权力边界问题中的一个最重要的问题"。[1]在众多国家公权力中，征税权的地位最为显赫，因为"税收是国家在经济上的存在。如果没有税收，要么人民遭到其他方式的掠夺，要么政府必然陷入致命的萎缩状态，并且在短时间灭亡"。[2]与此同时，"征税权（也）是事关收入的权力，权力的两面性使得收入最大化成为征税权公益性背后的真实面相，绝对的权力将无阻挡地介入市场竞争领域大规模地食利，从而破坏产权结构，损害经济增长"。[3]为避免人民的私权利受到国家征税权的严重腐蚀，必须为国家征税权划定边界。在所得税领域，税率边界尚未达成共识，[4]国家征税权的边界在很大程度上也就集中体现在税基层面，即什么样的所得可以作为国家征税的对象。在"应税收入–扣除＝应纳税所得额"这一公式中，什么范围的收入属于应税范畴，有论者较为精辟地指出，"因所得性质之观念，立法上所受宪法之限制，以及政治经济上之审度，与风俗习惯各方面之情形，彼此不同"，"各国因解决互异，故同项有性之收入，甲国税之，乙国则往往不视之为所得；同一无形之收入，丙国税之，丁国则又举而摈诸课征之外"。[5]不过，一旦一国决定对某项所得征收所得税，通常来说，其征税权就会受到一定的制约，此种制约就集中体现为影响应纳税所得额的另一变量——扣除。虽然各国在对待扣除上有着不尽一致的立场，在具体的扣除项目以及扣除范围上也展示出了较大的差别，但是，总体上来看，没有一个国家的所得税税基仅由收入构成，而无扣除项目。更为根本的是，无论是成本费用扣除还是生计费用扣除，它们都有着一定的法理或税理逻辑，在立法者决定开征所得税这一税种后原则上就

---

〔1〕　按照权力与权利的对应关系又可以划分为内部边界和外部边界，内部边界可以进一步细分为水平边界与垂直边界，外部边界可以细分为对私权力的边界、对私权利的边界、对社会性私权利的边界。潘爱国："论公权力的边界"，载《金陵法律评论》2011 年春季卷。

〔2〕　张生堰："美国独立和建国时期的国家收入问题探析——兼述汉密尔顿的国家征税权思想"，载《暨南学报（哲学社会科学版）》2012 年第 5 期。

〔3〕　张宏彦、张念明："税收有效性、征税权归属与宪法性约束"，载《财经理论与实践》2012 年第 4 期。

〔4〕　以荷兰和瑞典为例，荷兰的"家庭和工作"所得的最高累进税率为 52%，瑞典个人所得税中的勤劳所得的税率始于 31%，最高为 56%。诚然衡量税收负担的最佳标准应该是平均税率，但是这两个国家个人所得税的最高累进税率突破了 50%，这在某种意义上也确实印证了所得税税率上的边界并不明显。〔美〕休·奥尔特等：《比较所得税法——结构性分析》，丁一、崔威译，北京大学出版社 2013 年版，第 108 页、第 123 页。

〔5〕　何廉、李锐：《财政学》，商务印书馆 2017 年版，第 345 页。

应遵循这一逻辑。纵然因各国立场与态度不同，此种法理或者税理逻辑未必能够有效约束立法者，但基于国际竞争的因素，各国开征所得税也会在一定程度上受到外在的制约，避免征收所得税时不设计扣除项目。在此意义上，扣除为国家所得税征税权设定了边界。

（二）所得税扣除税法机能认知的偏差

从应然意义上，所得税扣除具有税基确定、财产分配以及征税权限定三大本体机能。然而，反观现实，税法决策者对扣除的税基确定机能以及征税权限定机能的重视程度极为有限，反倒是更青睐其财产分配机能。由于决策者对扣除本体税法机能认知的偏差，其在设计所得税扣除规则时也就不免存在诸多乱象。

"一般来说，法律规范是通过规定人们在法律上的权利（权力）和义务以及违反法的规定应当承担的法律责任来指引、调整人们的行为活动的。"[1]所得税扣除规则作为法律规则，其首要作用自应是指引纳税人为或者不为一定行为并使纳税人能够预测为或者不为一定行为的税收法律后果，而这亦是对所得税扣除的税基确定机能的基本描绘。然而，反观我国税收立法实践，所得税扣除的这一税法机能远未被重视。如前述，所得税扣除关乎税基的确定并进而影响纳税人应当负担的税收债务，明确扣除的具体要件也就格外重要。若从纳税人的行为角度来说，明确扣除的具体要件同样重要，因为它直接关乎纳税人为或者不为一定行为。举例而言，纳税人为雇员购买商业保险是否可以税前扣除，这虽不足以成为雇主为雇员是否购买商业保险的唯一影响因素，但从理性人的角度考量，由于税前扣除直接关乎纳税人最终承担的税收债务的多寡，显然只有在其商业保险购买行为可以得到肯定性评价，纳税人为其雇员购买商业保险的动力才会更加充足。申言之，立法者在为纳税人设定所得税纳税义务时，还必须明确扣除的范围和标准等事项。然而，考察我国《个人所得税法》和《企业所得税法》的规定，立法者远未做到这一点。就前者而言，综合所得扣除项目中的"依法确定的其他扣除"尤为典型，其中的"依法"究竟是依什么"法"？是狭义的"法律"还是包括税收规范性文件在内的各种广义的"法"？不同理解下，对"其他扣除"的范围和标准也就有着截然不同的看法。《企业所得税法》将税前扣除

---

[1] 邓世豹主编：《立法学：原理与技术》，中山大学出版社2016年版，第67页。

的条件界定为"有关的、合理的"，不同主体对相关和合理的认知不尽相同。那么在价值多元并且利益冲突的情况下，应该以何者的认知为准？等等。显然，若仅仅依据法律本身，不仅所得税的税基无法确定，也无从指引纳税人为或者不为一定行为，更难以让纳税人预测为或者不为一定行为的税法后果。不独如此，立法者对扣除的税基确定机能的认知不足更是导致立法者对扣除在所得税立法中的地位缺乏足够关注与规范，而对政策主导扣除规则的局面却熟视无睹、听之任之、宽泛授权。如此，指引纳税人为或者不为一定行为的规范也就只能滑落至包括税收规范性文件在内的各种政策，当政策主导扣除规则时，扣除沦为行政机关的调控工具这一局面也就不言而喻。

　　如果说扣除的税基确定机能关乎的是立法者自身是否对扣除给予足够的形式关注，那么征税权限定机能则更为注重的是扣除背后的法理逻辑，即扣除本身的正当性。不过，扣除的征税权限定机能更是未能获得立法者的足够重视。我国在设定所得税扣除规则上历来更为关注的是其经济社会效用，而甚少关注其背后的法理基础。这与日本颇为类似，如北野弘久教授所言，"在政府税调会、大藏省主税局及国会等的审议中，从财政经济论的角度来讨论税制的论调历来起支配性作用，而缺乏从法的角度……例如，所得税中的给予所得扣除和其他诸种扣除的科学依据是不明确的"。[1]相较于企业所得税扣除，个人所得税中的扣除集中体现了立法者对其背后的法理逻辑缺乏足够关注。就（个人所得税中的）成本费用扣除来说，为何劳务报酬、稿酬、特许权使用费乃至财产租赁等收入的成本费用一定是 800 元或收入的 20% 而非收入的 30% 又或者是 10%？从既有立法实践来看，20% 的标准可以说是路径依赖的结果，因为 20 世纪 80 年代起这一标准就在《个人所得税法》中得以确立。然而，在《个人所得税法》引入之际，为何选择这一标准同样是缺乏足够法理依据的。及至 21 世纪，随着物价的普遍提高，这一扣除标准是否符合成本费用的真实状况也不无疑问。在生计费用扣除上，各项扣除设立的法理依据是什么？各项扣除之间是否彼此重复？扣除标准设定要考虑哪些因素？诸如此类问题，相关立法草案说明中亦缺乏足够的讨论。究其原因，扣除在立法者看来似乎也不过是一个技术化的数字，至于这个数字背后有什么法理

---

〔1〕　［日］北野弘久：《税法学原论》，陈刚、杨建广等译，中国检察出版社 2001 年版，第 125 页。

价值则非其所关注的。在缺乏立法事实的情况下，立法者对扣除作出的规定也就很容易沦为单方裁量的产物，征税权限定机能也就被大大地弱化。2018年《个人所得税法》修改时，劳务报酬所得、稿酬所得以及特许权使用费所得的成本费用扣除问题一度引发争议，即要不要为这些收入设定800元或者20%减除费用。之所以会出现此种争议，很大程度上正是因为立法者未能深刻体认这一费用扣除背后的法理逻辑。由于在法案起草者看来，这一费用扣除是类似于工资薪金所得的生计费用扣除，因而在实行综合征收后，这一费用扣除就应当取消，以免与其他生计费用扣除相重复。[1] 尽管最后通过的法案将这一费用扣除定性为成本费用扣除，并将之予以恢复，但由于缺乏对其背后法理的深度考量，立法者既未能明确典型的扣除项目，更无法重新审视这一扣除标准的妥当性。职是之故，这一费用扣除的设计仍然显得过于随意。[2] 同样，由于立法者缺乏对生计费用扣除内在法理的认知，生计费用扣除中扣除过度与扣除不足并存也就自然而然，这也是生计费用扣除逻辑缺失极为重要的原因。

与立法者对扣除的税基确定机能和征税权限定机能缺乏足够重视所不同的是，所得税扣除的财产分配机能受到了决策者的高度重视。在这一机能上，定义所得税税基的扣除与税收优惠式扣除并无本质区别。这一机能在本质上体现的是借助于所得税扣除"改变国民收入在各部门、各地区、各纳税人之间的分配比例，改变利益分配格局，对经济和社会活动产生影响"。[3] 某种意义上，诸如研发费用加计扣除、残疾人工资薪金支出加计扣除、慈善捐赠扣除、加速折旧扣除等税收优惠式扣除皆系扣除这一税法机能应用的结果。由于这一机能直接联动纳税人与国家之间的财产分配，纳税人与国家彼此之间的财富配置状况也就决定了扣除究竟是发挥激励诱导功能还是发挥税收惩罚

---

〔1〕 "按照现行个人所得税法，工资、薪金所得的基本减除费用标准为3500元/月，劳务报酬所得、稿酬所得、特许权使用费所得，每次收入不超过4000元的，减除费用800元；4000元以上的，减除20%的费用。草案将上述综合所得的基本减除费用标准提高到5000元/月（6万元/年）。"将工资薪金所得基本减除费用与其他综合所得减除费用相并列体现了作为法案起草者的财政部将之定性为生计费用。参见刘昆：《关于〈中华人民共和国个人所得税法修正案（草案）〉的说明》，2018年6月19日在第十三届全国人民代表大会常务委员会第三次会议上。

〔2〕 具体来说，当收入在800元以下时，成本费用占比可达100%，而收入在4000元以上的，成本费用占比仅为20%，如此大的差距明显缺乏合理性。

〔3〕 巨宪华编著：《经济结构调整的税收对策研究》，中国税务出版社2003年版，第67~68页。

功能。在基准税制基础上的额外扣除体现的是扣除的激励诱导功能，而在基准税制基础上的限制扣除则彰显的是扣除的惩罚性功能，纵然是基准税制意义上的扣除，它也时常成为国家推行其各种社会政策的工具，这在企业所得税中体现得更为明显。相较而言，在个人所得税上，由于基准税制的界定颇为不易，尤其是在生计费用扣除与基于社会目的的税收优惠扣除彼此间的界分上，因而生计费用扣除与税收优惠扣除在不少情况下容易混为一谈，生计费用扣除也可能被赋予诸多激励诱导功能。2018 年我国实施的个人所得税税制改革，无论是专项附加扣除的引入还是基本减除费用的提高，对于重新塑造纳税人财产与国家财政边界起到了较好的效果，[1]实现了制度设计者旨在扩张纳税人财产，压缩国家财政收入的初衷。[2]尽管这些扣除项目更接近于生计费用扣除，但在决策者看来皆为"改善居民消费能力和预期"的配套政策工具。[3]之所以如此，盖因这两项扣除项目关乎纳税人税后收入的多寡，进而直接影响纳税人的消费能力与欲望。[4]而在这一逻辑驱使下，决策者对其定性亦发生了诸多偏离，将之归为"税费优惠政策"。[5]在地方（上海市）税务实践层面，更有将专项附加扣除直接归入"保障民生"的"税收优惠政策"范畴的做法。[6]

三、所得税扣除立场的内在局限：国家恩惠立场

按照《辞海》的解释，立场是指"认识和处理问题时所处的地位和所抱

---

〔1〕　据官方统计，"（2019 年）1—10 月，实施个人所得税专项附加扣除政策减税 521.94 亿元，加上去年（指 2018 年）10 月 1 日提高个人所得税基本减除费用标准和优化税率结构翘尾因素，合计减税 4480.84 亿元；个人所得税纳税人人均减税 1786 元，直接增加了居民收入，提升了消费能力"。参见刘昆：《国务院关于减税降费工作情况的报告》，2019 年 12 月 25 日在第十三届全国人民代表大会常务委员会第十五次会议上。

〔2〕　《个人所得税专项附加扣除暂行办法》第 3 条规定："个人所得税专项附加扣除遵循公平合理、利于民生、简便易行的原则。"此外，2018 年国务院政府工作报告中亦提及稳步提高居民收入水平，"提高个人所得税起征点，增加子女教育、大病医疗等专项费用扣除，合理减负，鼓励人民群众通过劳动增加收入、迈向富裕"。

〔3〕　参见《中共中央　国务院关于完善促进消费体制机制　进一步激发居民消费潜力的若干意见》。

〔4〕　吴秋余："个税改革激发消费潜力"，载《人民日报》2019 年 6 月 18 日，第 5 版。

〔5〕　刘昆：《关于 2018 年中央决算的报告》，2019 年 6 月 26 日在第十三届全国人民代表大会常务委员会第十一次会议上。

〔6〕　参见《国家税务总局上海市税务局关于全面落实税收优惠政策　积极促进减税降费措施落地的通知》（沪税函〔2019〕33 号）。

的态度",〔1〕即人们观察问题和处理问题的出发点。而就立场的产生来说，它源于比较与选择，若无比较与选择便无立场。比如，当言及税法解释的立场时，必然存在至少两种备选的方案，如纳税人主义立场与国库主义立场，若无纳税人主义立场也就不存在所谓的国库主义立场。在此基础上，立场之间并非绝对泾渭分明，而是相对泾渭分明。例如，言及刑法学的立场时，学者们认为"无论是刑法学中的主观主义，还是客观主义，在本质上只是侧重或者偏向于其所支持的立场，而非对其对立之立场的绝对舍弃"。〔2〕换言之，立场问题本质上"是一个程度问题、比例问题、含量多少的问题，而不是一个有与无的问题、截然分开的问题、二者必择其一的问题"。〔3〕不过，这并不等于说要否认旗帜鲜明的立场存在的必要性，只是说在看待立场问题时不宜过于机械化。相反，"人类采取一种什么样的方式来组织社会，构建一个什么样的国家制度和政府管理形式……完全取决于人们的认知、理念和信念"。〔4〕即人们构建什么样的法律制度在很大程度上要受到人们的立场与态度的影响。诚如罗纳德·德沃金（Ronald Myles Dworkin）所言，"法律的帝国并非由疆界、权力或程度界定，而是由态度界定"。〔5〕在税法领域，态度与立场的重要性更是不言而喻，因为"如果国家认为没有必要进行征税活动，那么，也就没有必要对税收活动进行法律的规范了"。〔6〕若国家不打算开征所得税，自然也就不存在所得税扣除的问题，扣除的税法机能亦无从发挥。就此来说，一国对待所得税扣除的立场才是最为根本的，也应当是一国所得税扣除乱象产生的根源。

　　通常来说，获取一国对待某一部法律的基本态度或者立场最为直接的方式是考察该法的立法目的条款。〔7〕然而，在税法领域，尤其是以筹集财政收入为主导目的的所得税领域，立法目的条款并不多见，考察一国对所得税扣除的立场也就不能依赖于所得税法的立法目的条款，还需另辟蹊径。此时，

---

〔1〕　夏征农、陈至立主编：《辞海：第六版彩图本》，上海辞书出版社2009年版，第1355页。

〔2〕　魏东主编：《刑法观与解释论立场》，中国民主法制出版社2011年版，第53页。

〔3〕　陈金钊等：《法律解释学——立场、原则与方法》，湖南人民出版社2009年版，第176页。

〔4〕　韦森：《国家治理体制现代化　税收法定、预算法修改与预算法定》，商务印书馆2017年版，第388页。

〔5〕　[美] 德沃金：《法律帝国》，李常青译，中国大百科全书出版社1996年版，第367页。

〔6〕　王鸿貌、陈寿灿：《税法问题研究》，浙江大学出版社2004年版，第73页。

〔7〕　参见刘风景："立法目的条款之法理基础及表述技术"，载《法商研究》2013年第3期。

除了要结合相关立法背景资料加以考察，还可以在法律动态实施过程中追问一国对待所得税扣除的立场，毕竟法律的生命在于实施。而此种实施既可以是行政机关的实施也可以是司法机关的实施。在行政强势的国度，行政机关实施所得税法过程中所展现出的立场或态度可以在很大程度上代表一国对待所得税扣除的基本立场；而在税务司法发达的国家，司法机关尤其是司宪机关在所得税法实施的过程对所得税扣除表现出的态度对于说明一国对待所得税扣除的立场更具有说服力，因为"一项制定法的存在，不仅归因于人们作出制定它的决定，也有赖于人们后来不作出修改或废除它的决定"。[1]

考察我国决策者对待所得税扣除的立场，实际上就是要评价我国的决策者是如何看待扣除的。由于扣除作为所得的抵减要素，它能够通过减少纳税人的应纳税所得额进而分别减少纳税人的应纳税额和国家的财政收入。因而，1993年以来的历次《个人所得税法》修改都格外强调费用扣除所带来的减税效果，而2018年《个人所得税法》修改更是将基本减除费用标准的提高以及专项附加扣除的引入置于减税降费大背景之下。在这一情景下，生计费用扣除项目也就被打上了前文所提及的"税费优惠""税收优惠"的标签。从国务院财税主管部门发布的有关文件亦能窥测出决策者的此等认知。根据《财政部　税务总局关于个人所得税法修改后有关优惠政策衔接问题的通知》（财税〔2018〕164号）的规定，"外籍个人符合居民个人条件的，可以选择享受个人所得税专项附加扣除，也可以选择按照……规定，享受住房补贴、语言训练费、子女教育费等津补贴免税优惠政策，但不得同时享受"。这一规定处理的是有关税收优惠政策如何衔接的问题，而个人所得税专项附加扣除作为外籍个人相关津补贴免税优惠政策的替代政策，这表明个人所得税专项附加扣除在本质上也被视为一种税收优惠政策。否则，专项附加扣除与税收优惠政策完全可以并行不悖，而不必因为专项附加扣除的出台而取消外籍个人本就享有的相关税收优惠。若结合地方层面对专项附加扣除的定位，这一认知会更为清晰，如"专项附加扣除，是在基本减除费用的基础之上，以国家税收和个人共同分担的方式，适度缓解个人在教育、医疗、住房、赡养老人等

---

〔1〕　[美]罗纳德·德沃金：《法律帝国》，许杨勇译，上海三联书店2016年版，第252页。

方面的支出压力"。[1]又如，《深圳市养老服务业发展"十三五"规划（征求意见稿）》提出，将"对与老人居住在一起的子女给予优惠政策，适度增加与老人居住在一起的子女的工薪所得税费用扣除额，实现赡养费用的税前扣除"。由此以观，以专项附加扣除为代表的生计费用扣除在决策者的视域中，其更接近于国家给予的恩惠，是否给予这种恩惠，决策者可以自由决定，并非纳税人本就应该拥有的权利。也因如此，社会舆论才会将赡养老人支出扣除作为一项经济诱因加以对待。[2]当然，除了生计费用扣除，恩惠立场在成本费用扣除上也是有体现的，前文论及的劳务报酬收入的展业成本扣除问题以及职工培训费税前扣除问题皆是典型适例。

明确了我国决策者对所得税扣除的基本立场——恩惠立场，也就不难理解本章第一节所提及的成本费用扣除和生计费用扣除存在的问题。由于扣除是国家给予纳税人的恩惠，某成本费用支出是否可以扣除以及能够在何等程度上扣除也就取决于决策者的判断，当某项支出符合决策者的调控需要，该等支出就被允许扣除。同理，当决策者不鼓励某些支出，即便该等支出与获取收入相关，限制扣除乃至拒绝扣除都是可能的结果。就前者而言，由于国务院财税主管部门认为提高职工教育经费扣除比例可以起到"鼓励企业加大职工教育投入"的效果，因而职工教育经费支出税前扣除的限制大幅减小。就后者来说，由于对我国广告质量的不甚信任，担心虚假广告的发布，因而纳税人发生的广告费用在税前扣除上被加以限制，而害怕粮食类白酒通过广告宣传很可能会扩大销量进而危及国家粮食安全，粮食类白酒（含薯类白酒）的广告宣传费更是一度被禁止税前扣除。至于生计费用扣除问题，更是如此。在恩惠立场下，国家本无义务去为纳税人分担生计支出，国家选择为纳税人分担生计支出的范围和程度也就取决于其单方决定，作为个体的纳税人只能选择接受与否，无权要求国家改变分担的范围与程度，生计费用扣除中的扣除过度与扣除不足并存的逻辑缺失问题也就随之产生。

---

〔1〕 国家税务总局天津市税务局："税法中的'基本减除费用''专项扣除''专项附加扣除'和'依法确定的其他扣除'有哪些区别？"，载 http://tianjin.chinatax.gov.cn/11200000000/8000/800001/80000102/20181009154258850.shtml，最后访问时间：2022年1月1日。

〔2〕 参见张枫逸："'赡养费税前扣除'有三重意义"，载《经济参考报》2015年12月15日，第8版；刘昌海："'与老人同住减税'是种良性激励"，载《重庆日报》2015年12月11日，第17版；龙继辉："税前扣除赡养支出是老有所养的福音"，载《企业家日报》2018年9月3日，第3版。

第二章

所得税扣除基本权利保障立场的提出

　　一国对待所得税扣除采取何种立场，属于社会意识范畴，受社会存在的影响和制约。同一时期不同国家以及同一国家不同时期所面临的政治、经济、文化与社会等因素未必一致，作用于所得税扣除立场上，其间亦有所差异。[1]我国特殊的税收法治状况使行政机关对所得税扣除的立场较之于（狭义）立法者来说更具有决定性并以行政恩惠的方式诠释出我国的恩惠立场，这在上一章已有所阐述。受行政恩惠立场的驱使，我国所得税扣除乱象得以广泛存在。虽然不能否认税收法定原则的落实对于纳税人的自由与权利的保障会起到一定的积极意义，也能在一定程度上助力我国所得税扣除乱象的解决，但是仅仅将所得税扣除看作立法机关的恩惠而非行政机关的恩惠，这是否足以解决我国所得税扣除乱象并非毫无疑问。实际上，我国所得税领域早已实现了一般意义上的税收法定，但这并未能阻止我国所得税扣除乱象的产生。

　　站在十字路口，我国该如何看待所得税扣除，是将之作为国家给予纳税人的恩惠还是纳税人应有的权利，这值得深思。类似的抉择也发生在税收法治发达的国家或地区，尤以美国为突出。[2]然而，在美国，司法实务界和学术界都已开始反思并质疑恩惠立场。与之不同，德国则以其所得税扣除司法实践描绘出其对待所得税扣除的特别立场——基本权利保障立场。在该立场下，扣除是国家为保障纳税人基本权利而在所得税法上作出的具体制度安排，该立场虽不排斥国家对所得税扣除制度设计的裁量权，但扣除并非国家给予

---

　　〔1〕 值得说明的是，纵然在同一个国家同一时期，对待所得税扣除的立场也未必完全一致，这在中国改革开放初期有所体现。如前文所提及的，中国对待内资企业与外资企业适用两套企业所得税立法，其中对内资企业所得税扣除存在极多的限制性规定并且这些限制性规定完全由行政主导，而对外资企业的成本费用扣除的限制性规定要少得多。对待所得税扣除的立场因纳税人不同而有所区分，这体现了社会文化因素对一国对待所得税扣除立场的影响——内外资企业的税收法治意识有别。

　　〔2〕 鉴于不同国家或地区税收法治发展状况不同，主导所得税扣除规则制定的主体也有所不同，或为立法机关或为行政机关，恩惠立场还可以进一步细分为立法恩惠立场和行政恩惠立场两种。

纳税人的特别恩典，立法者形塑所得税扣除规则的权力须受宪法原则及其基本权利条款的严格制约。

纵观其他部门法，基本权利保障立场与国家恩惠立场的争执也同样存在，在社会保障与罪犯假释问题上表现得尤为突出，并且大有基本权利保障立场代替国家恩惠立场的趋势。所得税扣除的事物属性虽与之不同，但限制恣意的权力以保障弱势的权利确为时代发展的共同趋势。在此种背景下，有必要认真对待所得税扣除基本权利保障立场，这也是解决我国所得税扣除乱象的客观要求。

第一节　所得税扣除恩惠立场既有实践及其批判

在众多税种当中，所得税显得尤为特别。一方面，所得税与其他税种一样皆指的是纳税人向国家承担的金钱给付义务；另一方面，植根于所得税的扣除制度又以减少乃至消除此种纳税义务为目标。在税收构成要件中，税收优惠是阻却税收债务最为典型的一种构成要素，而所得税扣除亦具有类似的效果，那么所得税扣除这种税收减除机制是否也是国家给予纳税人的优待或恩惠呢？如前文所述，我国确实倾向于将所得税扣除看作是国家给予纳税人的恩惠。在此种观念驱使下，所得税扣除沦为我国决策者的单方裁量对象，是否允许以及在何种程度允许扣除皆系其固有权力。也因如此，看似难以接受的扣除乱象也具有了可理解性。接下来，还有必要追问所得税扣除国家恩惠立场是否是我国所独有的。如果确实如此，那么随着我国税收法治状况的逐步改善，我国所得税扣除乱象的解决完全可以通过借鉴税收法治发达国家或地区的经验予以实现。如果不是，则还需要进一步考察其是如何看待所得税扣除国家恩惠立场的。唯有如此，才能理性而又客观地评判我国是否要继续坚持既有的恩惠立场。基于此，本节将重点考察税收法治发达国家或地区对待所得税扣除所采取的立场以及其理论实务界又是如何认知和评判此种立场的。

一、所得税扣除恩惠立场的美国实践及其批判

（一）所得税扣除恩惠立场的美国实践

立法恩惠（legislative grace），是与宪法权利或宪法保障相对应的一个概

念，亦是国家恩惠的一种形式。美国联邦最高法院曾就正当程序的定位在 Cleveland Bd. of Educ. v. Loudermill 中指出："正当程序权的授予，不是通过立法恩惠，而是通过宪法保障。尽管立法机关可以选择不授予公共就业财产权益，但一旦授予，没有适当程序保障，授权剥夺这种利益则可能是违宪的。"[1]由此可知，在美国，公民的权利或利益可以分为两类，一类是立法恩惠，另一类是宪法权利。立法恩惠与宪法权利的最大区别在于立法者裁量空间。若为立法恩惠，立法者有广阔的裁量空间，可以选择授予，也可以选择不授予。至于宪法权利，立法者则必须受到其拘束，无权改变。在 20 世纪 30 年代，所得税领域首次出现了"立法恩惠"这一语词，并且主要指甚至专指扣除。时至今日，"扣除是立法恩惠"（deduction is a matter of legislative grace）在美国判例法中已是家喻户晓。它的基本内涵也大体确定，"是否允许以及在何种程度上允许扣除，这取决于立法恩惠"，[2]即"为了实现对净所得课税，立法机关有权定义、限制甚至拒绝从毛所得中的扣除"。[3]进一步而言，扣除是立法恩惠，与纳税人的宪法权利无关。[4]由于在相当长的一段时期内，"法院对政府赋予的利益或特权而非宪法权利遭到剥夺或拒绝时，并不支持要求适用正当法律程序的请求"，[5]这更是导致所得税扣除沦为立法机关单方裁量对象，不受宪法拘束。

　　国家恩惠立场在美国的确立与发展，至今已有八十余年。但是，对这一立场形成起决定作用的并非美国立法机关，而是对美国宪法和所得税法拥有最终解释权的联邦最高法院。鉴于美国立法机关从未对联邦最高法院确立的这一判例法规则作出相反的认知，可以认为其对扣除是立法恩惠这一观点也是认同的。即便如此，国家恩惠立场在美国的确立与发展也是经历了一个漫长的过程，这又主要体现为美国法院系统就所得税扣除作成的系列裁判。为了更好地展示出美国对待所得税扣除所采取的立场，有必要选择若干具有代

---

　　〔1〕　See Cleveland Bd. of Educ. v. Loudermill, 470 U. S. 532（1985）.

　　〔2〕　"Whether and to what extent deductions shall be allowed depends upon legislative grace; and only as there is clear provision therefor can any particular deduction be allowed." See New Colonial Ice Co. v. Helvering, 292 U. S. 435, 440（1934）.

　　〔3〕　"Unquestionably Congress has power to condition, limit or deny deductions from gross income in order to arrive at the net which it chooses to tax." See Helvering v. Independent Life Ins. Co. , 292 U. S. 371, 381（1934）.

　　〔4〕　See Alpenglow Botanicals, Ltd. Liab. Co. v. United States, 894 F. 3d 1187（10th Cir. 2018）.

　　〔5〕　丁玮：《美国宪法上的正当法律程序———一个历史的视角》，黑龙江人民出版社 2007 年版，第 99 页。

表性的裁判加以阐述。1934 年，在 New Colonial Ice Co. v. Helvering 案中，美国联邦最高法院首次提出了"扣除是立法恩惠"这一观点，即是否允许扣除以及允许何种程度扣除完全由立法者决定。[1]经 Interstate Transit Lines v. Commissioner 一案，这一立场得到进一步巩固，立法恩惠观对举证责任的影响凸显。[2]在 Alpenglow Botanicals, Ltd. Liab. Co. v. United States 案中，此种立场得到了较大发展，美国联邦第十巡回法院明确提出，只有售出商品的成本才是强制性扣除事项，普通和必要的营业费用只是总收入计算中的酌定扣除事项，即便不允许扣除同样在宪法对国会就"income"征税的授权范围之内，不会构成税收惩罚，进而与《美国宪法第十六修正案》所确立的禁止过度惩罚规定相悖。[3]

在个人所得税扣除上，恩惠立场也得到了很深刻的体现。在 1968 年，Crowe v. Commissioner of Internal Revenue 案中，上诉人认为"600 美元的个人

---

〔1〕 See New Colonial Ice Co. v. Helvering, 292 U. S. 435 (1934). 就该案主要内容来说，它是关于新公司接管旧公司之后是否可以从其后一时期的净收入中扣除旧公司在前一时期遭受的净损失的问题，美国联邦最高法院判决认为新公司的净收入中不能扣除旧公司遭受的净损失。如果本案只是关于立法机关制定的法律是否作出了允许扣除的规定，那么本案的意义也就小了很多。毕竟，立法机关对于亏损扣除的规定想要穷尽一切情形并不现实，其仅能作出较为抽象的规定，个案适用法律的过程正是法律解释的过程。而本案的影响力就在于联邦最高法院并不曾试图对所得税法中关于扣除的规定进行过多解释，而是认为如果法律明确规定了可以扣除才能扣除，若无明确规定则此项扣除便不被允许，实质上是对扣除采取了较为狭义的理解。当然，若仅仅如此，该案中对扣除的立场也还很难称得上是立法者对扣除的立场，仅能算是法院解释法律的立场，充其量也就是国库主义还是纳税人主义的问题。但联邦最高法院却祭出了立法机关所得税征税权这把利剑，认为按照宪法规定，立法机关可以对"income"征税，而这个"income"的内涵取决于立法机关的规定。实际上，"income"一词的理解至少可以有两种，一种是总收入（gross income），另一种是净收入（net income），这就意味着立法机关可以选择任何一种收入征税。而若对总收入征税，自然也就不存在所谓的扣除问题。需要注意的是，美国所得税法中明确区分了扣除（deduction）和抵消（offset），其中商品成本不属于扣除问题，而属于抵消问题，其中总收入（gross income）= 收入（revenue）-商品成本（cost）。
〔2〕 该案的案情是，母公司通过与子公司签订协议，让子公司替自己在加利福尼亚州从事公交运营，所发生的费用和收益都归母公司，母公司据此认为基于合同的费用属于自身经营成本费用，应当准许税前扣除，但美国联邦最高法院基于国家恩惠立场，认为纳税人必须承担主张扣除的举证责任。由于纳税人提供的证据不足以证明其发生的合同费用属于所得税法所规定的"从事任何贸易或业务"的必要费用，因此拒绝纳税人扣除。简单来说，联邦最高法院认为纳税人固然可以通过合同增加利润，但这不构成纳税人的业务收入，相应的支出自然不属于业务支出。See Interstate Transit Lines v. Commissioner, 319 U. S. 590 (1943).
〔3〕 该案主要涉及是否允许毒品交易企业扣除必要的业务费用，法院认为即便禁止扣除也不构成税收惩罚，也不违反《美国宪法第十六修正案》，因为这属于国会固有权限，国会可以自由裁量。See Alpenglow Botanicals, Ltd. Liab. Co. v. United States, 894 F. 3d 1187 (10th Cir. 2018).

免税额不足以维持生活费用，否则是不公平的"，不过美国第八巡回上诉法院并未支持其诉求，认为"这项豁免是根据立法恩惠而批准的，法院无权扩大这一扣除额"。[1]而在 Okla. Tax Comm'n v. Smith 一案中，关于联邦税是否可以在所得税中税前扣除的问题，俄克拉何马州最高法院更是指出，"公民从其收入中缴纳的税款没有任何一般性豁免。收入与纳税人的总收入有关，并且不取决于纳税人必须从其收入中为他有义务承担的各种费用项目中支付的一部分或多少，除非这些各种费用作为宣布免税的立法政策问题，因此从收入中扣除，并由国家立法机关决定。(并且)允许的扣减可能是任意的，但得出这种扣减的手段和方法并不接受司法调查"。换言之，就个人纳税人取得的收入，由于不涉及商品成本问题，立法机关可对其全额征税，不允许其对任何项目进行扣除，即便此等费用支出是为履行法定义务而为的支出，但若允许个人纳税人对某些项目扣除，则这是立法政策的问题。[2]在 Buth v. Commissioner of Revenue 案中，州税务法院基于扣除是立法恩惠，还进一步得出三个关于扣除的具体要求：其一，严格解释提供扣除的法规；其二，主张扣除的纳税人必须证明其根据法律的规定是可以接受的；其三，推定专员关于扣除的推定是正确的，而纳税人有举证责任证明其不正确。[3]ClÍnica Mario JuliÁ v. Sec'y of the Treasury 案中，针对立法机关对各种扣除作出的限制，波多黎各最高法院认为，"(针对扣除的)某种限制是正义的还是不公正的，合理的还是不合理的，是立法机构的问题，而不是法院的问题"。[4]

　　透过案例梳理与分析，美国对待所得税扣除的立场已然再为清晰不过。在恩惠立场下，"国会不需要迳过允许税收扣除来补贴宪法权利的行使，如果国会选择这样做，可以取消这种补贴"。[5]当然，在对待所得税扣除上，几乎没有一个国家(地区)能够像美国这样由有权机关直截了当地表达出其所持立场。但这并不意味着他国(地区)对待所得税扣除就没有立场。实际上，发展至今，对所得税扣除持国家恩惠立场的国家或地区并非独有美国，国家

[1] See Crowe v. Commissioner of Internal Revenue, 396 F. 2d 766 (8th Cir. 1968).
[2] See Okla. Tax Comm'n v. Smith, 610 P. 2d 794 (Okla. 1980).
[3] See Buth v. Commissioner of Revenue, 1987 Minn. Tax LEXIS 95.
[4] See ClÍnica Mario JuliÁ v. Sec'y of the Treasury, 76 D. P. R. 509 (1954).
[5] See Shoshana Speiser & Kevin Outterson, *Deductions for Drug Ads-The Constitution Does Not Require Congress to Subsidize Direct-to-Consumer Prescription Drug Advertisements*, Santa Clara Law Review, Vol. 52：2 p. 483 (2012).

恩惠立场也绝非美国所特有。易言之，凡是一国（地区）通过其所得税立法、执法乃至司法实践体现出扣除源于国家或者立法者的恩惠而与纳税人宪法权利无涉这一态度，则其对扣除的立场便是国家恩惠立场。如前所述，我国对待所得税扣除的立场很大程度上就是恩惠立场。

（二）美国对所得税扣除恩惠立场的批判

众所周知，通过 Marbury v. Madison 一案，美国联邦最高法院的角色已然不再是纯粹的法律执行者，还是美国联邦宪法最权威的解释者以及美国宪法秩序和公民宪法权利的守护者。在此种背景下，由其确立与发展的国家恩惠立场理应不会与宪法秩序及公民宪法权利产生严重冲突。那么是何等原因使得其对待所得税扣除采取如此消极的立场？有论者指出，"法院并不推定税收豁免。这一原则部分源于保护国库的愿望，部分源于免税常常反映了组织良好的私人集团之影响这一观念，还有一部分是为了回应如下事实：国会严密地监视着征税过程，它所处的地位使其在愿意的时候能够很好地实行免税。因此，税收豁免必须以明示的方式进行"。[1]然而，即便如此，国家恩惠立场也还是遭遇了诸多批判。此种批判既有来自法院内部，也有来自学界。美国司法界与学术界对恩惠立场的批判主要是从立法机关是否在宪法上有权自由决定扣除事项以及是否会侵犯公民的宪法权利这两方面入手。

在法院系统内部，尽管立法恩惠立场具有较强的统治地位，但同样也有一些法官发出了异议的声音。例如，在 N. Cal. Small Bus. Assistants, Inc. v. Comm'r 案中，尽管最后美国联邦税务法院基于扣除是立法恩惠的立场认为立法拒绝毒品交易企业发生的必要业务费用不构成处罚，但在该案中照样有两名法官提出了诸多颇具有代表性的反对观点。其中尤以古斯塔夫森（Gustafson）法官为典型。他认为，立法者恩惠只适用于部分不影响"income"定义的扣除，但成本以及必要费用的扣除不属于立法恩惠，属于天生必须被允许的扣除，若不允许此类扣除，会导致对纳税人征税超越对纳税人收益（gain）的征税。简单来说，对总收入（gross income）征税并非宪法意义上的所得税（income tax），只有对净收入（net income）征收的税才是所得税。他进一步指出，还有一类外观极为类似的扣除确实是立法者恩惠，例如个人豁免（personal ex-

---

〔1〕［美］凯斯·R. 桑斯坦：《权利革命之后 重塑规制国》，钟瑞华译，中国人民大学出版社2008年版，第191页。

emptions)、已缴纳税款的扣减（deductions for taxes paid）、与交易无关的损失（losses sustained in unrelated transactions）以及国会认为适合根据其建立的分类给予所得税纳税人的其他类似特权（privileges），此类扣除不应与对通常且必要费用的扣除混为一谈。[1]在此基础上，他还指出，即便从最宽泛意义上理解扣除系立法恩惠，立法者根据《美国宪法第十六修正案》获得的权力也不得违背宪法中关于纳税人的其他宪法权利，如《美国宪法第一修正案》《美国宪法第五修正案》以及《美国宪法第八修正案》等。这意味着，纵然扣除是立法恩惠，立法者依然不能仅允许某一宗教组织免税，但拒绝另一宗教组织免税；[2]也不能仅允许某一性别个人扣除而不允许另一性别个人扣除。有所不同的是，谷轮（Copeland）法官认为扣除是立法恩惠，只是立法恩惠也不得与宪法其他内容冲突，进而只采纳了古斯塔夫森法官的后一部分观点。[3]

与法院系统的着眼点不完全相同，美国学者对立法恩惠的批判主要集中在立法恩惠立场的法理困境以及法院系统对立法恩惠立场的错误应用这两方面。其一，否认立法者征税权与立法者的意图的一致性。具体来说，立法者即便有权开征或者废除所得税，也尽管可以形塑所有的扣除事项，但这与立法者的意图是两码事，并不代表立法者就要对总收入征税而非对净收入征税。没有证据可以证明立法者希冀对总收入征税，反倒是对净收入征税更符合立法者的意图。这就意味着所得税的税基是总收入减去产生总收入的通常且必要费用等扣除事项，立法者无论是对总收入还是对扣除皆无特别的倾向，它们都应当是定义所得税税基的必备要素。因此，立法恩惠并不足以成为法院在所得税扣除问题上站在国库立场的理由，由纳税人承担举证责任同样站不住脚。一言以蔽之，立法恩惠与法院对扣除所采取的若干推定从根本上不具有客观联系，也不是一回事。其二，立法恩惠本身就站不住脚，立法者并无权力废除所有扣除。具体而言，立法者从税法中删除所有扣除不仅在政治上行不通，而且还将违反《美国宪法第十六修正案》或《美国宪法第五修正案》的正当程序条款。若扣除并非立法者的自由裁量权问题，立法恩惠存在

---

〔1〕　需要注意的是，这一认知较之于传统的恩惠立场而言虽有诸多积极价值，但也应该看到其局限性。即其认为与取得收入无关但系纳税人及其家庭维生所需的支出豁免并非宪法要求的结果，而是立法恩惠的结果。引申来说，立法者取消此类豁免并不会侵犯纳税人的宪法权利。

〔2〕　See Golden Rule Church Ass'n v. Commissioner, 41 T. C. 719, 729 (1964).

〔3〕　See N. Cal. Small Bus. Assistants, Inc. v. Comm'r, 2019 U. S. Tax Ct. LEXIS 24.

的基础便不复存在。[1]

二、所得税扣除恩惠立场在我国台湾地区的实践及其批判

(一) 所得税扣除恩惠立场在我国台湾地区的实践

我国台湾地区对所得税扣除的恩惠立场主要集中在个人所得税领域，这一立场可以通过有关解释予以揭示。释字第 415 号认为 "（免税额）目的在以税捐之优惠使纳税义务人对特定亲属或家属尽其法定扶养义务"。这一解释文将综合所得税中的免税额（相当于我国大陆地区的基本减除费用扣除）定性为税收优惠，言外之意便是 "法律" 是否给予以及在何种程度给予纳税人免税额，这完全取决于 "法律" 制定者的裁量。这一立场在释字第 701 号中同样得到较为直接的体现，"依系争规定，纳税义务人就受长期照护者所支付之医药费，一律以付与上开医疗院所为限，始得列举扣除"，即医药费用扣除亦是政府给予纳税人的一项恩惠，政府是否给予以及在何种程度给予，同样具有广阔的裁量空间。[2] 除此之外，我国台湾地区其他一些规定亦在一定程度揭示出其对待综合所得税扣除的恩惠立场。例如，"身心障碍者权益保障法" 第 72 条规定，"……应缴纳之税捐，依法给予适当之减免……应准予列报身心障碍特别扣除额……所得之各项补助，应免纳所得税"。[3] 由于该规定将身心障碍特别扣除额置于税收减免条款之中，从体系解释的角度来说，这意味着该项扣除额与其他减免措施一样皆为租税优惠的一环。

(二) 我国台湾地区对所得税扣除恩惠立场的批判

对恩惠立场加以反思不独发生在美国，我国台湾地区也存在对恩惠立场

---

〔1〕 See Lowy, Peter A. & Juan F. Jr. Vasquez, *Interpreting Tax Statutes: When Are Statutory Presumptions Justified?*, Houston Business and Tax Law Journal, Vol. 103: 2, pp. 389–409 (2004); E. N. G. *An Argument against the Doctrine That Deductions Should Be Narrowly Construed as a Matter of Legislative Grace*, Harvard Law Review, Vol. 56: 7, pp. 1142–1147 (1943).

〔2〕 尽管在该解释文中，生存权也被一并导入，但它的核心定位却还是税捐优惠，即立法者为了保证纳税人及其家属的生存权而给予纳税人的一项税捐优惠。

〔3〕 该条规定为："对于身心障碍者或其扶养者应缴纳之税捐，依法给予适当之减免。纳税义务人或与其合并申报纳税之配偶或扶养亲属为身心障碍者，应准予列报身心障碍特别扣除额，其金额于所得税法定之。身心障碍者或其扶养者依本法规定所得之各项补助，应免纳所得税。"

加以批判的声音，但在批判的力度上比美国走得更远。

我国台湾地区在系列解释文中对恩惠立场提出了质疑与批判。释字第 377 号不同意见书中指出，"纳税义务人于年度所得中享有减除免税额、标准扣除额、薪资所得特别扣除额等，即为维持人民最低生活之必要措施"。释字第 692 号协同意见书进一步指出，"免税额规定的规范目的即在于保障纳税义务人及其受扶养亲属之最低生活水平。此为人民之生存权之最基本的保障……而未至租税优惠的层次，只与最低生活保障有关，而与租税规划或税式补贴无关"。释字第 694 号协同意见书则首先回顾了我国台湾地区的主流见解，"多以之认属立法者给予纳税义务人之税捐优惠，是否给予及其额度多寡、条件宽严，均属租税减免政策之立法裁量问题"，而后颇为明确地指出，"免税额不应视为一种国家恩惠""系为保障人民最低生活费用，使其不受课税影响而设置，而为纳税义务人所应享有之基本权利"。紧随其后，该意见书进一步指出不允许纳税人扣除其扶养亲属的免税额"形式上侵害声请人财产权"，"实质上侵害声请人扶养亲属与家属之生存权"。

当然，我国台湾地区学术界也不乏对恩惠立场加以反思的观点。柯格钟认为，无论是免税额还是普通扣除额都是为了保障纳税人的生存权，至于特别扣除额也不宜一概定为租税优惠，而应视情况加以判断。[1]黄士洲主张，扣除项目应分个人必要生活费用、个人财产/营业基础的保持以及政策奖励目的三类，前两类与国家恩惠无关，只有第三类才是租税优惠。换言之，对待个人所得税中的扣除项目不宜全然持有恩惠立场，而应分析对应扣除是否有基本权保障的要求。[2]与之类似的观点还有不少，不再赘述。也正是此种缘故，我国台湾地区相关解释对所得税扣除的立场在释字第 701 号中发生了些许偏离，认为医药费用扣除虽是立法机关给予纳税人的租税优惠，但与纳税人的生存权保障亦有关联，如"其他合法医疗院所就医所支付之医药费，却无法列举扣除，将影响受长期照护者生存权受平等保障之意旨"。面对这一混乱现象，不乏论者指出，实务界一方面认为扣除额是基于生存权保障，另一

---

[1] 参见柯格钟："论免税额与扣除额之意义"，载《裁判时报》2014 年第 28 期。

[2] 参见黄士洲："列举扣除额的改定适用与基本权保障"，载《月旦法学杂志》2008 年第 152 期。

方面又将其定性为租税优惠,"实则混淆两者概念"。[1]但也有论者从更为深入的层次展开分析,指出"释字第 694 号及第 701 号解释对于生存权之理解着重于课予国家义务之社会权特性,以致未能清楚认知免税额及扣除额系为贯彻量能课税原则;唯有认知生存权作为经济基本权而具备防御面向,为量能课税原则之主观净所得原则之核心,方能正确认识所得税法免税额及扣除额制度之意旨为具体落实最低生存保障,乃国家课税权不得侵及之税课禁区,而非社会福利措施"。[2]

第二节 所得税扣除基本权利保障立场的提出

所得税扣除恩惠立场已经引起人们的质疑与批判,而宪法权利便是批判者所共同立足的基石。德国联邦宪法法院更是以其所得税扣除司法实践诠释出其对待所得税扣除的特有立场——基本权利保障立场。在基本权利保障立场下,所得税扣除不再是国家给予纳税人的恩惠,而是纳税人基本权利作用于所得税法的客观要求。为了更好地理解所得税扣除基本权利保障立场,本节将围绕基本权利与所得税扣除的逻辑连接、所得税扣除基本权利保障立场的具体面貌以及所得税扣除基本权利保障立场与恩惠立场的关系这三个具体问题加以论述。

一、基本权利与所得税扣除的逻辑连接

通常来说,基本权利即宪法权利,是采基本权利的表达还是采宪法权利的表达,这与一国的学术习惯有关,"基本权利体现了德国宪法学的传统,宪法权利则体现了美国宪法学的传统"。[3]我国则更加接近于德国宪法学传统,现行《中华人民共和国宪法》(以下简称《宪法》)第二章标题"公民的基本权利和义务"即体现了这一点。当然,无论是基本权利,还是宪法权利,它们皆指向"宪法所保障的权利"。[4]有必要说明的是,宪法所保障的权利

---

〔1〕 马承佑:"论所得税法身心障碍特别扣除之修法——以日本法为借鉴",载《财税研究》2018 年第 3 期。

〔2〕 张伟志:"论所得税法之最低生存保障",台湾大学 2017 年硕士学位论文。

〔3〕 于文豪:《基本权利》,江苏人民出版社 2016 年版,第 34~35 页。

〔4〕 林来梵:《从宪法规范到规范宪法——规范宪法学的一种前言》,商务印书馆 2017 年版,第 87 页。

"不仅包括宪法明文规定且包括由宪法规范所暗含的公民权利。这是因为，宪法权利是一种底线性的权利，而不是一种列举性的权利"。[1]职是之故，不同国家的基本权利清单也就未必一致，判定一国的基本权利有哪些则还需要考察其宪法文本乃至宪法实践。但是，也必须承认，随着人权保障的国际化，加之"基本权利本身具有普遍性、平等性和不可分性"，[2]各国宪法所保障的基本权利也确有诸多相似之处。有论者以自由权与社会权二分法为分析框架，指出"无论是西方福利国家宪法还是社会主义国家宪法，基本权利体系中的共同内容之一是明确而正式地将社会、经济与文化权利载于宪法……在法律形式上，基本权利结构和内容中包含了这些社会权内容，它们和自由权一起共同构成宪法权利"。[3]就自由权与社会权的关系而言，较为一般的认知是，自由权主要是指那些免于国家干预或者侵犯的权利，也被称为"免于束缚的自由"，社会权则主要指那些需要国家给予相应给付的权利，又被称为"免于匮乏的自由"。然而，这种简单的概括也存在些许不足。例如，受教育权和劳动权一般被定性为社会权，但无论是受教育权还是劳动权都具有自由权的面向，其中受教育权本身就包含着教育选择权，而劳动权本身更是内涵着自由选择职业的权利。[4]也因此，有观点认为，与其从自由权与社会权相区分的角度认知基本权利，不如从功能主义角度加以看待。这一观点将基本权利的功能分为三大类，依次为防御权功能、受益权功能、客观价值秩序功能，而每一类功能则又有相对应的义务类型，其中防御权功能对应国家的消极义务，受益权功能对应国家的给付义务，客观价值秩序功能则对应国家的保护义务。[5]即便如此，本书依旧认为，自由权与社会权的划分仍有较为突出的理论价值。在功能主义进路下，生命权这一所谓自由权固然需要国家给予必要的物质帮助，但如果我们将获取物质帮助权作为一项单独的（社会）基本权利并将之从生命权的可能内涵中剥离出去，那么作为自由权的生命权无论如何都不可能具备受益权功能。同样，若我们将劳动权中的职业自由与获取国家就业援助权加以分割，劳动权中的职业自由权同样也不可能具备受

---

〔1〕 郭春镇：《法律父爱主义及其对基本权利的限制》，法律出版社2010年版，第60页。

〔2〕 徐爽：《公民基本权利的宪法和法律保障》，社会科学文献出版社2016年版，第7页。

〔3〕 郑贤君：《基本权利原理》，法律出版社2010年版，第18~19页。

〔4〕 参见夏正林："从基本权利到宪法权利"，载《法学研究》2007年第6期。

〔5〕 参见张翔：《基本权利的规范建构》，法律出版社2017年版，第69~70页。

益权功能。因而，若从基本权利乃是权利束的角度加以审视的话，自由权与社会权两分法与基本权利的功能法面向并不冲突。相反，若严格按照基本权利的功能法进路进行思考的话，似乎还会出现职业（营业）自由权也需要国家给予相应的物质给付这一悖论。

基本权利作为宪法所保障的权利，立法者应当受其拘束，这近乎是不言自明的。然而，不同类型的基本权利受宪法保障的程度却差异甚大。自由权受到宪法保障并不存在争议，而社会权由于关涉一国财政资源的配置，关乎国家任务的完成，立法者具有极为广泛的裁量空间，几乎不受宪法的实质性拘束。[1]实际上，这也是不少西方国家时至今日都不承认社会权利宪法地位的关键原因。自由权与社会权截然不同的面向，也使得其作用的场域不尽一致。在现代法治国家，自由权与干预法的关系尤为密切，而社会权则与社会法关系更为亲近。就税法的面向来说，立法者固然可以借助税收优惠等税式支出手段以达成特定的经济社会政策目标，从而具有一定的给付法的特征。但整体来说，税法的干预法面向仍居主导地位。在此语境下，基本权利实际上就是指那些自由权而非社会权。因为社会权从权利面向上是要求国家给予帮助以实现基本权，并不存在国家干预过度的问题，反倒是"保护不足"才是需要格外顾虑的。有鉴于"财产权相对其他基本权利而言，始终只是一项工具性权利"，[2]当关联基本权利作用于税法时自然无法避免与财产权的竞合，或为生存权与财产权的竞合，或为工作权与财产权的竞合，等等。[3]毕竟，税收从本质上所关乎的也不过是纳税人财产与国家财政的分配，税法无法像刑法或者职业管制法那样脱离财产这一载体，直接危及纳税人的生命以及职业自由。申言之，只有当课税权涉足生存所需的财产时，财产权与生存权才会发生竞合；也只有当税收侵入职业或经营存续所需的财产时，才有财产权与职业（营业）自由的竞合。此外，还必须提及的是，平等权与税法的关系也尤为密切，只是平等产生于比较，而且在个案中平等权又无法脱离某

---

〔1〕 参见郑贤君：《中国梦实现的根本法保障》，江苏人民出版社 2014 年版，第 139 页。

〔2〕 汪进元、高新平："财产权的构成、限制及其合宪性"，载《上海财经大学学报》2011 年第 5 期。

〔3〕 由于生活事实的多样性、基本权利规范的性质和开放性，基本权利竞合问题屡见不鲜。而基本权利的竞合又可以分为不真正竞合与真正竞合。财产权与其他基本权利的竞合在本书看来属于真正竞合，所要考虑的是在竞合的基本权利中选取何者对抗国家公权力的限制。关于基本权利竞合的有关讨论可参见柳建龙："论基本权利竞合"，载《法学家》2018 年第 1 期。

项基本权利而单独存在，因而平等权虽作用于税法，但它需要与其他基本权利竞合才能发挥作用。也因如此，在个案中各类基本权利皆可能与平等权竞合，从而作用于税法。不过，这些基本权利与税法的关系并不具有紧密性，对税法的影响也难言突出。

税法要受基本权利的制约并不存在理解的障碍，这也是纳税义务与其他宪法基本权利相平衡的过程。[1]但具体到所得税扣除问题上，其与基本权利的关系则显得不尽明朗。如论者所言，"若能先厘清免税额与各种扣除额所代表之意义，在宪法规范之意旨下进行相关修正草案之讨论，才能彰显宪法所保障基本权利之意义，现行规定之修正也才不致沦落至讨价还价之窘境"。[2]正是因为在基本权利与所得税扣除的关系上，人们尚未达成普遍共识，对所得税扣除采国家恩惠立场也就不足为奇。不过，若要从基本权利角度审视所得税扣除的话，实际上也只能从宪法所保障的自由权层面出发。具体来说，当从社会权角度审视所得税扣除时，这与恩惠立场在本质上并无多少区别。因为，"自由主义国家观认为，社会权利需要国家的积极作为，它更多的是政府提供给个人的一种福利、利益或者好处，而不是一种权利"。[3]同样，若将所得税扣除仅仅看作是国家为了更好地保障纳税人的基本权利而给予其的一种利益或好处的话，这仍不可避免会导致立法者或决策者对所得税扣除规则的随意塑造，因为国家是否给予纳税人此等利益以及在何等程度给予都只是单方决定的问题，纳税人无从挑战立法者作出的决定。而从自由权角度或者说基本权利的防御面向看待所得税扣除的话，其效果将会全然不同。此一情形下的所得税扣除不再是立法者或者决策者予取予夺的对象，而是由财产权、生存权以及劳动权这些基本权利为所得税征税权设定的"基本权禁区"。[4]当然，在这一视角下，评判所得税是否侵犯纳税人的基本权利，不应仅从税后所得的角度审视，而应从所得运用的维度加以认知，这是因为纳税义务较之于纳税人的基本权利并不具有绝对的优先性。举例来说，即便纳税人税后

---

〔1〕　参见朱孔武："纳税人权利话语之法理形构"，载《西南政法大学学报》2006年第3期。

〔2〕　蔡孟彦："'所得税法'第17条免税额与扣除额之分析与检讨（二）规范演变历程"，载http://www.lawdata01.com.cn/anglekmc/lawkm?@41^1605018897^107^^^2^1@@380064621#，最后访问时间：2021年4月1日。

〔3〕　郑贤君：《基本权利原理》，法律出版社2010年版，第133页。

〔4〕　黄士洲："税课禁区与纳税人权利保障"，载《月旦财经法杂志》2010年第23期。

所得足以维持其基本生存，此时仍未必就能得出所得税不侵犯纳税人的生存权或财产权这一结论，生计费用扣除额所代表的所得若不能满足纳税人生存所需的话，这便意味着所得税是在向纳税人的生存财产课税，此时国家课税权构成对纳税人财产权和生存权的侵犯。成本费用扣除也是同样的道理，若不允许扣除成本费用，而对毛所得征税，即便税后所得大于零，这仍然无异于对财产存续进行课税，因为成本费用在本质上便是纳税人为获取所得而投入的存续财产。[1]尤为值得说明的是，若成本费用发生于职业或者营业领域，对成本费用课税还将构成对职业或营业存续基础课税，此种情形下，所得税既侵及财产权，也侵犯营业自由（职业自由）。

二、所得税扣除基本权利保障立场的具体面貌：以德国经验为参照

一国如何看待宪法与税法的关系，这会在很大程度上影响其如何认知基本权利与所得税扣除的关系，这在税收立法发达的国家或地区体现得尤为明显。如美国学者所言，"从理论上讲，美国宪法的许多条款可以限制税收立法权。事实上，纳税人试图利用宪法提供的几乎所有保护来挫败税收立法。然而，这些挑战很少成功，主要是因为法院愿意在税收问题上听从立法机构的意见。这导致观察到的可能有两部宪法，'一部适用于税收，另一部适用于所有其他事项'"。[2]当一国宪法秩序守护者并不强调宪法对税法的控制，也就很难指望其会运用宪法权利来制衡立法者对所得税扣除规则的塑造。此种背景下，也就不难理解美国对待所得税扣除为何会采取国家恩惠立场。与美国不同，德国极为强调基本权利对税法的限制，有论者指出，"基本权利直接关系到税收立法，并以特别的方式对整个社会的法律和经济生活产生影响。这种特殊性集中反映在德国联邦宪法法院有关税法必须严格遵守基本法的有关规定的意见之中"。[3]在所得税法领域，德国联邦宪法法院也确实以其作出的若干代表性裁判展示出其对待所得税扣除所持有的特别立场。而此种立场

---

〔1〕 更为详细的讨论另请参见后文相关内容。此处提及的目的是更好说明基本权利与所得税扣除之间的逻辑连接关系。

〔2〕 See Stephen W. Mazza &Tracy A. Kaye, *Restricting the Legislative Power to Tax in the United States*, The American Journal of Comparative Law, Vol. 54: Supplement, p. 670 (2006).

〔3〕 See M. Stober, *The Significance of Fundamental Human Rights for German Tax Law*, Law: Journal of the Higher School of Economics, Vol. 2017: 4, p. 231 (2017).

与其说是对恩惠立场的批判，不如说是对恩惠立场的根本否认。

在生计费用扣除领域，德国联邦宪法法院作出了颇多裁判，涉及多个基本权利条款，第 1 条（人性尊严）、第 2 条（一般行为自由）、第 3 条（平等权）、第 6 条（婚姻家庭保护）、第 12 条（职业自由）、第 14 条（财产权保障）以及第 20 条（社会国家）皆有涉及。在这些条款中，又以第 1 条、第 3 条、第 6 条以及第 20 条运用较为频繁。

早在 1990 年 5 月，德国联邦宪法法院第一庭就对家庭最低生存免税问题作出裁判。在该案中，其以第 1 条的人性尊严连接第 20 条的社会国家条款为出发点，指出"正如国家有义务根据这些宪法准则通过必要的方式为有需要的公民提供社会救助来确保最低限度生活条件一样，它也不得将公民自己获得的收入剥夺到这个金额——以下称为最低生存"，"纳税人不仅要在扣除税款后足以维持最低生活水平。家庭最低生活免税也影响超过最低生活保障收入的税收责任。立法者只能对超出这一数额的收入征税，因为与其他家庭，无子女夫妇和无子女单身人士相比，有子女需要抚养的家庭将处于不利地位"。[1]从人性尊严立论在一定程度上使得最低生活保障具有消极防御的面向，但连接社会国家条款则又使之具有一种受益面向。到 1992 年，德国联邦宪法法院第二庭就基本免税额问题作出的裁判显得更为系统，也更具有典型性。在该案中，针对德国联邦政府所谓的"原告扣除税金后的收入远远超过审理法院认为必要的生活水平，因而基本免税额并不违宪"的观点，法庭基于一般行为自由、职业自由、财产自由以及婚姻家庭保护条款，指出"税法就其限制自由之作用，应以基本法第 2 条第 1 款予以衡量。因此，必须考虑到税法会对财产和职业领域中人格发展的一般行为自由构成干预。这意味着税法不得具有'扼杀效应'：受保护的自由权只能在基本权利人（纳税人）拥有自己经济活动成果核心要素的前提下受到限制……由此可见，须缴纳所得税的纳税人必须完整保留其用以维持生计的所有收入，考虑到基本法第 6 条第 1 款的规定，还应保留满足其家庭最低生活需要的收入"。[2]自由权的引入，在很大程度上使得最低生存保障的防御特性得以提升，若国家对纳税人维持其个人及家庭最低生存所需要的费用征税，便是对纳税人自由权的核心

---

〔1〕　BVerfGE82, 60（85）.

〔2〕　BVerfGE 87, 153（169）.

部分加以侵犯。

1998 年德国联邦宪法法院基于基本法第 3 条第 1 款的一般平等原则和第 6 条第 1 款婚姻家庭受保护的要求就儿童免税额问题进一步强调，"根据社会救助法定义的最低生活保障构成了所得税最低生存保障的限额，该限额可能不会超过，但绝不得低于"，"横向平等要求全面考虑所有纳税人子女的最低生活要求，不论其边际税率如何"。[1]这表明所得税中的免税额旨在确保纳税人（及其家庭成员）的平等生存。若加以引申的话，最低生存保障免税额与国家借助所得税法推行的社会福利不同，社会福利的分配必须考虑累进税率的影响，同一扣除额度会导致高边际税率纳税人获得的社会福利远多于低边际税率纳税人，最低生存保障免税额则无此必要。同日，该院还基于基本法第 6 条第 1 款和第 2 款关于婚姻家庭受特殊保护的规定就子女照顾费税前扣除问题予以裁判，认为除维持子女最低生存费用以及与工作相关的子女照顾费用外，纳税人亦因照顾子女减损经济负担能力，相应的费用支出构成家庭最低生存保障的一部分，应从所得税税基中加以扣除，视纳税人的婚姻状况而对子女照顾费扣除予以限制的有关规则无效。[2]在此之后德国联邦宪法法院于 2008 年 2 月 13 日的裁判中进一步指出，所得税法第 10 条第 1 款连接第 10 条第 3 款规定关于特别支出扣除的规定，并没有充分涵盖对于为保障纳税义务人及其家庭之疾病与照护给付的必要范围内，所投保疾病及照护的私人保险费用支出，因此抵触基本法第 1 条第 1 款连接第 20 条第 1 款、第 3 条第 1 款以及第 6 条第 1 款规定。至此，无论是基本免税额还是与基本生存相关的费用扣除，都不再是立法者可以予取予夺的恩惠，而是基本权利保障的结果。

在成本费用扣除上，德国联邦宪法法院也作成若干裁判。不过，较之于生计费用而言，其对成本费用扣除的宪法控制要弱化一些，相关控制也多集中在基本法第 3 条第 1 款的平等权。[3]

---

〔1〕 BVerfGE 99，246.

〔2〕 BVerfGE 99，216. 该案还提及子女教育费也是家庭最低生存保障的一部分。

〔3〕 需要说明的是，德国联邦宪法法院仅从平等权审视成本费用扣除规则这一做法也引发了德国学界的一些质疑，相关讨论可参见本书第五章。究其根源，平等权对成本费用扣除的控制还主要是形式意义的而非实质意义的。但无论如何，能从平等权这一基本权利角度审视成本费用扣除也是值得肯定的。

2008 年 12 月 9 日，德国联邦宪法法院就德国联邦所得税法第 9 条不准劳工 21 公里部分的往返交通费用税前扣除的规定作出裁判，认为其与税法上的量能课税原则以及净额所得原则相违背，侵犯了纳税人基本法上所享有的平等权。具体来说，德国联邦宪法法院认为，立法者对纳税人获取收入的必要费用加以限制构成对量能课税所要求的客观净所得原则的偏离，而此种偏离需要有特别的理由加以正当化，如特别的政策指导目标（须能够公平地实现政策目标）和对混合费用作出类型化（须具有典型性），单纯的财政目的则非适格的理由。通过分析，其认为立法者不准纳税人扣除 21 公里部分的往返交通费既不是出于特殊政策目的，也不是在混合支出框架下作出的类型化，而是增加财政收入，因而缺乏正当性，故而与基本法第 3 条第 1 款的平等原则相抵触。[1]2010 年 7 月 6 日德国联邦宪法法院基于类似的分析逻辑就家庭工作室费用扣除作出裁判，指出德国 2007 年所得税法第 4 条第 5 款第 6b 项规定，在其事业或职业活动，并无其他工作场所可以利用的情形，在税捐上仍不准考虑该家庭工作室的支出，违反一般平等原则。略有不同的是，在 2005 年 3 月 16 日的一则裁判中，德国联邦宪法法院就单亲父母与工作有关的子女照顾费用税前扣除问题，除基于平等权裁定立法机关限制措施与基本法相抵触外，还格外强调婚姻家庭保护的重要性。在该案中，德国联邦宪法法院还指出，"私人发生的费用也可能会超出最低生存限额，在对其进行考虑时，并不必然要局限于立法者的安排。私人费用具有多样化的发生基础，尤其是考虑到当这些基础被全部或部分归于一般（私人）生活方式当中时，人们在此方面享有多样化的基本权利"。[2]基于此，纵然某些与获取收入相关的费用也同时具有很强的私人因素，但若受影响的基本权利比较重要，该等费用仍然可以扣除。

总体而言，德国对待生计费用扣除和成本费用扣除在基本权利控制密度以及侧重点上虽有所差异，但能够从保障纳税人基本权利的角度审视所得税扣除确为共同特征。鉴于此种立场更为强调对纳税人基本权利的保障，与前文述及的国家恩惠立场明显不同，为了方便，此种立场可称为"基本权利保障立场"。

---

〔1〕 BVerfGE 122, 210.

〔2〕 BverfG NJW 2005, 2448（2449）.

三、所得税扣除基本权利保障立场与国家恩惠立场的关系

通过对比前文梳理的美国和德国所得税扣除司法实践，不难发现两国对待所得税扣除的立场差异。但要准确理解所得税扣除基本权利保障立场，则还需要就其与国家恩惠立场之间的关系加以具体阐释。

（一）所得税扣除基本权利保障立场与国家恩惠立场的区别

就理念层面来说，国家恩惠立场与基本权利保障立场可谓是截然对立，这已然在其他领域得到肯定。有论者以刑事诉讼中被告人的阅卷权为分析对象，较为形象地描绘出两种立场的差别，指出，反之，被告本人并非权利主体，容否其阅卷属于立法者的形成自由，而容许则是立法的"恩惠"；既然是恩惠而非权利的问题，所以，对被告本人阅卷的多重限制，至多就是恩惠多寡而非权利限制的问题，所以立法才不考虑限制的正当性何在或基本权冲突时如何调和的问题。还有论者以罪犯假释问题为分析对象，较为精辟地总结道，"恩惠说认为，假释是国家对罪犯的恩典……由国家赐予其在刑期届满前提前释放，以作为对其良善行为的一种奖赏或奖励……权利说认为，假释的本质是受刑人的权利而不是国家的恩典。罪犯在服刑过程中表现良好，那么他就在符合法律规定的前提下，获得假释的权利"。[1]较之于刑法场域，社会保障领域更是长期弥漫着国家恩惠与公民基本权利的纷争。尽管近代意义的社会救助发端于 1601 年的《英国济贫法》，但由于其苛刻的条件，不乏论者指出"（彼时）社会保障不是被当作公民的一项基本权利，而是被当作国家的恩惠和施舍，社会保障的实施取决于国家的意志"。[2]还有论者更为具体地描绘出不同立场下社会保障的样态，"如果是一种权利……当国家或政府不履行给付义务时，穷人可通过法律的执行强制实现其权利。相反，如果它仅仅是一种恩惠，那么就只能由有关机构或组织酌情决定是否给予某种利益。"[3]

结合前文的论述，可以从以下方面把握所得税扣除国家恩惠立场与基本

---

〔1〕 张传伟："假释的基本趋向：从国家恩惠到罪犯权利"，载《政法论丛》2006 年第 4 期。

〔2〕 李磊：《社会保障法律问题研究——基于社会保障权视角》，中国民主法制出版社 2011 年版，第 2 页。

〔3〕 杨立雄："从人道到人权：穷人权利的演变——兼论最低生活保障制度实施过程中存在的问题"，载《湖南师范大学社会科学学报》2003 年第 3 期。

权利保障立场的差异。

第一，不同立场下的所得税扣除规则边界有别。恩惠立场下，扣除只是国家给予纳税人的奖励与恩典，与纳税人的权利无关，国家可以单方面决定是否给予以及在何种程度给予此项利益，纳税人只能选择是否接受，无权质疑决策者决定的正当性，扣除规则亦无边界可言。而在基本权利保障立场之下，扣除是所得税法落实基本权利保障的客观要求，立法者能且仅能在基本权利框架下塑造所得税扣除规则，基本权利的核心部分不容立法者侵犯。

第二，不同立场主导下所得税扣除规则动态演进的逻辑迥异。一国对所得税扣除采何等立场无法从其静态的所得税扣除规则中获取，只有在系统考察该国所得税扣除实践中才能掌握。与之相应，尽管恩惠立场意味着权力的恣意与不受约束，但一国对所得税扣除持恩惠立场并不意味着该国要取消所有的扣除，也不等于该国所得税扣除规则就一定是落后的。同样，持基本权利保障立场也不意味该国所得税扣除规则就尽善尽美，没有可供完善之处。然而，不同立场主导下，所得税扣除规则调整的动力机制却截然不同。恩惠立场下所得税扣除规则的调整取决于规则制定者的单方裁量，而基本权利保障立场下所得税扣除规则的调整则是为了符合基本权利保障意旨。

第三，两种立场遵从的价值导向不同。国家恩惠立场遵循的是权力本位观，而基本权利保障立场奉行的则是权利本位观。在权力本位观主导的国家恩惠立场下，所得税扣除规则的设计着眼于满足国家的政策需要和行政便利，所得税扣除规则更容易沦为技术性和工具性规则。而在权利本位观主导的基本权利保障立场下，所得税扣除规则的公平性要优先于效率性，所得税扣除的实质法治价值会受到更多的强调与关注。

(二) 所得税扣除基本权利保障立场与国家恩惠立场的可能联系

所得税扣除基本权利保障立场与国家恩惠立场尽管在本质上截然不同，但由于立场从根本上说更多是一个程度问题，这就使得两种截然不同的立场也存在诸多客观联系。厘清两者之间的关系不仅有助于相互区隔、互相借鉴，而且有助于所得税扣除立场选择的客观、科学。

于法理而言，国家恩惠立场与基本权利保障立场虽对待所得税扣除的态度迥然有别，但二者的共识也并非孤例。例如，在税收立法环节，二者均不排斥一定的立法裁量权。国家恩惠立场下，扣除只是国家给予纳税人的单方恩惠，立法者可以决定是否给予以及在何种程度给予。在基本权利保障立场下，立法者形塑所得税扣除规则固然要受到基本权利的制约，但由于基本权利本身只是一种框架性约束机制，在合乎基本权利保障的框架内，立法者必然拥有裁量空间。又如，两种立场都不排斥税收法定原则。国家恩惠立场下的"国家"既可以理解为"立法机关"，也可以理解为"行政机关"。当恩惠来自行政机关时，国家恩惠体现为行政恩惠；当恩惠来自立法机关时，国家恩惠则体现为立法恩惠。在税收法治发达国家或地区，所得税扣除国家恩惠立场的实质便是立法恩惠，而立法恩惠的潜台词便是税收法定。是故，在所得税扣除上无论是采取国家恩惠立场还是奉行基本权利保障立场，与税收法定原则皆可兼容。不过，在税收法治后发国家，在行政机关广泛垄断税收立法权的背景下，讨论基本权利保障立场则还需要格外强调税收法定原则。因为较之于行政机关来说，作为民意机关的立法机关制定的税法更能充分反映纳税人的意志，也更有利于保障纳税人的财产权、生存权以及营业自由权等基本权利。

　　肯认二者的共同之处，绝非意指两种立场最终会合二为一。相较于二者之间的共识而言，基本权利保障立场与国家恩惠立场的区别更是与生俱来，且难以调和。例如，在价值理念上，国家恩惠立场认为所得税扣除是国家给予纳税人的利益，国家既可以收回此项利益，也可以慷慨地授予此项利益，其后蕴含着国家既可以对毛所得征税，也可以对净所得征税，国家既可以考虑纳税人的生存与发展，也可以不考虑。基本权利保障立场则认为所得税扣除并非国家给予纳税人的利益，而是基本权利为国家征税权划定的禁区，不容侵犯。其后蕴含着，国家对纳税人的可支配所得征税是国家为保障纳税人生存与发展所应尽的义务；若对毛所得而非净所得征税，将构成对纳税人基本权利的严重侵犯。又如，在边界意识上，两种立场亦存在根本差异。诚然，"规范公权力与私权利的边界是所有权力边界问题中的一个最重要的问题"。[1]但在国家恩惠立场下，扣除与纳税人的权利无关，立法者形塑所得税扣除规则的权力自无边界可言。而在基本权利保障立场下，扣除并非国家给予纳税

---

〔1〕　按照权力与权利的对应关系又可以划分为内部边界和外部边界，内部边界可以进一步细分为水平边界与垂直边界，外部边界可以细分为对私权力的边界、对私权利的边界、对社会性私权利的边界。潘爱国："论公权力的边界"，载《金陵法律评论》2011年春季卷。

人的恩惠，立法者形塑所得税扣除规则要受到基本权利的严格制约，基本权利的本质内容保障、比例原则等皆构成国家公权力运行的边界。

　　尽管所得税扣除恩惠立场与基本权利保障立场存有根本区别，但二者之间的共识也为某些特殊场合的立场兼容提供了可能。典型如，恩惠立场与基本权利保障立场共存于纳税人主义[1]之中。单从表面来看，基本权利保障立场与纳税人主义立场确实更加亲密，因为二者都蕴含着较强的权利基因。而国家恩惠立场奉行的却是国家权力本位观，似无兼容性可言。但若深入分析，便可发现未必如此。正如前文所提及的美国学者们在对立法恩惠立场加以批判时，基本也都认为即便对待扣除持恩惠立场，但这也只是权力问题而无关立法意图，法院在适用所得税法中有关扣除的规定时仍然可以秉持美国在征税领域所坚守的纳税人主义立场。[2]由此以观，权利本位观与权力本位观虽在根本上有分歧，但在某些场合下也确实存在可兼容性。若加以引申，在肯定所得税扣除国家恩惠立场与基本权利保障立场的根本差异的前提下，亦应承认二者也可能在某些局部问题上存在可兼容性。实际上，我国台湾地区对待所得税扣除的立场就已经在某种程度上佐证了这一认知。在释字第 694 号和释字第 701 号中，其一方面将所得税扣除与基本权相连接，另一方面又肯认其租税优惠的属性。尽管不乏论者批判此种认知，但这也确实在一定程度上说明，在局部问题上，所得税扣除恩惠立场与基本权利保障立场确实存在可兼容性，不完全是非黑即白那般。

　　即便如此，本书依然认为作为本质不同的两种立场并不会因为局部的可兼容性而丧失彼此独立存在的可能性。所以，所得税扣除立场演进的结果多半都是在某一阶段一种立场主导，另一立场兼容辅助，而在另一阶段却又可能发生相反格局。总体而言，当下奉行所得税扣除的国家和地区总体都趋向于以基本权利保障为主导立场，甚至一些曾以恩惠立场为主的国家和地区也渐次转向以基本权利保障立场为主。典型如，许久以来我国台湾地区对待综合所得税扣除的立场皆以恩惠为主导，但随着认识的深化以及对纳税人权利的重视，其对待所得税扣除的立场已经呈现出向基本权利保障立场过渡的趋

---

　　[1]　关于纳税人主义立场的相关论述，参见叶金育："税法解释中的纳税人主义研究"，武汉大学 2015 年博士学位论文。

　　[2]　See Lowy, Peter A. & Juan F. Jr. Vasquez, *Interpreting Tax Statutes：When Are Statutory Presumptions Justified?*, Houston Business and Tax Law Journal, Vol. 103：2, pp. 389-409 (2004).

势。1996 年，释字第 415 号旗帜鲜明地指出综合所得税中的免税额"目的在以税捐之优惠使纳税义务人对特定亲属或家属尽其法定扶养义务"，与基本权并无关联；2011 年释字第 694 号中，免税额与生存权保障则开始发生关联，并因而提升了平等原则审查的密度；2017 年，释字第 745 号还肯认了基本权（平等权）对工资薪金所得必要费用扣除的影响。于同年施行的"纳税者权利保护法"第 4 条更是明文规定，"纳税者为维持自己及受扶养亲属享有符合人性尊严之最低基本生活所需之费用，不得加以课税"。托马斯·潘恩（Thomas Paine）所描绘的"（给予社会保障）不是施舍而是权利，不是慷慨而是正义"[1]这一图景已然在很大程度上得到实现。在罪犯假释问题上，昔日的恩惠立场也有被罪犯的基本权利所代替的趋势。德国联邦宪法法院在 1977 年的判决就已经就此议题加以详细讨论并明确指出"被判处无期徒刑的受刑人，原则上仍应保有重新享受自由的机会，此乃合乎人性尊严的刑罚执行的前提要件"。[2]凡此种种，皆表明一方面，随着人们对权利认识的深入，国家恩惠立场与基本权利保障立场之间的鸿沟并非不可跨越；另一方面，从顺应时代发展趋势的角度来说，基本权利保障立场更为合乎人类社会对限制恣意权力、保障弱势权利这一认知轨迹。

概而言之，所得税扣除制度作为税收制度的一环，一国对待所得税扣除究竟是以恩惠立场为主导，还是以基本权利保障立场为主导，这需要综合考察各种因素，绝非不言自明。诚如论者所言，税收法治的核心在于"保障国家行使其税收权力的同时，限制国家的任意征税权，有效保障公民财产权利"，[3]这意味着在良性税收法律关系中，既要充分保障国家征税权，也要有效保护纳税人的基本权利。在一个有着悠久的税收法律主义传统的国家，如美国，纵然其对所得税扣除采取恩惠立场，相信此种立场对于纳税人基本权利的危害也未必突出，其是否要考虑基本权利保障立场的引入并不具有特别的迫切性。本书认为，应对我国所得税扣除乱象并使之由"乱"到"治"，有必要认真对待基本权利保障立场。但必须说明的是，本书所谓的"基本权利保障立场"实际上用"基本权利保障主导立场"更为合适，但受限于本

〔1〕 ［美］路易斯·亨金：《权利的时代》，信春鹰、吴玉章、李林译，知识出版社 1997 年版，第 21 页。

〔2〕 BVerfGE 45, 187.

〔3〕 樊丽明等：《税收法治研究》，经济科学出版社 2004 年版，第 28 页。

书的主旨与篇幅，并且考虑二者在本质上的差异，本书仍然采取"基本权利保障立场"这一措辞，论证的重心也在于这一主导立场上，至于基本权利保障立场与国家恩惠立场在某些特别领域的兼容性问题则非本书要论述的对象。

第三章

所得税扣除基本权利保障立场的证成

　　所得税扣除作为所得税法的核心要素，这可谓是全球所得税税制的共识，几乎无人否认。而在现代法治国家，宪法作为一国位阶最高的法律规范也是共识，所得税法必须恪守宪法规定并不得侵犯公民的宪法权利更是无人否认。由此，似乎可以顺理成章地推导出包括所得税扣除在内的所得税法规则都应恪守基本权利保障立场，不得侵犯公民宪法权利。然而，这却不足以解释以美国为典型代表的恩惠立场是如何形成的。究其原因，从宪法权利出发只是认知所得税及所得税扣除的一种视角。若从宪法授权立法者向公民征税的角度来看，似乎恩惠立场的推导也是顺理成章的，因为立法者依据宪法授权不仅可以决定是否征收所得税，更能决定什么是"所得"税，定义、限制乃至拒绝扣除自是其固有权限。两种不同的视角反映的是立法者对待所得税征税权的两种截然不同的认知，体现在所得税扣除上则是两种完全对立的立场。在两种立场之间如何抉择，这既要理性评估一国的具体国情，更要考察所得税扣除背后的税理与法理。

　　诚如马克思所言，"权利决不能超越社会的经济结构以及由经济结构制约的社会的文化发展"。[1]在我国税收历史长河中，长期的重农抑商政策以及根深蒂固的封建专制文化使得税法在很长时期内都只是统治阶级汲取财政资源的工具，与纳税人权利并无瓜葛。[2]在此种情形下，也就难以苛求税收立法者能够妥善处理国家征税权与纳税人基本权利的关系。发展至今，我国税收立法虽致力于实现公平正义，但仍然难逃"财政收入魔怔"，纵然采取系列有利于纳税人的措施，也多出自诱导调控的动机，而与纳税人基本权利无关。不过，随着税收法定渐成社会共识，对于立志建设税收法治的国度，漠视公

---

　　〔1〕《马克思恩格斯选集》（第3卷），人民出版社1995年版，第305页。
　　〔2〕　参见陈锋：《清代财政政策与货币政策研究》，武汉大学出版社2008年版，第102~103页；丁一：《纳税人权利研究》，中国社会科学出版社2013年版，第28页。

民权利的这种现状必须改变。更何况，伴随对外开放的深入进行，我国对公民基本权利的保障更是日益重视，"国家尊重和保障人权"载入《宪法》即是明证。此等背景下，基本权利保障立场必须予以接受。这不仅是所得税机理的内在要求，也是所得税扣除法理的应有内涵，更是实现税收法治的应有之义。

第一节　所得税扣除机理内置基本权利保障理念

从税收构成要素的角度来看，所得税的税基是所得而非扣除，所得税扣除只是所得税税基的一个组成部分。因而，对所得税扣除的探讨也就离不开对所得的界定。然而，令人遗憾的是，想要对"所得"作出界定并不简单，关于所得的学说也不止一种，净资产增加说、源泉说以及市场交易说便是较有代表性的三种理论观点。虽然实践中没有一个国家的所得税法是完全按照这三种学说中的某一种进行设计的，但这三种理论对各国所得税税制发挥着较为深刻的影响确是不争的事实。[1]这三种关于所得的理论皆指向着净所得或者说可支配所得，亦即从毛收入中减除成本费用后的盈余。相应的，对净所得征税也就构成了所得税的一般原则。在以个人所得为征税对象的个人所得税场域，可支配所得的定义稍显复杂，除了要先确定经济意义上的客观净所得，还要在此基础上减除生计费用，因为这部分支出同样不可支配。因而，所得税法意义上的净所得系由经济意义上的客观净所得与考虑个人主观因素后的主观净所得两部分构成。

净所得原则为扣除的存在提供了税理基础，但是在很大程度上这一原则只是对所得税征税客体的揭示，其技术性色彩尤为突出，价值关照仍显不足。在缺乏价值关照的情形下，净所得原则的可塑性也就极为突出，对于扣除规则的拘束性也就很容易流于形式，我国所得税扣除规则中存在的乱象与之就不无关系。为了避免净所得征税原则沦为工具性原则以致丧失作为原则的本有意义，必须在价值理念层面对其加以约束。所谓法理念，"是一种高度系统化、抽象化的终极法律意识，是对法的本质的一种深刻反映，是法的生命之

---

〔1〕　参见柯格钟："论所得税法上的所得概念"，载《台湾大学法学论丛》2008 年第 3 期。

所在",[1]本节通过比较分析尝试说明净所得原则的价值伦理基础更适合由量能课税担当,在量能课税价值理念的拘束下,净所得原则亦能回归其应有功能。又因为量能课税作为上承宪法基本权利下连净所得原则的价值原则,所得税扣除的价值伦理基础也因此得到进一步夯实。而在此基础上,本节还通过学说梳理与批判,阐明量能课税原则的宪法基础并非只有平等权,而是关涉多项基本权利。借由量能课税,所得税扣除得以通达基本权利,所得税扣除机理也相应地内置了基本权利保障理念,所得税扣除亦可堪称是基本权利之于所得税税基的内在要求。

一、扣除的核心机理:净所得原则

关于所得的定义,存在源泉说、净资产增加说以及市场交易说这三种影响较大的理论。不同理论背后"所得"的范围有较大的出入,即便是同一理论体系内部也存有一定差异。但一般来说,源泉说下的所得仅指"利息、盈余分配、地租、利润、薪资等反复的、继续性所产生的利得"而不涉及偶然所得以及资本利得;净资产增加说下的"所得=消费+净财富之改变"将尚未实现的资产价值增加以及归属利得都囊括进去;市场交易说下的所得是指"基于营利之意图,从事获得收入活动所产生之一切所得",则将非透过市场交易的所得排除出所得的范围。[2]一般认为,源泉说下的所得范围过于狭窄,不符合所得普遍征收的要求。较之于源泉说,净资产增加说虽更为符合所得普遍课征原则,但其范围过于宽泛以致在付诸实施时存在诸多实践难题。至于市场交易说,也有其内在局限性,非通过市场交易获取的各种所得难以被纳入征税范围。基于各种因素的考量,没有一个国家的所得税立法完全按照某一种所得理论去塑造本国所得税法中的所得。但整体而言,在净资产增加说基础上加以限缩,或者在源泉说基础上加以适当扩张却是各国所得税立法的一个共性特征。

在定义所得的过程中,前述三种关于所得的理论都直接涉及成本费用扣除问题。根据源泉说理论,所得是从固定源泉形成之财产上增益,所得系所

---

〔1〕 蒋悟真:"我国社会救助立法理念及其维度——兼评《社会救助法(征求意见稿)》的完善",载《法学家》2013 年第 6 期。

〔2〕 陈清秀:《税法各论》,法律出版社 2016 年版,第 52~57 页。

得税之税源,税源所由出的基干财产之资本等为税本,若用财政学中的树果理论来说,所得源泉即基干财产可类比为果树,而所得即产生的增益则类似于果树结出来的果实,课税只能及于果树结出的果实,而不能对果树本身课税,否则税源将会受到根本侵蚀,税收也将难以为继。由于财产增益的产生需要投入一定的成本费用,成本费用系从资本中支付,若不允许扣除成本费用,无异于对资本本身征税,从而危及基干财产的存续。[1]以源泉说中的"利润"为例,按照我国《企业会计准则——基本准则》第 37 条的规定,是指"企业在一定会计期间的经营成果。利润包括收入减去费用后的净额、直接计入当期利润的利得和损失等"。显然,只有减去费用后的净额才能成为所得税的课税对象。又如,净资产增加说中的所得系"一定期间资产增加额减去同一期间资产减少额之后的余额"。[2]而净资产之所以能够增加,是因为经济利益流入与经济利益流出相抵的结果是正值,当然这里的经济利益的流出只能是出于获取收入的目的而发生的支出,即"为获得收入所付的成本会降低消费能力,因此,应当将其从黑格—西蒙斯所得定义中扣除"。[3]至于市场交易说,"所得就是某一时期一切在交易基础上实现的收入减去为取得这些收入而消耗的成本费用,再减去同期亏损的余额"。[4]因而,三种所得理论都内涵了对净所得征税的要求,也都格外强调成本费用的扣除。

按照传统所得理论,成本费用的扣除可以确保资本的简单再生产,而这也是古典经济学家的一般观点。例如,法国古典经济学派的西斯蒙第(Sismondi)的税收四原则中的税收不侵及资本原则和不能以总收入为课税对象原则就与成本费用扣除颇有异曲同工之妙。他认为:"制定赋税标准时,不应该对每年的总产品和收入混淆不清。因为每年的总产品除了年收入还包括全部流动资本。""一切赋税必须以收入而不以资本为对象。对前者征税,国家只是支出个人所应支出的东西;对后者征税,就是毁灭应该用于维持个人和国家生存的财富。"[5]易言之,成本费用之所以要扣除,是因为这部分支出只是

---

〔1〕 参见林其玄:"认购(售)权证发行所得之课税争议",载《岭东财经法学》2016 年第 9 期。

〔2〕 刘剑文主编:《新企业所得税法十八讲》,中国法制出版社 2007 年版,第 211 页。

〔3〕 [美]乔尔·斯莱姆罗德、乔恩·巴基哲:《课税于民:公众税收指南》,刘蓉、刘洪生、彭晓杰译,东北财经大学出版社 2013 年版,第 32 页。

〔4〕 参见杨斌:《治税的效率和公平——宏观税收管理理论与方法的研究》,经济科学出版社 1999 年版,第 409 页。

〔5〕 [瑞士]西斯蒙第:《政治经济学新原理》,何钦译,商务印书馆 1964 年版,第 367~368 页。

物化资本的回收，并非新创造的社会财富，对其课税会窒息社会创造财富的动力。

然而，所得的源泉并非只有资本，劳动与资本皆为创造财富的基础，课税自然不能侵及劳动本体，即必须在税前扣除维持劳动简单再生产所需要的成本费用。否则，这同样会窒息社会创造财富的动力。但是，维持劳动力简单再生产所需要的成本费用在本质上也不过是对生活资料的消耗，体现为对生存性资料的消费。若允许此等费用扣除明显与黑格—西蒙斯对所得作出的定义模型相悖。在"所得=消费+净财富之改变"这一公式下，所得税的税基体现为当期消费与未来消费的潜力之和，因而私人消费与获取收入的必要成本费用不同，不属于计算净所得时可以从中扣除的项目，即消费构成所得税税基的一部分。[1]劳动力出于维持简单再生产的目的进行的消费，虽意义重大，但在本质上依然属个人消费范畴，不能从所得税税基中扣除。不过，也有一些税收经济学家提出了要对最低生活费免税的观点。例如，西斯蒙第认为，"赋税是公民换得享受的代价，所以不应该向得不到任何享受的人征税。就是说，永远不能对纳税人维持生活所必须的那部分收入征税"。[2]又如，瓦格纳（Wagner）在"四项九目原则"中亦明确指出个人所得税要对最低生活费用免税。[3]但是，此种排除与豁免既非所得理论的产物，也非出于维持劳动力简单再生产的缘故，而只是出于税收社会政策的结果。

传统所得理论对成本费用扣除以维持资本再生产为核心观测点，对于劳动力再生产并未给予足够重视，生计费用扣除在传统所得理论之下自是缺乏正当性。与经济学学者对净所得的狭隘认知不同，税法学学者对个人消费与净所得关系的认知更为开放。德国的税法学界在对净所得原则的建构中除遵

---

〔1〕 不过，"消费"概念的模糊也引发了诸多争议，如美国杰弗里·H. 卡恩教授所言，"但有一个问题是，什么构成了个人消费。例如，一个人是否应该只在商品用于个人利益时才对其征税？让社会很大一部分人受益的商品消费（与消费者的私人利益形成对比）是否符合'个人消费'的概念？安德鲁斯（Andrews）教授认为，慈善捐款不应被视为个人消费，因为慈善捐款受益的群体比捐款的人更多。凯尔曼（Kelman）教授虽然没有质疑安德鲁斯教授的论点所依据的原则，但他认为，捐赠者从慈善捐款中获得广泛的私人利益，不应仅仅因为有公共利益而从税收中脱离出去"。See Jeffrey H. Kahn, *Personal Deductions–A Tax Ideal or Just Another Deal*, Law Review of Michigan State University Detroit College of Law, Vol. 2002：1, p. 16（2002）.

〔2〕 [瑞士] 西斯蒙第:《政治经济学新原理》，何钦译，商务印书馆1964年版，第367~368页。

〔3〕 参见杨志勇编著:《税收经济学》，东北财经大学出版社2011年版，第40~41页。

循经济学学者对净所得作出的定义外，还在此基础上有进一步发展，认为一项支出能否扣除，"不仅取决于业务或私人支出原因之间的区别，而且一方面取决于收入的自由使用或任意使用，另一方面取决于不可避免的基于义务的支出之间的区别"。[1]更进一步来说，并非所有的个人消费都属于所得税的税基，个人消费也应区分为可支配消费与不可支配消费。其中，维持个人及家庭最低生活所需费用便属于不可支配消费，具有与获取收入而必须的成本费用支出一样甚至更高的地位，应当在计算净所得时加以扣除，即"纳税义务人为自己的生存或其家庭的生存或其他理由，必须支出的金额，并不属于可支配所得的范围。因此最低限度的生存与扶养义务，应自所得税税基中扣除"。[2]尽管在最终效果上，与基于社会政策目的对最低生活费用免税颇为类似，但二者的内在旨趣却完全不同。对于税收经济学学者来说，最低生活费用的减除系对所得税基准税基的偏离，是为了执行社会政策而为之，并非所得理论的内在要求。但对于税法学学者来说，最低生活费用的减除是定义个人所得税税基的必备要件，与必要成本费用扣除一样都是确定"所得"必不可少的部分，并非对基准税基的偏离。由此，净所得原则的内涵得以拓展，不再局限于经济意义上的净所得原则，还囊括了主观意义上的净所得原则。其中，主观净所得原则适用于个人所得税，客观净所得原则既适用于个人所得税，也适用于企业所得税。

二、净所得原则的价值取向：量能课税

在所得税领域奉行净所得课税原则几乎是全球共识。但是，立法者为何只对净所得课税尚布满疑云。传统所得理论从维持资本的再生产角度着眼固然不无道理，但在应对劳动力简单再生产维持问题上却显得捉襟见肘，暴露出自身的逻辑悖论。诚然，税法制定应当借鉴税理，但如果纯粹按照税收学的逻辑去对待净所得原则或者所得税扣除，其结果未必理想。如论者所言，"税法学研究如果不能与税收学研究相分离，必然导致税法学自身地位的消融，它所研究产出的税法知识无非是对税收学知识在更换了包装的基础上的

---

　[1]　BVerfGE 107, 27.

　[2]　陈清秀："量能课税原则在所得税法上之实践——综合所得税裁判之评析"，载《法令月刊》2007年第5期。

另类重述",[1]要想避免税法沦为税收学的附庸，税法必须具备自身独立的价值取向。正是因为缺乏对净所得原则背后价值的深度追问，美国联邦最高法院才会认为，扣除是立法者的恩典，是否允许扣除以及在何等程度扣除都取决于立法者。这也从另一个角度说明，净所得原则很大程度上只是一个课税技术原则或者课税工具原则。亦如科学技术是一把双刃剑，它既可以是"第一生产力"，又可以是"人类社会的梦魇"。同样，净所得原则本身既可以是立法者的缔造物，纯粹用来拘束立法者以外的其他主体，也可能成为一把限制立法者所得税征税权的利剑。净所得原则的功能如何发挥以及得以在何等程度发挥很大程度上不取决于它自身，而取决于人们对待净所得原则所赋予的法律价值，只有人们充分肯认净所得原则并非发自立法者的一厢情愿，而是有着更为基本的法律原则作为其价值基础，"（所得）税法的法律条文才能够被整体、一致性地理解，并摆脱被当作工具或被误解为技术性规定之困境"。[2]

亦如瑟仁伊（Victor Thuronyi）教授所言，"如果所得最终基于我所主张的公平原则，并且隐含地存在于税收政策分析中，那么我们必须忍受这一概念的不确定性"，[3]由于净所得的概念本身存在很大的弹性空间，若不运用一定的基准加以固定，它将成为立法者对纳税人肆意征税的管道，净所得原则对于所得税法的价值与意义亦将大打折扣。基于此，我们需要根据公平原则去塑造所得的内涵并且达成共识，所得税的正当性才能得以确立。然而，何谓公平，这是一个比定义"净所得"更加难以回答的问题。具体到税收公平上，它同样是一个因人而异的问题。有学者就主张税收公平不仅包括税收负担公平，还包括税收经济公平与税收社会公平。[4]还有学者指出税收公平可从价值维度、实现过程维度、时间维度、空间维度等多维度观测。[5]不过，在考察税收公平的众多维度当中，最重要的还应当是纳税人税收负担这个维

---

[1] 王冬：《税法理念问题研究》，法律出版社 2015 年版，第 150 页。

[2] 柯格钟："量能原则作为税法之基本原则"，载《月旦法学杂志》2006 年第 136 期。

[3] See Victor Thuronyi, *The Concept of Income*, New York University Tax Law Review, Fall, 1990, p. 105.

[4] 参见周全林："论'三层次'税收公平观与中国税收公平机制重塑"，载《当代财经》2008 年第 12 期。

[5] 参见秦蕾："税收公平内涵的解析与税收制度审视"，载《税务研究》2008 年第 1 期。

度。因为，尽管国家的各种活动都有赖于财税，但税收从根本上来说也不过是纳税人与国家之间进行财富分配的一种形式，希冀税收承载人类社会对于公平的各种诉求并不现实，亦如促进社会公平分配不能仅仅依赖于税收，还需要仰仗于初次收入分配以及基于社会慈善的第三次分配。可取的是，让"上帝的归上帝，凯撒的归凯撒"，税收公平仍应主要致力于解决税收负担公平这一问题。

就税收负担公平而言，受威廉·配第（William Petty）"不管赋税多么重，如果政府能够对所有人一视同仁，按照合理的比例对每一个人征税，那么相对任何人来说都不会由于负担了赋税而使自己的财富减少"[1]这一思想的影响，人们通常认为税收负担公平仅指纳税人之间的负担公平即纳税人之间负担的横向公平与纵向公平。[2]但实际上，这种观点也有其片面性。根本来说，税收关系关涉的首先是纳税人与国家之间的财富分配关系，税收公平也就意味着纳税人与国家之间财富分配的公平，其次才是纳税人与纳税人在税收负担分配上的横向或纵向关系。[3]在如何衡量税收公平上，亚当·斯密（Adam Smith）认为，"每一个国家的臣民都应当根据各自能力的大小，即根据他们在国家的保护下所获得的收入的比重，来尽可能地为维持政府作出贡献"。[4]这实际上是将衡量税收是否公平分别导向了利益与能力两类标准。尽管利益说在衡量（广义）税收公平上也有其合理之处，例如在环境税领域。[5]但整体而言，由于纳税人从国家获得多少利益既主观又抽象，不易衡量，因此根据从国家获取的利益的多寡来决定向国家缴纳多少税款不免过于主观。相较而言，能力说强调纳税人客观的经济负担能力，更容易观测，是一个更理想的标准。正是在这种背景下，量能课税成了税收公平的代名词。对净所得概念的合理界定亦需要置于量能课税原则的语境下。

---

〔1〕　[英] 威廉·配第：《赋税论》，邱霞、原磊译，华夏出版社 2006 年版，第 26 页。

〔2〕　参见杜振华编著：《公共经济学》，对外经济贸易大学出版社 2010 年版，第 164 页。

〔3〕　这一观点亦受到王鸿貌教授相关观点的启发，但本书认为不同级次政府之间的税收公平分配严格来说属于财政公平的问题，与狭义的税收公平并不是一个维度的问题，于此仅采纳税人与国家之间的税收公平以及纳税人彼此之间的公平两个维度。参见王鸿貌主编：《税法学的立场与理论》，中国税务出版社 2008 年版，第 39 页。

〔4〕　[英] 亚当·斯密：《国富论》（下），陈叶盛译，中国人民大学出版社 2016 年版，第 902 页。

〔5〕　参见熊伟："环境财政、法制创新与生态文明建设"，载《法学论坛》2014 年第 4 期；叶金育："环境税量益课税原则的诠释、证立与运行"，载《法学》2019 年第 3 期。

　　将净所得的概念置于量能课税的语境下并非理所当然，而是源于净所得原则自身与量能课税在理念上更为契合。如前所述，能力说与利益说作为税收公平原则的两种度衡标准，其中利益说主张纳税人根据其从国家获得的利益来承担相应的税收负担，若将之作为净所得原则的价值基础，所得税的开征将显得极为不正当。具体而言，在利益说下，纳税人获得的收入相对较好确定，很大程度上可以作为其从国家的保护中获取的利益的结果，但纳税人使用生产要素获取收入并非不需要任何成本费用，这些成本费用是否扣除直接关乎利益说与净所得原则的兼容性。众所周知，在市场经济下，每一个纳税人获取同等收入所需支出的成本费用有所不同，有的纳税人生产效率高，成本费用率偏低，获取同等收入只需少量的成本费用；而另一部分纳税人生产效率低，获取同等收入需要更多的成本费用。若一概允许纳税人扣除与收入有关的成本费用，进而按照纳税人的净所得征税，在利益说下将存在较为严重的逻辑悖论，即生产效率低的纳税人不需要承担或很少承担国家公共开支，却可以像生产效率高的纳税人一样接受国家给予的社会治安、国防、司法等公共服务，甚至在某些情况下还需要国家花费更多的资金对其产生的资源浪费问题加以治理。相反，若不允许纳税人扣除这些成本费用，对其毛收入征税，这同样会引发诸多问题。例如，纳税人投入的成本费用相同，其中部分纳税人按照较高的价格提供商品，而另一部分纳税人按照较低的价格提供商品，所获取的收入因而有所区别，但二者在接受国家提供的服务或者利益上显然并无本质差别，由此引发的课税差异毫无疑问难以令人感受到公平。也正是这个缘故，利益说或者量益课税不宜作为净所得原则的价值取向，净所得原则只能选择量能课税作为其价值取向。

　　就净所得原则与量能课税之间的关系，不同学者之间的观点还有所差异。有学者认为"量能课税只是净所得课税的一个相对表面的理由，财产权保护才是其背后的真正动因"。[1]客观来说，这一观点认识到净所得原则之于保障纳税人财产权的意义确有其合理之处，这也是净所得原则何以成为"具有宪法效力之下位原则"[2]的关键原因。不过，如果真的脱离量能课税的前提，而将财产权保障作为净所得课税原则的唯一价值基础，也有诸多不妥，因为

---

　　〔1〕　刘剑文、熊伟：《税法基础理论》，北京大学出版社2004年版，第141页。

　　〔2〕　陈清秀：《现代财税法原理》，厦门大学出版社2017年版，第17页。

它很难说明对净所得课税为何就是公平的，毕竟财产权保障主要处理的是纳税人与国家之间的关系而几乎不涉及纳税人彼此之间的关系。但亦如人们常说的"不患寡，而患不均"，人们对于纳税本身并非断然排斥，而是担心税收不公。相较而言，量能课税能够为净所得原则带来更多的伦理价值保障，与人们此种分配正义观亦可以不谋而合。究其根源，量能课税作为蕴含着税收公平这一价值判断的课税原则，它与税收公平原则一样，不仅处理国家与纳税人之间的关系，也处理纳税人与纳税人之间的关系。国家在征税的时候，需要"量"每一个纳税人的"能"，不仅"量"不得超越纳税人的"能"，而且在"能"一样的情况下，"量"亦不应有差异，即量能课税一方面要求国家从质的角度考量纳税人的税捐负担能力，另一方面也要求国家用定量的方式来准确度衡纳税人的税捐负担能力，以免出现厚此薄彼的现象。于此而言，将量能课税原则作为净所得原则的价值基础某种意义上更有助于净所得原则实现人们孜孜以求的税收公平。也正是这个缘故，德国的理论与实务界才会较为普遍地肯认净所得原则系量能课税原则之于所得税法的具体化。例如，在税法极为发达的德国，学者们在解释量能课税原则时，通常亦将其划分为若干子原则加以讨论，而净所得原则便系其中一个子原则，伊娃-玛丽亚·格施（Eva-Maria Gersch）博士在弗朗茨·克莱恩（Franz Klein）创办的《税法评注》中就将量能课税原则概括为四个子原则，分别是"（1）保证生存水平原则；（2）总税收负担原则；（3）一致性要求原则；（4）所得税法上的具体体现（即净所得原则）"。[1]

三、量能课税：基本权利保障的具体化

税收公平负担问题作为一个经久不衰的话题，一些国家的早期宪法甚至将之载入其中。例如，法国1789年的《人权与公民权利宣言》就明确规定，"为了维持公共力量和行政开支，征税是必不可少的；它必需根据能力，在所有公民之中平等分配"。[2]量能课税为一国宪法所肯认后，它便成为一个约束一国立法机关、行政机关以及司法机关的税收分配原则，而不再只是学术

---

〔1〕　Eva-Maria Gersch, in：Franz Klein（Hrsg.）, AO Kommentar, 14. Aufl., 2018, §3, Rn. 14-18.

〔2〕　See Barker, William B., *The Three Faces of Equality：Constitutional Requirements in Taxation*, Case Western Reserve Law Review, Vol. 57：1, pp. 5-6（2006）.

思想。[1]不过，也并非所有国家或地区都将量能课税或者说按照能力分配税负此类规范在该国宪法中明文规定。即便是在税法高度发达的德国，尽管其1919 年的《德国魏玛宪法》规定了国家分配税收负担应当按照公民的纳税能力加以分配，但现行有效的《德国基本法》并无此等条款，这并没有阻碍量能课税原则成为德国具有宪法位阶的法律原则。

在宪法未规定量能课税的国度，它能够成为具有宪法位阶的法律原则，也就意味着它的构造仰赖于宪法规范。对其内涵的理解自然不应超过对其上位宪法规范所可能具有的内涵的理解。[2]基于此，在宪法未明文规定量能课税原则的国度，认真分析这一具有宪法位阶的税法原则如何产生也就至为重要。因为这攸关量能课税的具体适用面向，关乎其内涵与外延。更为重要的是，它还关乎立法者如何对待量能课税。[3]就量能课税产生的宪法基础，理论界与实务界的看法都不尽一致。即便是同一个学者在不同场合下的表达也会有所差别。这更是增添了探寻量能课税原则的宪法源头的困难。有学者认为，"纳税负担平等作为宪法平等权原则的下位原则，体现为量能课税原则"。[4]此种观点立论的核心在于量能课税的宪法基础在于平等权，系宪法上平等权之于税法的具体要求，可以说此种观点代表了学界对于量能课税原则的宪法

---

〔1〕 在宪法上明文规定量能课税这一要求的宪法例还可参见：《意大利宪法》（1947 年）第 53 条第 1 项；《西班牙宪法》（1978 年）第 31 条；《瑞士宪法》（1999 年）第 127 条第 2 项。

〔2〕 亦如正方形作为矩形的一种特殊形式，矩形所不具备的几何性质，正方形绝不可能具备。由于矩形不具备（三角形所具备的）各角相加为 180 度这一几何性质，同样正方形的各角相加无论如何都不会是 180 度。同理，量能课税原则若作为宪法的某一规范的具体化，那就意味着这一宪法规范所不具备的法律性质，量能课税也同样不会具备。

〔3〕 诚然我国并无与德国类似的宪法解释机关，但是全国人大常委会作为我国宪法解释机关，其同样负有解释宪法的职能。纵观我国《宪法》对税收的规定，虽集中在第 56 条 "公民有依照法律纳税的义务"，颇为简洁，但这种简洁构造模式同样存在于德国的基本法。而在公民基本权利的规定上，我国作为社会主义国家，对公民基本权利的规定相比之下还更具有包容性。这意味着在我国构造税法的基本建制原则至少在法律文本层面绝不比德国更为困难。更重要的是，在一个奉行法治的国度，无论是何种模式的合宪性审查，也不管是何等主体进行宪法解释，将税法立法权限制在宪法的轨道上都为必须。随着合宪性审查以及宪法解释问题日益进入我国执政者的关注范围，在追求税收良法善治的当下，纵然量能课税原则在我国目前还只是一种学术思想，但随着合宪性审查时代的加速到来，税收实质法治亦将提上议事日程。这同样会进一步催生出对量能课税这一广为学界与其他国家或地区实务界高度肯认的法律原则的宪法建构基础的探讨诉求。

〔4〕 朱孔武："论宪法平等权对税收立法的拘束"，载《江汉大学学报（社会科学版）》2007 年第 2 期。

基础的主要认知。[1]有一种观点认为，"量能课税原则是从宪法所保障的平等权、财产权、生存权等基本权利中抽象出来的一个基本原则"。[2]此种观点立论的基础就在于量能课税原则虽然与宪法平等权关系紧密，但同样关乎公民在宪法上的财产权、生存权、职业自由权等基本权利，即量能课税原则系由宪法上平等权连接其他基本权利而导出。[3]

整体来说，我国学界与实务界对量能课税原则的宪法基础的认知可以大体归为平等权保障说与基本权保障说这两大类。这同德国学者所称的"绝对量能原则"（absolute Leistungsfähigkeit）与"相对量能原则"（relative Leistungsfähigkei）的意涵颇为相似。[4]其中平等权保障说相当于"相对量能原则"，而基本权保障说则相当于"绝对量能原则+相对量能原则"。但实际上，仔细分析便可以发现，国内所谓的平等权保障说与基本权保障说本质上并无绝对差异。具体而言，平等权保障说在理论上应当是说只要税捐在纳税人之间按照比例分配即属正当，其中经济负担能力强者要多纳税，经济负担能力弱者应少纳税，至于纳税人所应承担的绝对税负则非国家所要考虑的对象。以所得税为例，平等权导向下的量能课税原则意味着即便立法者出于财政目的不允许纳税人扣除必要的成本费用乃至于生计费用，也未必就抵触平等原则和量能课税原则，因为不得扣除必要费用这一法律规范无一例外地适用于所有纳税人，无论是高收入纳税人还是低收入纳税人。但实际上这一观点恰恰为平等权保障说所否认，例如，陈清秀教授一方面主张量能课税原则系平等原则的具体化，但是另一方面又看似矛盾地认为"（量能课税原则）并不像平等原则本身那样的不确定……其保护人民免于超过给付（负担）能力的负担，并确保最低限

---

[1] 参见朱大旗："论税法的基本原则"，载《湖南财经高等专科学校学报》1999年第4期；陈清秀："量能课税与实质课税原则（上）"，载《月旦法学杂志》2010年第183期；许多奇："论税法量能平等负担原则"，载《中国法学》2013年第5期。

[2] 孙相磊："个人所得税之合宪性控制——基于量能课税原则的考量"，载刘剑文主编：《财税法论丛》（第12卷），法律出版社2012年版，第156~188页。

[3] 参见曹明星："量能课税原则新论"，载《税务研究》2012年第7期；闫海："绳结与利剑：实质课税原则的事实解释功能论"，载《法学家》2013年第3期；黄奕超："量能原则与纳税人程序保障——以租税申报程序为中心"，台湾大学2010年硕士学位论文。

[4] "绝对量能原则由《德国基本法》第2条第1项及第14条建构，涉及个人所能容许之全部负担；相对量能原则由《德国基本法》第3条导出，涉及负担之比例。" Heinrich Weber-Grellet, Die Bedeutung der Rechtsnatur des Steuerrechts für dessen Anwendung und Auslegung, Stu W 1982, S. 98, 转引自黄俊杰：《税捐正义》，北京大学出版社2004年版，第3页以下。

度的生存，且顾虑到营业支出以及不可避免的私人支出可以从所得额的计算基础中扣除"。[1]以成本费用扣除为例，或许会有观点认为：在同等收入情况下，若不允许纳税人扣除必要成本费用，可能会出现有的人亏损，而有的人营利，产生亏损的纳税人与营利的纳税人缴纳相同的税收负担并不符合平等原则的内在要求。这看似有合理之处，实际上已然在不自觉之中为平等原则设置了更多的伦理价值，使得量能课税本身不再单纯是平等原则的下位原则，即此等语境下的量能课税原则已然由平等权所构建的"相对量能（原则）"扩张至"绝对量能（原则）"。也因如此，国内的平等权保障说实质上已然属于基本权保障说的范畴，此"平等权"也毋宁说是"叠加了其他基本权利的平等权"。

平等权作为一项宪法基本权利，本身并无具体内容，需与其他基本权利竞合使用，甚至需要依附其他基本权利使用。[2]但这并不意味着平等权与其他基本权利就是完全重合的，更不意味着保障了平等权就等于保障了其他基本权利。平等权与其他基本权利之间更多情况下是竞合关系，[3]有时，平等权还会与自由权等基本权利发生冲突。[4]尽管国内的"平等权保障说"本质上就是"基本权保障说"，但这根植于国内学者观点的自我矛盾，而不在于"平等权保障说"与"基本权保障说"事物本质的共同性。实际上，这两种截然不同的观念在日本也有所存在，日本税法学者金子宏教授可谓是"平等权保障说"的代表人物，他认为量能课税原则又称"税公平主义或税平等主义。这一原则是现代法律之基本原则——平等原则在课税领域中的具体体现"。[5]而北野弘久则是"基本权保障说"的代表人物，他认为，量能课税原则，即"应能负担原则"系自（日本国）宪法的"尊重个人""法律面前人人平等""健康且富有文化性的最低限度的生活""一定的生存权上的财产权"等基本权保障规定抽象出来一项法律原则，并且他还进一步指出，应能

---

〔1〕 陈清秀：《税法总论》，元照出版有限公司 2014 年版，第 30 页。

〔2〕 参见吴信华："平等权的体系思考（下）"，载《月旦法学教室》2007 年第 56 期；张千帆：《宪法学导论　原理与应用》，法律出版社 2008 年版，第 489~491 页；何华辉：《比较宪法学》，武汉大学出版社 2013 年版，第 213~214 页。

〔3〕 参见林来梵、翟国强："论基本权利的竞合"，载《法学家》2006 年第 5 期。

〔4〕 参见陈征："宪法自由权与平等权冲突的解决途径"，载《浙江社会科学》2014 年第 12 期。

〔5〕 ［日］金子宏：《日本税法》，战宪斌、郑林根等译，法律出版社 2004 年版，第 64 页。

负担原则不仅包括"课税物品在量方面的税负能力",更应当包括"课税物品在质方面的税负能力"。[1]就此而言,区分量能课税原则的宪法基础仍是必要的,因为二者在客观上还是存在一定区别的。保障了纳税人的财产权、生存权、职业自由权、婚姻家庭权等基本权利,虽不可避免地要覆盖到保障纳税人在这些基本权利上的平等权,即"人有,我亦有"。但这一结论却不能反向推导,因为这些基本权利除具备平等保护的面向外,还有各自独立的面向,平等权也就无法包容基本权利的其他面向。例如,在国家对纳税人的所有财产无一例外地征税,而不考虑纳税人基本生存财产这一情形下,若将量能课税原则仅置于平等权保障之下,这无疑会得出国家此种征税行为是符合量能课税原则的要求的这一结论。

对量能课税的狭隘理解已然遭到人们广泛否认,如葛克昌教授所言,"量能课税原则确保税课之平等性,同时亦用于防范税课之过度"。[2]亦如德国著名税法学者保罗·基尔霍夫(Paul Kirchhof)所言,《德国魏玛宪法》所确立的量能课税原则系"结合了平等和过度禁止的要求,从而建立了适度的平等"。[3]税捐正义作为税法的最高价值,而量能课税原则便代表着税法的实质正义向度,其强烈的伦理价值不容否认,它的功能亦不应仅局限于实现税收负担在纳税人之间的公平分担,它还必须确保国家征税不得竭泽而渔,应审慎考量纳税人自身的"能"。[4]就此而言,量能课税原则无论如何都无法用单一平等权来建构,它必须是平等权联动其他基本权利共同建构的结果。[5]何况,平等究竟是一项原则还是一项权利,学界至今都尚无定论,如果它真

---

〔1〕 [日]北野弘久:《税法学原论》,陈刚、杨建广等译,中国检察出版社2001年版,第96~97页。

〔2〕 葛克昌:《税法基本问题(财政宪法篇)》,北京大学出版社2004年版,第123页。

〔3〕 Paul Kirchhof, Der Grundrechtsschutz des Steuerpflichtigen Zur Rechtsprechung desBundesverfassungsgerichts im vergangenen Jahrzehnt, Archiv des öffentlichen Rechts, Band 128, 2003, S. 3.

〔4〕 参见黄茂荣:《法学方法与现代税法》,北京大学出版社2011年版,第191~192页。

〔5〕 当然,直接借助于宪法的基本权利对税法进行约束,而不透过量能课税原则,似乎也无不可。但是,若缺乏一个能够统摄税法的(税收)宪法原则,宪法对纳税人基本权利的保护将不可避免地变得支离破碎、缺乏系统,加之宪法本身规定得就颇为模糊,这将进一步导致宪法对税法控制的力不从心。当然,也正是因为量能课税原则能够承载宪法的诸多价值,无论是学界还是实务界才会将之作为对税法进行合宪性控制的直接依据。若非如此,人们大可不必费精力去探讨量能课税原则,也无必要为税法建构出一套基础原则。也正是如此,我们才必须避免量能课税原则的空洞化,避免它徒具形式意义,而无实质价值。

的就像某些学者所主张的仅为一项原则而非权利，那么量能课税的建构就更是无法离开具体的权利规则。[1]更何况，脱离了具体的规则，原则本身也就丧失了应用的场域。纵然在德国，量能课税原则作为一般正义法则的一种表达，其宪法基础虽源于一般平等原则，[2]但德国理论界与实务界对量能课税的宪法建构也并非静态不变，而是一个动态发展变化的过程。发展至今，量能课税原则的宪法基础也已然不限于平等权，还涉及宪法中的生存权、婚姻家庭权、财产权、职业自由权等多个条款。[3]

鉴于此，量能课税原则的法理依据并不仅限于平等原则（平等权），而在于基本权利保障。如果将基本权利保障的实质内核剥离出量能课税原则，或许真会出现"（量能课税）所固有的收入与支出相分离的财政观，就会在某种程度上剥夺了纳税人在法律上监督用税权的可能"。[4]作为量能课税原则之于所得税法具体化的净所得原则，从这个角度来说亦应是基本权利保障的产物。相应的，立法者为了实现净所得原则而设计出的所得税扣除规则也绝非纯技术规则，而是蕴含着宪法基本权利保障价值的"有血有肉"的权利性规则。

第二节　所得税扣除法理孕育基本权利保障功能

"现代税收离不开会计，离开会计的税收是不可想象的，但会计也摆脱不了税收，总是和税收血肉相连。"[5]在现代税收国家，税法与会计的关系日益紧密，尤以（企业）所得税为甚，所得税会计科目中的递延所得税资产、递延所得税负债以及所得税费用都是对会计与所得税之间紧密关系的真实反映。各国为了尽可能减少税会差异，减轻纳税人税收遵从成本，即便是采取会税适度分离模式的国家，税法也经常准用会计规范，甚至有的国家直接采行会税

---

〔1〕 参见曾云燕："平等原则研究"，吉林大学 2014 年博士学位论文。

〔2〕 BVerfGE 67, 290（297）.

〔3〕 Eva-Maria Gersch, in: Franz Klein（Hrsg.）, AO Kommentar, 14. Aufl., 2018, § 3, Rn. 14.

〔4〕 刘丽：《税权的宪法控制》，法律出版社 2006 年版，第 126 页。

〔5〕 蔡昌："分离·趋同·协作——税会关系模式及协调机制研究"，载《财会学习》2011 年第 10 期。

一体模式。〔1〕这使得所得税扣除规范的技术色彩更为浓郁。又因为所得税扣除规范系所得税规范的一环，在纳税义务规范的笼罩下，所得税扣除的义务属性尤为明显。在技术性与义务性共同驱使下，所得税扣除规范似乎与权利无涉，更不必说与基本权利的关系。可是，正如上一节的论述，所得税扣除乃净所得原则的产物，净所得原则在价值取向上又以量能课税乃至宪法基本权利为基础。一边是技术性与义务性规范，另一边却是价值性与权利性规范，究竟应当如何定位所得税扣除规范值得思考。

与上节的出发点和侧重点不同，本节不再从扣除的税收机理出发，而是直接从法理层面切入，通过规范分析来考察扣除的内在属性。在分析的进路上，本节也作出适当调整，不再迂回曲折地说明所得税扣除与基本权利的关系，而是采取更为直接的方式，阐明所得税扣除系基本权利对所得税征税权制衡的工具。所得税扣除规则虽然是所得税纳税义务规则的一个组成部分，但本节的分析将会揭示出扣除乃"纳税义务中开出的权利之花"这一结论。又因为扣除权利背后体现的是纳税人的财产权益，而一方面财产权作为各国宪法所普遍肯认的一种基本权利，堪称实现人格自由与发展的物质载体，从生存权到劳动权无不与之有着密切关系。另一方面，财产权虽是极为重要的一项基本权利，甚至是诸多基本权利实现的载体，但它自身也要受到限制，所得税即为基于公共利益对财产权限制的具体体现。然基本权利限制也需要恪守一定边界，是为基本权利限制的限制，所得税征税权同样要受到限制，而所得税扣除便是这一限制的直接载体。通过这些分析，所得税扣除与基本权利的关系不再只是理念上的暗合，更是直接承载的关系。

一、所得税扣除的权利面向：从纳税义务到财产权

纳税人有依法纳税的义务，这似乎是再清晰不过的问题。根据《中华人民共和国税收征收管理法》（以下简称《税收征收管理法》）第 63 条的规定，纳税人在账簿上多列支出或者不列、少列收入……不缴或者少缴应纳税款的，是偷税，在所得税领域，纳税人自是不得少计收入或多列成本费用以减少应纳税额。但是，实践中还存在一类纳税人，或为完成企业集团的业绩

---

〔1〕　参见邓子基、尤雪英："税收法规与会计标准关系模式的国际比较与有益启示"，载《当代财经》2007 年第 3 期。

考核要求，或为粉饰财务报表，既非不列或少列收入，也非多列支出，而是采取多列收入、少列成本费用等方式虚增利润并因此多缴纳税款。[1]姑且不考虑会计法和证券法对信息披露的要求，仅从税法角度思考，即纳税人少计或者放弃扣除项目以使得纳税人所提供的计税依据与其真实状况不相吻合，税法该如何评价，是按照纳税人主动放弃相应的税收利益评价？抑或由税务机关按照纳税人"编造虚假计税依据"对其作出相应处罚并同时退还纳税人相应的税收利益？两种认知实际上代表了完全不同的两种立场，前者是将所得税扣除看作纳税人的一项权利，后者则是将扣除看作能够给纳税人带来一定利益的义务。[2]因而，要想厘清纳税人是否可以主动放弃所得税中的税前扣除带来的税收利益，实际上就是要回答所得税扣除究竟是纳税人的义务还是纳税人的权利。有鉴于增值税所特有的进项税额抵扣机制与所得税的税前扣除机制在税收机理上颇为类似，下文通过类比分析以尝试回答这一预设问题，进而揭示出所得税扣除的规范属性。

在增值税领域，由于增值税内置的特有抵扣机制与交叉审计的功能，增值税抵扣链条上的上下游之间相互监督，彼此制约，在理想情况下，零和博弈使得纳税人既不会多计算税额，也不会少计算税额。[3]此种机制可谓是对"增值税应纳税额=销项税额-进项税额"这一公式的真实写照。根据这一公式，增值税应纳税额系增值税销项税额与增值税进项税额相抵的结果，抵销进项税额的过程又被认为是"增值税注册纳税人请求国家偿还额外负担的权利"。[4]这一权利又被称为"增值税抵扣权"。[5]增值税抵扣权作为增值税纳税人的一项权利，纳税人自然可以自由处分，行使也好，放弃也罢，皆取决于纳税人。若从形式来看，增值税中的进项税额抵扣与所得税中的税前扣除

---

〔1〕 参见蔡江伟："当虚增利润多缴税款可以退还"，载《证券时报》2019年7月15日，第A03版。关于纳税人放弃扣除项目的更多讨论，See Joseph D. Beams & W. Eugene Seago, *Why Some Taxpayers Benefit from Not Claiming Deductions*, The Tax Magazine, Vol. 84: 5, pp. 39–44 (2006).

〔2〕 关于扣除是自愿还是强制的，类似的讨论在美国也有所存在。See James Edward Maule, *No Thanks, Uncle Sam, You Can Keep Your Tax Break*, Seton Hall Legislative Journal, Vol. 31: 1, pp. 81–82 (2006).

〔3〕 参见李万甫：《商品课税经济分析》，中国财政经济出版社1998年版，第189页。

〔4〕 任宛立："增值税纳税人抵扣权之保障"，载《暨南学报（哲学社会科学版）》2019年第5期。

〔5〕 参见翁武耀："论增值税抵扣权的产生"，载《税务研究》2014年第12期。

似乎并无共同之处，如果非要说共同之处的话，大概只能将这种共同之处归结为减除机制。但实际上，增值税抵扣与所得税税前扣除的联系尤其密切，甚至还有学者专门提及二者的关系，指出"'抵扣'一词在法文中是 deduction，与所得税中的'扣除'（deduction）是一个词，故抵扣与扣除实为同一意思。在英文中也都是 deduction，《各国增值税》的编著者也翻译为扣除权"。[1]若从增值税是对在一切流转环节上所形成的增值额的课征这一静态角度观测，则可以发现增值税抵扣机制与所得税的税前扣除机制在税收原理上还有着更多的相似之处，而这也是论者主张征收增值税的同时还征收所得税系重复征税的关键原因。[2]从税收原理来看，增值税所要掌握的税基主要是纳税人创造财富部分即可变成本+剩余价值（V+M），而不涉及不变成本（C）。进项税额抵扣在本质上相当于不变成本扣除额与增值税税率的乘积。而所得税的税基则可以近似地表示为仅对剩余价值（M）征税，从收入中扣除 C+V 这部分。[3]学界所探讨的"账簿法增值税"计税方法采取的就是税基扣除的办法，即"应纳增值税税额=（应税营业收入–扣除项目金额）×适用税率"。[4]当然，各国的增值税税制实践亦有所体现。例如，"对于二手商品交易、艺术品、收藏品及投资性黄金交易等，《德国增值税法》规定以销售价格减除进项价格的差额计算税基"。[5]又如，营业税改增值税（以下简称营改增）之后，我国在增值税领域广泛推行的差额计税方式。[6]凡此种种，都足以表明增值税中的进项税额在本质上只是对税基扣除额与税率乘积的简化，而进项税额抵扣既为增值税纳税人的权利，税基扣除自无理由不是增值税纳税人的权利。又因为增值税抵扣权产生的根源在于其以增值额为征税对象，若不允许抵扣进项税额将会导致重复征税进而有悖于税收中性。所得税作为直接税，虽不

---

〔1〕　汗青父：《从增值税到税收法典》，中国税务出版社 2009 年版，第 91 页。

〔2〕　参见李富君："增值税与所得税并存的复合税制改进探讨"，载《财会研究》2012 年第 10 期；王路平："所得税和增值税的关系研究"，中国社会科学院研究生院 2016 年硕士学位论文。

〔3〕　亦有学者从动态角度分析，认为增值税系对 C+V+M 征税，而所得税只对 M 征税。参见郝晓薇、高美华、宋伊晨："复合税制下增值税与企业所得税重复征税刍议"，载《税收经济研究》2017 年第 4 期。

〔4〕　杨斌、胡文骏、林信达："账簿法增值税：金融业'营改增'的可行选择"，载《厦门大学学报（哲学社会科学版）》2015 年第 5 期。

〔5〕　王宗涛："增值税抵扣权与发票制度：形式课税原则之改进"，载《税务研究》2019 年第 7 期。

〔6〕　参见《财政部　国家税务总局关于全面推开营业税改征增值税试点的通知》（财税〔2016〕36 号）。

如增值税强调税收中性，但它同样强调对增值部分课税，若不允许扣除必要费用亦恐存在重复征税之嫌，无论是个人所得税还是企业所得税。也因如此，不乏将所得税扣除看作纳税人一项权利的观点，即"纳税人请求税务机关在计算缴纳税款时，对于构成计税依据的某些项目，从计税依据中扣除的一种实体性权利"。[1]

所得税扣除机制作为所得税纳税义务所孕育出的能为纳税人带来一定税收利益的税收机制自是无疑，更为关键的是，纳税人对此等税收利益亦是有权自主决定是否享受，符合权利认定的核心要求——受尊重性。[2]从积极层面来说，当纳税人税前扣除的利益被侵犯时，纳税人可以寻求司法救济。[3]就消极层面来说，通过对相关规范的分析，亦能确认纳税人出于自身考虑，即便选择放弃享受扣除带来的利益，也不得因此认为纳税人未依法纳税，更不得对纳税人放弃税前扣除的行为依据《税收征收管理法》中的"编造虚假计税依据"的规定予以处罚。若非如此，增值税纳税人放弃进项税额抵扣，其所缴纳的税款与应缴纳的税款亦有不同，很大程度上也可以算得上"编造虚假计税依据"，也应受到税务机关的处罚，而这种理解显然难以立足。退一步而言，即便将"计税依据"狭隘地理解为与税率相乘的税基，而不包括与销项税额相抵销的进项税额，这一理解同样有其不合理之处。按照体系解释方法，该规定的首要目的应在于维护国库利益而非实现财务会计信息的准确提供，否则税法与会计法的价值目标即为混同。更为重要的是，结合该条上下文的规定，立法者所欲规制的现象应仅为纳税人在"账簿上多列支出或者不列、少列收入"但未造成偷税结果的行为。之所以如此，盖因此类行为虽不必然导致国家税款流失，但对其却有着高度盖然性风险，国家需要对此类风险加以预防。相反，纳税人若只是少列支出，这无论如何都不会给国家税款流失带来风险，自无干预必要。

至于个人所得税中的生计费用扣除，尽管情况有些特殊，比如基本减除

---

〔1〕 莫纪宏主编：《纳税人的权利》，群众出版社 2006 年版，第 107 页。

〔2〕 参见张民安、丘志乔：《民法总论》，中山大学出版社 2017 年版，第 286 页。

〔3〕 这在企业所得税领域尤为明显，在民事诉讼中多体现为上游企业因未能向下游企业提供成本费用发票导致下游企业不能税前扣除进而多缴纳税款，法院通过承认并支持下游企业的利益诉求以彰显对纳税人扣除权的尊重。在行政诉讼中则体现为纳税人因不服税务机关拒绝税前扣除而提起诉讼，这可以理解为纳税人拥有只缴纳正确税额的权利。

费用在很多情况下都表现为代扣代缴，纳税人几乎无选择权，但结合《个人所得税法实施条例》第 28 条第 1 款规定，"居民个人取得工资、薪金所得时，可以向扣缴义务人提供专项附加扣除有关信息，由扣缴义务人扣缴税款时减除专项附加扣除……"，可以看出纳税人如果不愿意享受专项附加扣除，是可以通过不提供信息加以放弃的，这意味着享受专项附加扣除是纳税人的权利而非义务。〔1〕还有论者就专项附加扣除的权利性质，指出"其性质是宪法中公民财产权与社会经济性权利的税法表达"。〔2〕诚然，在选择性上，基本减除费用的扣除不如专项附加扣除这般，但这一理念同样可以运用至基本减除费用之上，而不宜将基本减除费用的减除视为纳税人的义务。如若纳税人愿意放弃基本减除费用给其带来的经济利益，其他主体理论上并无拒绝的权利，尽管此等现象在实践中很难出现。故而，无论是从积极层面还是从消极层面来说，纳税人皆可在其依法拥有的扣除额度内自行决定是否扣除以及扣除多少，因此扣除而带来的税收利益能够获得尊重。〔3〕

鉴于此，所得税扣除虽以税款利益（金钱利益）为载体，但它符合权利的内在要求，应将之归入纳税人财产权，而非行政机关单方给予的恩惠。在具体形态上，这一权利既可表现为纳税人主动放弃扣除权带来的税收利益，〔4〕也可表现为充分利用此权利向国家主张减少纳税义务，甚至还可表现为直接向国家主张退税。〔5〕

〔1〕　参见张旭："个人所得税专项附加扣除规则的反思与改进"，载《税务与经济》2020 年第 5 期。

〔2〕　彭程："个人所得税制中专项附加扣除权的证成与展开——将纳税人置于家庭婚姻的场域中考量"，载《经济法论丛》2021 年第 1 期。

〔3〕　至于税务机关主动发现纳税人多纳税款，其是否必须依据"纳税人超过应纳税额缴纳的税款，税务机关发现后应当立即退还"这一规定作出退税决定，同样不宜机械理解法律条文的规定，而应系统考察，尤其是重点评估纳税人少计扣除项目的心态。若纳税人确系故意少计扣除项目，明知会多缴纳税款而放任不管，那么税务机关即便发现纳税人多缴纳税款，亦无退还其税款的必要。否则，税务机关的退税行为亦将构成对纳税人自由扣除权的不正当干预。

〔4〕　在我国现行税收实践中，某种程度上肯认了纳税人对税前扣除的自主选择的权利。国家税务总局也倾向于将之作为纳税人的一项权益。《国家税务总局关于中国银联股份有限公司特别风险准备金及风险损失税前扣除问题的通知》（国税函〔2007〕307 号）第 2 条第 2 项规定："中国银联发生的特别风险损失，由中国银联分公司在年度终了 45 日内按规定向当地主管税务机关申报。凡未申报或未按规定申报的，则视为其自动放弃权益，不得在以后年度再用特别风险准备金偿付或在所得税前扣除。"

〔5〕　当然，这并不意味着扣除必然会使得纳税人获得退税的权利。但不可否认的是，纳税人若非因故意少计扣除项目进而多缴纳了税款，毫无疑问其有权根据《税收征收管理法》的规定向国家主张退税。

二、财产权：基本权利保障的核心与中枢

所得税扣除作为所得税纳税义务中孕育出的一种能够给纳税人带来经济利益的财产权，它直接关乎纳税人需要向国家缴纳多少税款以及自己可以保有多少税后财产。从外观来看，此等意义下的扣除权还只是一种法律意义上的财产权利，对于课税权本身仍无法加以约束。不过，纳税人的扣除权也绝非立者可以予取予夺的权利，因为所得税扣除所承载的并不只是财产利益，它不仅关乎纳税人财产权与国家征税权的合理界分，还担保着诸多基本权利的实现，毕竟"对财产的保护也是对人的价值的肯定和保护，财产是自由实现的保障"。[1]

"基本权利是公民在宪法上针对公权力的权利，它载明于宪法，是公民要求国家为或者不为一定行为的权利。"[2]由于政治经济文化发展状况不同，各国宪法所规定的基本权利具体内容差别较为明显。但可以肯定的是，财产权作为一项基本权利已然得到了世界主要国家宪法的肯定。据荷兰学者亨克·范·马尔塞文（Henc Van Maarseveen）等统计，在 142 部被统计的成文宪法中，涉及财产权利的达 118 部，占比 83.1%。[3]当然，这也不是说一国宪法若未明文规定财产权，则该国就不保护财产权，更不意味着公民的任何一项基本权利都需要通过明文规定才能得出。实际上，我国宪法迄今为止都未明文规定公民的"生命权"与"生存权"，但这并不意味着我国宪法不保护公民的生命权或生存权，根据我国缔结的国际公约以及结合宪法中"国家尊重和保障人权"这一较为开放的规定，基本上可以肯认作为社会主义国家的我国是保障公民的生命权与生存权的。《德国基本法》同样未明文规定公民的生存权，但德国联邦宪法法院根据《德国基本法》的人性尊严条款与社会国家条款推导出公民的生存权。不过，一国若在宪法中直接列示某一基本权利，这无疑是一种更为积极的姿态。若考虑到这些因素，财产权在各国宪法中的地位会显得更加突出。

---

〔1〕 吴旅燕：《论我国私有财产权的宪法保护——以宪法相关规范之实施为中心的研究》，中国政法大学出版社 2013 年版，第 42 页。

〔2〕 郑贤君：《基本权利原理》，法律出版社 2008 年版，第 2 页。

〔3〕 ［荷］亨克·范·马尔塞文、格尔·范·德·唐：《成文宪法 通过计算机进行的比较研究》，陈云生译，北京大学出版社 2007 年版，第 132 页。

　　财产权作为基本权利中的一环，它的显赫地位不仅体现在各国宪法对其的高度重视上，更体现在财产权对于其他基本权利的重要性上。洛克曾说，"政治的主要职责是保护私有财产，没有财产权就没有公正"。[1]社会发展至今，尽管政府的主要职责已然不只是保护财产，它还要维护社会公平，保障人们的生命、健康等，但这无疑是人们对财产之于人类社会极为重要价值的一种认知。"财产权是建立在对人有用的物体上的权利，是实现人身目的的一种基本工具和依托。"[2]财产权的意义不仅体现在人之于财富的占有，更体现为财富占有对于人格自由的重要价值。易言之，"没有财产权为依托的生命权和自由权等基本权利是空洞的权利，没有财产权的其他任何权利都是空虚和漂浮不定的"。[3]

　　"理解财产，不应仅仅把它作为具备经济价值的物和权利，还应当看到它是自主、自决、自治的人发展人格的基础。"[4]而要理解财产权何以成为基本权利实现的重要载体，则需要结合财产权的三维价值加以分析。所谓财产权的三维价值，是指财产拥有带给个人的情感价值、财产获取带给个人的人生价值、财产使用带给个人参与社会的价值。[5]下文分别选取生存权、劳动权以及若干自由权尝试说明财产权与之内在关联。

　　生存权作为首要人权，已经为我国官方在历次有关人权白皮书中所肯认。[6]就其具体内涵来说，一般认为，生存权"是指在一定的历史条件下和社会关系中，公民应当享有的、由国家依法保障的使人成其为人的最基本权利"。[7]就其具体内容来说，适度生活水准可谓是最为核心的内容。[8]当然，何谓适度生活水准，官方与学界口径并不一致。官方白皮书认为适度生活水

---

　　〔1〕　[英]洛克：《人类理解论》，关文运译，商务印书馆1959年版，第540页。

　　〔2〕　唐清利、何真：《财产权与宪法的演进》，法律出版社2010年版，第97页。

　　〔3〕　吴旅燕：《论我国私有财产权的宪法保护——以宪法相关规范之实施为中心的研究》，中国政法大学出版社2013年版，第44页。

　　〔4〕　李累："论宪法上的财产权——根据人在社会中的自治地位所作的解说"，载《法制与社会发展》2004年第4期。

　　〔5〕　参见易继明："财产权的三维价值——论财产之于人生的幸福"，载《法学研究》2011年第4期。

　　〔6〕　"《为人民谋幸福：新中国人权事业发展70年》白皮书（全文）"，载http://www.scio.gov.cn/zfbps/32832/Document/1665072/1665072.htm，最后访问时间：2021年10月20日。

　　〔7〕　龚向和、龚向田："生存权的本真含义探析"，载《求索》2008年第3期。

　　〔8〕　参见汪劲元："论生存权的保护领域和实现途径"，载《法学评论》2010年第5期。

准即为温饱水平，而学界则多认为除达到温饱水平外还应该确保一国公民能够获得最基本的文化生活保障。但不管采取哪种口径，生存权至少意味着作为人应当获得物理上的存续，而这显然有赖于一定的物质基础。这一物质基础保障，要么依赖于国家，要么依赖于公民自身及其家庭成员。由于（狭义）生存权通常情况下并不构成一项具体的主观公权利，自然很难直接依据宪法要求行政机关作出相应行政给付，这就意味着公民生存权保障在国家出台相应立法之前仅能依靠公民自身及其家庭所拥有的财产加以解决。当然，即便国家出台立法，基于辅助性原则，公民的生存权保障仍然是自我保障优先，不足部分才能要求国家给付。[1] 从这个角度来说，财产使用之乐也就集中体现为财产权之于生命存续的特有价值。又因为只有生命得以存续，纳税义务才有可能，因而，此处的财产权能且只能是税前财产。

劳动权作为公民的一项基本权利，它不仅意味着国家应当为公民积极参与各类劳动提供必要的制度保障，更意味着劳动者享有选择职业的自由。[2] 从职业选择自由的角度来看，公民参与职业选择的过程无外乎通过劳动获得一定的财产或收入并在这个过程中实现自我价值。诚然，也有学者主张"保护个人根据自己所奉行的人生观、价值观选择并从事某一职业，才是劳动权的核心规范内容"。[3] 但是，财产或者收入的"获取之乐"本身就在于实现人生价值，如果脱离了财产，财产的获取之乐也将难以存在，职业选择自由更会名存实亡。若考虑到纳税义务的话，则只有纳税人获取的税后所得能够切实满足其职业行为的基本需要，职业活动才能得以存续，若非如此，劳动权亦将陷入有名无实的境地。[4]

诸如言论自由、住宅自由等自由权大多被人们视为"消极的自由"，即国家不加干预即可实现的自由，与财产权似乎也无关联，但实际上并非如此。自由权的实现不仅要求国家不得肆意干预，还同样需要国家为此建立必要的

---

〔1〕 辅助性原则在日本也被称为"补足性原则"，具体包括资产能力等有效利用原则、亲属扶养优先原则以及他法优先原则。具体可参见〔日〕桑原洋子：《日本社会福利法制概论》，韩君玲、邹文星译，商务印书馆 2010 年版，第 75~79 页。

〔2〕 参见徐钢、方立新："论劳动权在我国宪法上的定位"，载《浙江大学学报（人文社会科学版）》2007 年第 4 期；王德志："论我国宪法劳动权的理论建构"，载《中国法学》2014 年第 3 期。

〔3〕 谢立斌："论宪法财产权的保护范围"，载《中国法学》2014 年第 4 期。

〔4〕 关于劳动权与税法关系的详细讨论，参见马福军："劳动权的税法保障研究"，西南财经大学 2011 年博士学位论文。

制度。这也正是"自由依赖于税"[1]的真谛所在。与之类似，自由也依赖于财产，若无私有财产，自由同样难以实现。在 21 世纪，言论自由的实现已经很难脱离言论的载体，这种载体既可能是纸质书本，也可能是相应的电子设备，而这都有赖于公民对一定财产的占有。[2]住宅自由更是在很大程度上体现财产自由，住宅不受侵犯亦是对公民住宅财产的保护。

最后值得说明的是，尽管从不同角度观测，每一项基本权利对于其他基本权利的实现与保障都有着极为重要的作用，亦如生存权之于财产权以及其他基本权利的重要价值，但即便是作为首要人权的生存权，它同样需要建立在一定的财产基础上。脱离了财产权，生存权保障自难实现。其他基本权利的实现更将成为"无源之水、无本之木"。诚然，也有学者明确肯认发展权、生存权、平等权和自由权是宪法核心权利，其他基本权利都要受其制约，但最后仍不得不得出"发展权、生存权、平等权和自由权不仅仅需要社会的信念维系，更需要一定的经济支撑"[3]这一看似矛盾的结论。究其原因，财产权虽只是一项基本权利，但财产权的意义却不止于财产拥有之乐，更在于财产的获取之乐以及财产的利用之乐。而获取之乐以及利用之乐的过程也是其他基本权利实现的过程。一言以蔽之，"财产权不是一项孤零零的权利，而是一系列权利的中心枢纽和保障"。[4]若财产权得不到保障，基本权利保障的意义与效果终将大打折扣。

三、所得税扣除：基本权利制约课税权的工具

(一) 所得税：财产权社会义务的具体体现

我国《宪法》第 56 条规定，"中华人民共和国公民有依照法律纳税的义务"。对于税法学者来说，无论如何强调它的重要性都不为过。然而，若按照文义解释，这一规定无论如何都难以与学界对其厚重的期待相符合。既然有依照法律纳税义务的是"公民"，那么"非公民"的法人似乎并不负有纳税

---

〔1〕　[美] 史蒂芬·霍尔姆斯、凯斯·R. 桑斯坦：《权利的成本　为什么自由依赖于税》，毕竞悦译，北京大学出版社 2011 年版。

〔2〕　类似观点可参见谢立斌："宪法社会权体系化保障——以中德比较为视角"，载谢立斌主编：《中德宪法论坛·2014》，社会科学文献出版社 2014 年版，第 103 页。

〔3〕　郝铁川："宪法的核心权利及其经济支撑"，载《华东政法大学学报》2010 年第 6 期。

〔4〕　王宗涛："税收正当性：一个理论命题与分析框架"，载《甘肃政法学院学报》2012 年第 2 期。

的义务，至少无法仅依照该条规定推知。这是否就意味着我国现行的企业所得税立法是违宪的？结论显然是否定的。那这是不是说公民纳税与法人纳税的宪法基础不同？答案同样是否定的。之所以会出现这一对看似矛盾的结论，是因为《宪法》第 56 条对公民纳税义务的规定只具有确认性而不具有创制性。[1]也即，即便没有这一规定，也丝毫不影响国家开征个人所得税和企业所得税。纳税人之所以承担所得税纳税义务，从根本上来说并不取决于"公民有依照法律纳税的义务"这一规定，而是源于财产权的社会义务。

所谓财产权的社会义务，是指"基于社会关联性而对财产的使用、收益等的限制，被认为是财产出于公共福利的原因而应该承担的负担"。[2]之所以要对财产权这一基本权利加以限制，是因为"基本权利保障了人民广泛的自由权利，此种自由的行使，可能会影响到其他宪法所要保障的公益"。[3]不过，与对财产权进行征收征用这种有对价补偿的特别牺牲不同，财产权的社会义务这种限制侧重于平等牺牲并且不存在对价补偿。随着工业革命的推进，传统自给自足的自然经济逐渐解体，社会分工高度细化，人与人之间的关系更为紧密。"个人的基本生存状态从主要依赖私有财产到主要依赖社会关联的转变"，[4]与之近乎同步，自产国家亦逐步迈向税收国家，"国家自己不必取得公有财产或经济公营事业，财产与营业得以完全私有，国民之纳税义务本质上是其营业自由与职业自由之对价。没有纳税义务，就不可能有经济自由"。[5]那些使用公共产品并因此提高其效率的人必须为共同体取得的成功作出部分贡献，财产权所有人因而承担纳税这一社会义务以实现社会公共利益。

德国的基本法中并无关于公民或法人有依照法律纳税的义务这类规定。但这显然没有影响德国立法机关制定各种税法，无论是对个人的还是对法人的。当然，也从来没有因为基本法未规定纳税义务，公民或法人就因此拒绝承担纳税的义务。究其根源，《德国基本法》第 14 条第 2 款规定，"财产权负有义务。财产权之行使应同时有益于公共福利"。加之《德国基本法》第 19

---

[1] 参见叶姗："个人所得税纳税义务的法律建构"，载《中国法学》2020 年第 1 期。

[2] 张翔："财产权的社会义务"，载《中国社会科学》2012 年第 9 期。

[3] 陈新民：《德国公法学基础理论》（上卷），法律出版社 2010 年版，第 389 页。

[4] 张翔："财产权的社会义务"，载《中国社会科学》2012 年第 9 期。

[5] 葛克昌：《租税国的危机》，厦门大学出版社 2016 年版，第 85 页。

条第 3 款规定，"基本权利亦适用于国内法人，但以依其性质得适用者为限"。这就意味着在德国，法人与自然人都可以成为财产权的主体并且都需要承担财产权所附随的社会义务。"税费义务也是受保护的财产承受社会义务的表现"，[1]个人所得税与法人所得税作为德国税制体系中极为重要的税种，其宪法正当性依据即在于此。

我国《宪法》第 13 条关于财产权的规定仅及于公民，第 51 条基于公共利益对基本权利的限制也仅及于公民。从教义学的角度来说，这只能证成个人所得税系宪法保障个人财产所附随社会义务。而企业所得税不以个人为纳税人，其正当性的证成则还需结合我国《宪法》所明确的"国家尊重和保障人权"这一规定。但也必须承认，"人权"中的"人"并未严格限定在公民，通过宪法解释完全可以包含法人。更何况，承认法人基本权利主体地位也已渐成全球共识。[2]这就意味着法人也可以享有某些人权，国家同样应当加以尊重和保障。尽管法人究竟可以享有哪些人权或基本权利尚难给出具体范围，但财产权、平等权等适合法人拥有的基本权利无疑应当为"人权"所辐射。而根据我国《宪法》第 11 条第 2 款规定，"国家保护个体经济、私营经济等非公有制经济的合法的权利和利益……"。公司法人原则上亦能成为财产权和平等权的适用主体。与保障自然人财产权一样，国家保障法人的财产权也需要劳心费力，无论是公司法、物权法等私法之于法人财产权的保障，还是刑法、行政法等公法之于法人财产权的保护，这都仰赖于国家的积极作为，所需费用由于难以通过受益者付费的方式加以解决，国家对包括法人在内的纳税人征收相应的税收也就成为支应公共开支的必然选择。[3]加之，法人所得之获取"有赖国家对生产、职业法律制度之存在，利用国家之货币政策、商业政策、景气政策等经济政策，在需求与供给之间取得经济利益"，[4]对法人征收所得税以实现所得的社会义务，从这个角度来说，也是合乎宪法保障法

---

〔1〕［德］罗尔夫·施托贝尔：《经济宪法与经济行政法》，谢立斌译，商务印书馆 2008 年版，第 198 页。

〔2〕参见王建学：《作为基本权利的地方自治》，厦门大学出版社 2010 年版，第 57~62 页。关于法人的基本权利问题，还可参见李高雅："法人基本权利问题研究"，武汉大学 2012 年博士学位论文。

〔3〕参见张书琴："正义的征收——税收正当性的法理分析"，载《湖南师范大学社会科学学报》2009 年第 4 期。

〔4〕葛克昌：《所得税与宪法》，北京大学出版社 2004 年版，第 12 页。

人财产权的内涵的。[1]

(二) 所得税扣除：基本权利对征税权的制约[2]

"公民基本权利限制是权利理论的重要内容，是基本权利保障的一个部分，也是权利得以实现的前提。"[3]但是，对基本权利的限制并非毫无边界，同样需要受到必要的限制，即"限制的限制"。其根本目的在于防范国家权力对公民基本权利造成过度挤压。一般认为，"限制的限制"包括形式与实质两个层面的内容。形式层面主要强调法律保留，而实质层面则关注"公益理由、比例原则、平等原则、本质内容保护"[4]这四个方面。由于公益理由作为目的正当与否的另一种表达，可以为比例原则第一阶段的目的正当性检测所吸纳。基于本质内容保护的范围与边界不好界定，[5]学界对于"限制的限制"在实质层面多从比例原则角度考察，而忽视从本质内容保护的角度探讨。[6]不过，这并不意味基本权利本质内容保护要求不重要。相反，《德国基本法》第19条所规定的"基本权利之实质内容绝不能受侵害"就是对此种价值的彰显，它的目的就在于避免立法者将公民基本权利在实质上掏空，使得其名存实亡，缺乏存在的价值。我国台湾地区陈新民教授亦主张基本权利的核心部分不容侵犯，尤其是其中的人性尊严部分，并认为比例原则应当植入此种价值，而非将彼此割裂开来。[7]德国联邦宪法法院也于1965年在一项判决中作出类似的表达，"比例原则归根究底乃系源自基本权的本质，基本权是人民向国家要自由的表征，它只有为维护公益所必要的范围内始能为公权力所限制"。[8]易

---

〔1〕 就法人所得税的正当性问题，存在多种观点，如法人实体说、特权说，本书主要是从法学层面进行观测。不同观点可参见黄焱：《国际税收竞争与最优资本课税研究》，中国税务出版社2009年版，第120~122页。

〔2〕 值得说明的是，前一部分因论述需要而对公民和法人作了区别，鉴于本书已经证明了公民基本权利理论可以运用至法人，所以后文如无特殊情况不再加以区分，这也是为了论述的方便。

〔3〕 周钟敏："基本权利限制理论正当性的根据"，载《社会科学家》2016年第6期。

〔4〕 饶志静：《基本权利的原理与运用》，上海人民出版社2012年版，第43页。

〔5〕 参见赵宏："限制的限制：德国基本权利限制模式的内在机理"，载《法学家》2011年第2期。

〔6〕 参见郑琳："基本权利限制之限制——比例原则在香港特区合基本法审查中的发展与启示"，载《财经法学》2019年第6期。

〔7〕 参见陈新民：《德国公法学基础理论》（上卷），法律出版社2010年版，第414~415页。

〔8〕 ［德］Christian Starck：《法学、宪法法院审判权与基本权利》，杨子慧等译，元照出版有限公司2006年版，第317页。

言之，比例原则本身就是基本权利本质内容保护的结果，在运用比例原则时应当将此种预设的基本价值立场植入其中。亦如德国联邦最高法院所指，"基本权核心之在基本法的保障主要是制宪者欲排除魏玛宪法对基本权保障不足之缺漏，而创造一个不受国家无限制支配的对基本权核心之保障制度"。[1]总之，基本权利实质保障应成为"限制的限制"的核心基准，即"法律对权利限制的最大极限是不能剥夺权利……法律对权利的限制应以不妨碍权利的实现为主要指标"。[2]

"宪法是人民基本权利之保障书，而税法是具体化的宪法，税法之制定及施行应遵循宪法精神，税法所得限制基本权利之范围，更应以宪法为其界限。"[3]财产权承担社会义务为所得税征税权提供了法理基石，但"社会义务只是私有财产权的一个维度，私有财产权仍然应当首先服务于私益，立法者尤其不得触碰私有财产权的核心内涵"。[4]所得税作为国家对纳税人财产权的限制，[5]自应遵循基本权利"限制的限制"理论，以免所得税征税权喧宾夺主，对财产权及其所承载的其他基本权利的本质内容构成侵犯。为了制衡所得税征税权，所得税扣除制度也就极为必要，借此可以避免所得税征税权侵及基本权利的核心。更为具体来说，所得税扣除可以避免所得税纳税义务对纳税人的生存权、劳动权、营业自由权以及婚姻家庭自由权构成实质性侵犯，财产权的存续保障亦能因之得以实现。

扣除有助于避免所得税过度干涉纳税人的职业自由（营业自由）并避免对财产存续保障构成限制。以中国制造业企业为例，据工业和信息化部副部长王江平介绍，"中国制造业企业的平均利润仅为 2.59%，低于中国制造业企业 500 强 4.37% 的水平，更低于世界 500 强企业 6.57% 的水平"。[6]即便按照中国制造业企业纳税大户的 500 强企业的 4.37% 的利润率来评估，这也意味着企业每 100 元收入中，只有不足 5 元部分构成企业利润回报，其中超过 95

---

〔1〕　BGH DöV 55, S. 730. 转引自陈慈阳：《基本权核心理论之实证化及其难题》，翰芦图书出版有限公司 2007 年版，第 112 页。

〔2〕　高慧铭："基本权利限制之限制"，载《郑州大学学报（哲学社会科学版）》2012 年第 1 期。

〔3〕　黄俊杰：《税捐正义》，北京大学出版社 2004 年版，第 4 页。

〔4〕　陈征："征收补偿制度与财产权社会义务调和制度"，载《浙江社会科学》2019 年第 11 期。

〔5〕　参见张翔："个人所得税作为财产权限制——基于基本权利教义学的初步考察"，载《浙江社会科学》2013 年第 9 期。

〔6〕　吴力："中企提升发展质量破题低利润"，载《国际商报》2019 年 9 月 12 日，第 2 版。

元构成企业的成本费用。若企业所得税不允许税前扣除成本费用，则纳入企业所得税税基的部分可以近似地认为是 100 元，按照企业所得税的法定税率 25%来计算，这意味着企业要缴纳 25 元的所得税，除了利润部分 4.37 元要全部缴纳给国家，纳税人还要从其既有收入中拿出 20.63 元缴纳给国家。即企业用心经营不但没有获得财产的增值，反而还导致其拥有的财产越来越少。这不仅构成对纳税人既有财产的无偿征收，进而使得纳税人财产权的存续保障受到严重侵害，对纳税人的营业自由同样构成根本性侵犯，使得任何一个理性经济人都难以选择从事生产经营行为。纵然抛开这一颇为极端的例子不谈，成本费用扣除也有其必要性。按照德国联邦宪法法院的观点，"财产税方面，得以课税者限于财产具有收益能力，否则即对私有财产本体有扼杀作用"。[1]所得税虽与财产税不同，但二者仍有诸多相似之处。结合前文提及的树果理论，所得可以看作果树结出来的果实，相当于财产孳息，而投入的成本费用则可以看作果树的树干，相当于存续的财产，若不允许成本费用扣除，则无异于对财产的存续征税，将构成对财产本体的扼杀。对于自然人纳税人来说，道理亦同。若纳税人从其职业行为中无法获得财产的增益却还要纳税，这无疑将严重窒息纳税人从事职业行为的动机，也不符合财产权的私益性优先原则。

扣除的存在还可以避免所得税侵及纳税人及其家庭成员的基本生存权。生存权作为人之为人的基本权利，是任何一个国家都应绝对保障的，不容任何侵犯。有鉴于无论是物理意义上生存的维系，还是有尊严的政治社会文化生活意义上的生存，都有赖于一定的物质基础，不管是纳税人及其家庭成员的财产还是国家给付的社会福利。有鉴于财产权承担社会义务的目的是"创造条件以使社会弱势群体能够和社会强势群体一样平等地行使自由的权利，并进而实现社会融合"。[2]对于社会强势群体而言，其生存权也只能由私人财产予以保障，或是纳税人本人的所得，或是其家庭成员的所得。而个人所得税中的生计费用扣除，也就是在此意义上保障国家课税权不侵及公民及其家庭成员的生存权。诚然，如陈新民在释字第 701 号协同意见书中所称，"区区的扣除额，根本不足以作为生存保障的最低标准"，扣除为纳税人尤其是为中

---

〔1〕 葛克昌：《行政程序与纳税人基本权》，北京大学出版社 2005 年版，第 99 页。
〔2〕 胡川宁："德国社会国家原则及其对我国的启示"，载《社会科学研究》2015 年第 3 期。

低收入纳税人带来的节税利益并不突出。但生存权并不只是仰赖于国家的权利，还是一种防御国家过度干预自我生存空间的权利，国家应当尊重纳税人为自我及其家庭成员的生存所作出的努力。[1]即纳税人只有在确保自我及其家庭成员生存得到保障的基础上才有所得税纳税义务，而这与扣除为纳税人所提供的税收利益大小并无实质关联。当然，对纳税人自身已经拥有的用于维持基本生计的财产不进行税课干预也是财产权存续保障这一消极防御功能的应有之义。[2]换言之，"维持人民重新运营经济生活所必要之再生利益，系应作为国家课税权之宪法界限"。[3]

总之，所得税扣除既不是单纯的"所得税"规范，也不是独立的"扣除"规范，而是囊括"所得税"与"扣除"于一体的制度规则。这使得所得税扣除兼具所得税与扣除的双重属性，进而使得扣除既非一概否定所得税纳税义务，也非纯粹的纳税义务规范，而是所得税纳税义务与基本权利保障的一种衡平规范。一方面，所得税扣除作为所得税的扣除，这意味着扣除必然是隶属于所得税整体的一个子部分，而非独立于所得税的一项单独制度。所得税从本质上来讲是所得的社会义务，所得税扣除自然难逃义务规范的属性，它存在的目的绝不在于消除所得税纳税义务，而恰恰以财产权承担社会义务为前提。若无所得税纳税义务，所得税扣除也就丧失其存在的基本意义。但另一方面，所得税扣除又不是单纯的所得税纳税义务规范，而是有着极强的财产权面向，它与纳税义务朝着截然相反的方向运动，它的最突出的作用就是限制纳税义务的无限扩张，使得所得税征税权只有在确保纳税人的基本权利本质内容得到切实保障的基础上才能启动。亦因如此，所得税法才得以严苛宪法对于基本权利保障的价值立场，不至于沦为单纯的纳税义务之法。

第三节　所得税扣除基本权利保障立场的法治价值

无论是从税理角度对扣除追根溯源，还是从法理层面对扣除刨根问底，

---

　　[1]　参见黄锴："论作为国家义务的社会救助——源于社会救助制度规范起点的思考"，载《河北法学》2018 年第 10 期。

　　[2]　参见蔡维音："财产权之保护内涵与释义学结构"，载《成大法学》2006 年第 11 期。

　　[3]　黄俊杰："税捐基本权"，载《台湾大学法学论丛》2004 年第 2 期。

两种不尽一致的路径都指向基本权利保障。这昭示着所得税扣除从本质上来说是基本权利之于所得税法的必然要求。然而理想与现实终究不同。在对待所得税扣除上，以美国为典型的国家恩惠立场并未全面消失，以德国为代表的基本权利保障立场虽受到愈来愈多的肯认，但也未能"一统天下"。美国与德国立场的差异固然与一国宪法如何规定公民基本权利有关，但更为根本的还应当归因于一国宪法守护者对待公民基本权利与国家权力关系的政治哲学。在一个公民权利被过度强调的国家，对所得税扣除采取国家恩惠立场可以更好地平衡纳税人基本权利与国家征税权的关系，以免自由权被过度保障进而损及整体社会福祉。[1]相比之下，在一个公民基本权利长期受侵犯的国度，保障公民基本权利则是一国宪法秩序守护者最为重要的责任与使命，在对待所得税扣除上也会选择更加有利于纳税人的基本权利保障立场。[2]逻辑理性对一国就所得税扣除采取何等立场固然重要，但法治实践的影响也不能忽视。在税收法治高度发达的国家尚且如此，对于立志于建设税收法治国家的中国亦应如此，即对所得税扣除采取何等立场绝不是一个可有可无的问题，也不是一个随意选择的问题。不同立场对纳税人的基本权利影响程度截然不同，与宪法价值和精神的契合度亦呈天壤之别。在维护宪法权威已成共识的当下，基本权利保障立场的确立正当其时，这对于补强税收法定原则的价值缺憾，

---

〔1〕 美国作为一个尤其重视公民基本权利保护的国家，在对待所得税扣除上却采取了极为消极的态度，与宪法修正案对"income"的界定较为抽象固然有关，但这显然不是唯一的解释方案，因为美国联邦最高法院完全可以将此"income"解释为"net income"而非"gross income"，进而限缩立法者对扣除的裁量空间。可以进一步思考的是，美国立宪者在不同时期对于自由与强有力政府的关系认知并不相同，在革命年代，强有力的政府可能构成对自由与财产的威胁，但在建设时期普遍认为强有力的政府是对自由与财产的保障。此种态度实际上也是旨在维系国家权力与个人自由的平衡。因为，在革命时期，强调自由是为了反抗压迫者的恣意权力；而在建设时期，如果过度强调对个人自由的维护，国家将会极为软弱进而难以实现宪法所赋予的国家任务。作为释宪者的美国联邦最高法院之所以选择了扣除系立法恩惠而非公民基本权利的立场，应当说与其旨在平衡个人自由与国家权力不无关系，毕竟美国历来是一个尤为强调个人自由保护的国家。关于政府与自由的关系可参见蒋永甫：《西方宪政视野中的财产权研究》，中国社会科学出版社 2008 年版，第 164～166 页。

〔2〕 "第二次世界大战后英美盟军占领下的西部德国开始恢复生活秩序和重建国家，临时制宪会议在彻底反省纳粹德国种族歧视、严重践踏人权的基础上……将保护所有人的尊严写入宪法。"（宋新："论德国宪法上的人的尊严及借鉴"，载《东方法学》2016 年第 6 期）在公民基本权利一度受到严重挤压的背景下，第二次世界大战后的德国联邦宪法法院对公民基本权利的维护显得更加积极，在税法领域尤其是所得税上此种立场尤其典型，很大程度上有助于缓和国家权力与纳税人权利之间失衡的状态。See Henry Ordower, *Horizontal and Vertical Equity in Taxation as Constitutional Principles*：*Germany and the United States Contrasted*, Florida Tax Review, Vol. 7：5, pp. 330-331 (2006).

助力我国迈向税收实质法治具有积极意义。

一、助力所得税法的合宪性审查

税法作为我国法律体系中的一环，毫无疑问不得与宪法相抵触，也不得侵犯宪法赋予公民的基本权利。企业所得税与个人所得税分别作为我国第二大税种和第三大税种，在税法体系中对纳税人的基本权利的影响极为突出，对其进行合宪性审查自是理所应当。然而，何谓所得税法，这看似不是一个值得讨论的问题，但实际上在我国合宪性审查的语境下却显得极为值得讨论。对所得税法的理解，采狭义理解的话，仅仅包括《个人所得税法》和《企业所得税法》两部由全国人大制定的基本法律；若采广义理解的话，不仅包括这两部基本法律，至少还应当包括国务院制定的《个人所得税法实施条例》《企业所得税法实施条例》《对储蓄存款利息所得征收个人所得税的实施办法》《个人所得税专项附加扣除暂行办法》以及国务院财税主管部门根据所得税法律、行政法规所制定的诸如《财政部　国家税务总局关于金融企业贷款损失准备金企业所得税税前扣除有关政策的公告》（财政部　国家税务总局公告 2019 年第 86 号）等各类涉及所得税的部门规范性文件。就国家法层面的合宪性审查的对象而言，我国学者之间的看法表现出极大的差异，整体上来说可以分为三类。其中，第一类是从应然角度出发，认为一切法律规范都不得与宪法相抵触，这就要求把法律、行政法规、地方性法规、部门规章、地方政府规章等抽象立法行为都纳入合宪性审查的范围。[1]第二类则从务实的角度出发，认为合宪性审查的对象应当是受限的，例如法律不属于合宪性审查的对象，法律位阶以下的规范则属于合宪性审查的对象。[2]第三类则是对这两种立场的折衷，一方面认为法律应当纳入合宪性审查的范围，另一方面基于合宪性审查与合法性审查的区别，认为执行法律的行政法规属于合法性

---

〔1〕　参见上官丕亮："合宪性审查的法理逻辑与实践探索"，载《苏州大学学报（哲学社会科学版）》2019 年第 3 期；莫纪宏："论加强合宪性审查工作的机制制度建设"，载《广东社会科学》2018 年第 2 期。

〔2〕　"如果从现实情况和策略上考量，在目前的情况下只审查行政法规、地方性法规、规章和司法解释恐怕是更为有效的和现实的策略。"参见秦前红、周航："论我国统一合宪性审查制度的构建"，载《江苏行政学院学报》2019 年第 4 期。

审查的对象，不宜纳入合宪性审查的范围，[1]按此逻辑，部门规章自然也不属于合宪性审查的对象。[2]这三种认知都有其合理之处，但相对来说，第一种认知更为可取，毕竟合宪性审查的目的与初衷既然在于维护宪法的权威，激活宪法的实施以保障公民基本权利，那就意味着不管是法律还是法规、规章，它们都应与宪法规范以及宪法原则精神保持一致，只不过合法性审查可以解决的问题，就不宜进入合宪性审查。

具体到所得税法的合宪性审查问题上，就审查的对象来说，除所得税法律[3]、行政法规之外，财税部门规范性文件同样也应当纳入其中，因为在我国所得税法领域，规范性文件的体量较之于法律和行政法规来说都显得极为庞大，对纳税人基本权利的影响也最为突出。当然，这也不是说对这些规范性文件都要事无巨细进行合宪性审查，若通过合法性审查可以解决的问题自然不必运用合宪性审查。但在特殊情形下，存在上位法授权的规范性文件即便满足形式合法性，若在实质上严重侵犯公民基本权利，仍有必要进行合宪性审查。如此，合宪性审查旨在保障公民基本权利的价值才能彰显。有鉴于此，所得税法的合宪性审查即指特定主体按照法定的程序和方式，对由法律、行政法规、部门规章以及规范性文件组成的所得税法律体系，是否符合宪法进行审查并作出判断的行为和制度。[4]针对其中的特定主体，尽管学界还有

---

〔1〕 "对于行政法规、地方性法规来说，既有执行性的法规，也有创制性的法规。前者有先期存在的法律作为其上位的法律依据，因此，对它们的审查主要是合法性审查的问题，并不直接涉及合宪性审查问题。"参见刘志刚："论我国合宪性审查机构与合宪性审查对象的衔接"，载《苏州大学学报（哲学社会科学版）》2019年第3期。

〔2〕 "在处理立法的合宪性问题时，如果能用合法性审查路径解决，就不用合宪性审查——宪法轻易不出场。"参见刘连泰："中国合宪性审查的宪法文本实现"，载《中国社会科学》2019年第5期。

〔3〕 对法律进行合宪性审查本就比较困难，对全国人大制定的两部税收基本法进行合宪性审查的难度更是突出。但这并不意味着狭义的法律就应当置身于合宪性审查之外，基本法即便特殊，也不过还是法律而非宪法，接受合宪性审查至少与维护宪法权威是一致的。更何况，"作为我国法律体系中除宪法以外效力最高的规范性文件，如果存在违宪争议，势必会影响更低位阶规范性文件的制定，最终难以保证我国法秩序的统一，亦难断言公权力达到了保护基本权利的要求"（陈征、李想："论对狭义法律限制基本权利的合宪性审查制度"，载《中国高校社会科学》2018年第6期）所需要考虑的只是如何建构一个合适的合宪性审查制度将法律囊括进去。不过，如何设计合宪性审查制度并非本部分要说明的问题，此处不再讨论。

〔4〕 理论上来讲，地方性法规和地方政府规章乃至规范性文件亦应是合宪性审查的对象。但在税法领域，尤其是所得税法中，立法权主要集中在中央层面，地方层面关于所得税的规范少之又少，并且绝大多数可以通过合法性审查加以解决，因而在此不再提及。不过，若相关规范性文件确实运用合法性审查无法解决，同样有必要进入合宪性审查范围。

不同的声音，如有学者认为合宪性审查工作不宜局限于全国人大宪法和法律委员会一个主体而应当多元并存，[1]更有学者主张建立宪法委员会承担合宪性审查工作。[2]本书认为"我国合宪性审查应立足于人民代表大会制度，内涵于全国人大及其常委会的权力"，[3]合宪性审查的主体应以全国人大宪法和法律委员会为主。[4]因此，所得税法合宪性审查的实质就是全国人大宪法和法律委员会按照法定的程序和方式对由法律、行政法规、部门规章以及规范性文件组成的所得税法律体系是否符合宪法进行审查并作出判断的行为和制度。

尽管前述的合宪性审查主体与对象的讨论对于界定所得税法合宪性审查的内涵极为重要，但内涵的界定并非所得税法合宪性审查的终点，而只是所得税法合宪性审查的起点。接下来必须思考的问题是怎么判断所得税法律体系"是否符合宪法"。众所周知，合宪性审查的目的在于实现法制体系的统一以及保障公民的基本权利。毫无疑问，所得税法的合宪性审查亦应以此为目标。

客观来说，我国《宪法》中仅有第 56 条直接涉及税的条款，而且立意在于强调公民的纳税义务。如果单单依赖于这一条文，只要所得税法律体系遵循税收法定原则的要求就不存在违宪的可能。我国现行的所得税法，无论是《个人所得税法》还是《企业所得税法》，它们的最高法律渊源都是法律，而且还是全国人大制定的基本法律，这显然符合税收法定原则，符合《宪法》第 56 条确立的法律保留原则。[5]不过，对所得税法律体系进行合宪性审查并不能仅依赖于这一条规定，还必须求助于宪法其他条款。即对所得税法的合

〔1〕 参见朱学磊："弱司法审查是中国实施宪法的蹊径吗——'合宪性审查工作体系化'的提出"，载《政治与法律》2019 年第 4 期。

〔2〕 参见胡锦光："论推进合宪性审查工作的体系化"，载《法律科学》2018 年第 2 期；林来梵："合宪性审查的宪法政策论思考"，载《法律科学》2018 年第 2 期。

〔3〕 李少文："合宪性审查的法理基础、制度模式与中国路径"，载《比较法研究》2018 年第 2 期。相关观点还可参见莫纪宏："论法律的合宪性审查机制"，载《法学评论》2018 年第 6 期。

〔4〕 参见于文豪："宪法和法律委员会合宪性审查职责的展开"，载《中国法学》2018 年第 6 期。

〔5〕 若要展开讨论的话，这一结论也还可以进一步完善。不过，考虑到文章主旨，在这里不再详述。简单来说，两部所得税法既然都为全国人大制定的基本法，全国人大常委会修改基本法就应当不得突破基本法所确立的原则，而 2018 年《个人所得税法》的修改在很大程度上已经改变了全国人大制定时所确立的基本原则。全国人大在 20 世纪 80 年代制定的《个人所得税法》采取的是分类所得税税制，而 2018 年全国人大常委会修改后的个人所得税立法采取的是分类与综合相结合的所得税税制，这在很大程度上属于对基本法进行原则性修改。按照《宪法》和《中华人民共和国立法法》（以下简称《立法法》）的规定，全国人大常委会的这种修法行为超出了其应有的职权，某种意义上也是对税收法定原则的背离。

宪性审查不仅需要从形式上审查，还要从实质层面予以审查。[1]

有鉴于所得税主要关乎纳税人与国家之间的财富分配，判断所得税法是否侵犯纳税人基本权利从根本上来说就是判断所得税纳税义务是否构成对公民财产权及其他基本权利本质内容的侵犯。一般来说，影响所得税纳税义务的因素主要有两大方面：其一，所得税的税基；其二，所得税的税率。要判断纳税义务是否构成对公民基本权利的侵犯，就要对所得税的税基和税率的合宪性加以审查。对于税率而言，半数原则似乎可以作为所得税的税率上限，但这种理解实际上是对德国联邦宪法法院于 1995 年作出的裁判的误读，因为德国联邦宪法法院在 1995 年作出的裁判明确指出，"财富税只能以这样一种方式来衡量，即它与其他税收负担的相互作用不影响财产的实质……在综合考虑收益、可抵扣的支出以及其他免除额之后，只有在财产预期收益上的总税负使得国家最多取得一半财产收益的情况下，才可以在财产收益承担的其他税收之外，再征收财产税"。即此处的"半数原则"旨在为纳税人总体税收负担划定一个边界，而非为某个具体税种设定 50% 的税率边界。[2]而在 2006 年，"宪法法院又推翻了该判决，否认第 14 条存在一个绝对的最高税率"。[3]在美国，税率的边界同样是极难确定的问题，亦如学者所言，"如果征收同样的税，哪怕是很高的税，就不易受到攻击……一个税率达 100% 的没收性税种可能被攻击为恣意而无效，但攻击是在实体性正当程序条款下进行的，与国家征收权无关"。[4]至于多高的税率是恣意无效的税率，似乎除 100% 以外没有一个可以适用的明确标准。具体到所得税上，税率边界同样难以确定，在所得税法合宪性审查中对其审查的意义也就极为有限。与之不同，所得税税基尤其是所得税扣除的基本权利防御面向极为突出，更适合作为所得税法合宪性审查的

---

〔1〕 立法是否实质合宪主要关注两方面内容：其一，是否侵犯公民的基本权利；其二，立法是否有助于宪法序言和总纲中的国家目标、国家任务的实现，是否有助于保护国家象征。不过具体到所得税法上，由于其主要关涉的是国家征税权与纳税人财产权及其他基本权利的问题，因此所得税法是否实质合宪应当主要关注的内容还是是否侵犯公民基本权利。参见王锴："合宪性、合法性、适当性审查的区别与联系"，载《中国法学》2019 年第 1 期。

〔2〕 BVerfGE 93, 121 (138).

〔3〕 ［美］休·奥尔特等：《比较所得税法——结构性分析》，丁一、崔威译，北京大学出版社 2013 年版，第 65 页。

〔4〕 刘连泰："宪法上征收规范的效力是否及于征税：一个比较法的观察"，载《现代法学》2009 年第 3 期。

重点。实际上，这也是德国在对所得税法进行合宪性审查时所关注的核心问题。

对所得税法扣除规则进行合宪性审查，很大程度上取决于审查者对待扣除的立场。不同立场之下，合宪性审查的结论会截然不同。具体而言，若合宪性审查者对所得税扣除采国家恩惠立场，立法者无论如何设计所得税扣除规范，都会被认为系立法者的形成自由，只要符合法律保留原则，就不会抵触宪法，也不存在侵犯纳税人基本权利的可能。例如，国务院财税主管部门根据《企业所得税法》的授权，在广告费的税前扣除上按照行业不同而设计出截然不同的标准，在烟草行业完全禁止企业税前扣除，在化妆品、医药制造和饮料制造行业允许企业税前扣除营业收入的 30%，[1]而在其他行业仅允许扣除营业收入的 15%。[2]在国家恩惠立场下，此种差异被认为是决策者自由裁量的结果，并不侵犯纳税人的基本权利，也不会与宪法相抵触。相反，若采取基本权利保障立场，合宪性审查者就会重点评估，针对不同行业的广告费用支出适用不同的税前扣除标准是否会侵犯纳税人在宪法上的平等权？同时，限制扣除是否还侵犯了纳税人的营业自由权及财产权？等等。尽管结论未必要作出违宪判断，但只有规范制定者能够提供充足的背景资料并且证明其作出的差异规定与所欲实现的目的之间符合比例原则的要求，方能认为这一判断不构成恣意，进而与宪法对公民基本权利的保障不相冲突。[3]就此而言，对所得税法的合宪性审查要想实现维护法律秩序统一与保障公民基本权利这一初衷，审查者在对待所得税扣除的立场上只能采取基本权利保障立场。若非如此，对所得税法的合宪性审查将不可避免地流于形式，既不利于维护宪法权威，也难以充分保障公民基本权利。

二、补强税收法定原则的价值缺憾

在所得税扣除规则上采取何种立场看似关乎的仅是所得税扣除规则如何

---

〔1〕《财政部　国家税务总局关于广告费和业务宣传费支出税前扣除有关事项的公告》（财政部国家税务总局公告 2020 年第 43 号）第 1 条规定："对化妆品制造或销售、医药制造和饮料制造（不含酒类制造）企业发生的广告费和业务宣传费支出，不超过当年销售（营业）收入 30% 的部分，准予扣除；超过部分，准予在以后纳税年度结转扣除。"

〔2〕《企业所得税法实施条例》第 44 条规定："企业发生的符合条件的广告费和业务宣传费支出，除国务院财政、税务主管部门另有规定外，不超过当年销售（营业）收入 15% 的部分，准予扣除；超过部分，准予在以后纳税年度结转扣除。"

〔3〕 参见陈鹏："合宪性审查中的立法事实认定"，载《法学家》2016 年第 6 期。

制定与完善的问题。实际上，它还反映并影响着一国如何看待国家征税权与公民权利的关系。具体来说，当一国对待所得税扣除采取国家恩惠的立场时，这背后就更多蕴含着纳税是公民的义务，征税是国家的权力，纳税义务的抵减机制更多地被认为是国家给予的特别恩惠；相反，当一国对待所得税扣除采取基本权利保障立场时，这背后凸显的是公民固然有纳税的义务，但是纳税义务的前提是公民基本权利能够得到切实保障，即义务只是保障基本权利的附随结果。若按照法学分析中的权利义务本位观来看，前者体现的是义务本位，后者体现的是权利本位。与之相匹配，宪法对公民依法纳税义务的表达亦呈现出三种模式和两种本位观，其中义务模式凸显出强烈的义务本位观，原则模式与混合模式则彰显出较强的权利本位观。[1]我国《宪法》第56条对公民纳税义务的规定就属于义务本位观。我国对待所得税扣除所采取的国家恩惠立场与之就不无关系。此外，由于我国《宪法》第56条融义务本位观与税收法定原则于一体，[2]加之我国长期以来缺乏法治赖以生存之土壤，这就使得税收法定原则在我国具体实践中彰显出诸多特别之处。

在义务本位观的驱使下，我国的税法实践对《宪法》第56条的规定在制度落实上更为强调"公民有纳税的义务"，而对"依照法律"的规定不甚重视。诚然，在1982年《宪法》制定后，全国人大及其常委会也一度制定和修改过一些税收法律。例如，《个人所得税法》制定后全国人大常委会作出的七次修改，[3]《中外合资经营企业所得税法》于1983年的修改，[4]《外商投资企业和外国企业所得税法》于1991年的制定通过，[5]2007年《企业所得税

---

〔1〕 参见刘国："税收法定主义的宪法阐释"，载《华东政法大学学报》2014年第3期。

〔2〕 税收法定原则是否系我国《宪法》第56条所确认，不同学者有不同观点，有肯定说（刘剑文、熊伟：《税法基础理论》，北京大学出版社2004年版，第108~109页），也有否定说（参见张守文："论税收法定主义"，载《法学研究》1996年第6期；李刚、周俊琪："从法解释的角度看我国《宪法》第五十六条与税收法定主义——与刘剑文、熊伟二学者商榷"，载《税务研究》2006年第9期）。不过，官方采取肯定说。2015年，全国人大常委会法制工作委员会就《贯彻落实税收法定原则的实施意见》进行答记者问时明确指出，"税收法定原则是税收立法和税收法律制度的一项基本原则，也是我国宪法所确立的一项重要原则"。

〔3〕《个人所得税法》于1980年9月10日由第五届全国人民代表大会第三次会议通过，此后的七次修正皆由全国人大常委会以修改决定的方式通过。

〔4〕 参见《全国人民代表大会常务委员会关于修改〈中华人民共和国中外合资经营企业所得税法〉的决定》（第六届全国人民代表大会常务委员会第二次会议于1983年9月2日通过）。

〔5〕《外商投资企业和外国企业所得税法》（第七届全国人民代表大会第四次会议于1991年4月9日通过）。

法》及 2011 年《中华人民共和国车船税法》（以下简称《车船税法》）的出台。但除此之外，在相当长的一段时期内我国的绝大多数税法都是由国务院依据全国人大及其常委会发布的两个空白式的授权决定以暂行条例的方式制定的。[1]在暂行条例之下，国务院财税主管部门再根据暂行条例的授权进一步制定配套规章以及规范性文件，某种意义上形成了行政机关垄断我国税法制定与执行的局面。在这期间，诸多税制改革皆由行政机关主导。也因如此，我国税法理论界在很长一段时期内都不认为我国的规定确立了税收法定原则，尤其是不认为《宪法》第 56 条是我国税收法定原则确立的依据。[2]当然，此类现象也被普遍认为是违背税收法定原则的，这一时期的税收法定原则是指，"税法主体的权利义务必须由法律加以规定，税法的各类构成要素皆必须且只能由法律予以明确规定；征纳主体的权利义务只以法律规定为依据，没有法律依据，任何主体不得征税或减免税收"。[3]在内容上则具体包括"课税要素法定原则、课税要素明确原则、程序保障原则"。[4]

随着党的十八届三中全会将"落实税收法定原则"载入党的纲领性文件之后，人们对何谓"税收法定原则"的认识发生了巨大的分歧。既有学者认为"税收法定原则仅具税收法治的形式意义"，[5]也有学者认为税收法定原则不仅具有税收法治的形式意义，还具备税收法治的实质意义，即税收法定中的"法"是"良法"，税收法定不仅要求税收构成要素由立法机关规定，而且立法机关制定的税法还必须符合量能课税、税收公平等原则的要求，某种意义上是对"纳税人同意原则"的回归。[6]还有一类观点认为税收法定原

---

〔1〕　这两个授权决定分别是 1984 年《全国人民代表大会常务委员会关于授权国务院改革工商税制发布有关税收条例草案试行的决定》和 1985 年《中华人民共和国第六届全国人民代表大会第三次会议关于授权国务院在经济体制改革和对外开放方面可以制定暂行的规定或者条例的决定》。

〔2〕　参见张守文："论税收法定主义"，载《法学研究》1996 年第 6 期；李刚、周俊琪："从法解释的角度看我国《宪法》第五十六条与税收法定主义——与刘剑文、熊伟二学者商榷"，载《税务研究》2006 年第 9 期。

〔3〕　张守文："论税收法定主义"，载《法学研究》1996 年第 6 期。

〔4〕　王鸿貌："税收法定原则之再研究"，载《法学评论》2004 年第 3 期。

〔5〕　刘剑文、耿颖："税收法定原则的核心价值与定位探究"，载《郑州大学学报（哲学社会科学版）》2016 年第 1 期；熊伟："重申税收法定主义"，载《法学杂志》2014 年第 2 期。

〔6〕　参见廖益新、李乔彧："税收法定主义视野下的个人所得认定"，载《法学家》2019 年第 5 期；侯卓："税收法定的学理阐释及其进阶路径"，载《学习与实践》2019 年第 7 期；张怡："税收法定化：从税收衡平到税收实质公平的演进"，载《现代法学》2015 年第 3 期。

则的实质在于民主立法和科学立法，我国的政治架构并非建立在三权分立基础上，行政机关也可以代表人民的利益，而且还有助于提高税收立法的效率，由其制定税法也是对税收法定原则的落实，并且对"法"的理解不宜过于狭隘，还可以扩及地方政府。[1]三种观点夹杂之下，税收法定原则这一众所周知、耳熟能详的概念似乎有了新的意涵，对于"落实税收法定原则"的理解似乎也应与时俱进。

不过，现实并非如理论所描绘那样。在中央提出"落实税收法定原则"这一要求后，"依照法律纳税的义务"在中国的税法实践中仍然彰显的是纳税义务本位，而其中的"依照法律"虽然也被加以强调，但对"依照法律"的理解很大程度上还停留在将"依照行政法规纳税"提升到"依照法律纳税"，价值层面的关照仍显薄弱。2015年修改后的《立法法》第8条第6项规定"税种的设立、税率的确定和税收征收管理等税收基本制度"只能制定法律。而在其后，由全国人大常委会法制工作委员会起草并经党中央通过的《贯彻落实税收法定原则的实施意见》将"落实税收法定原则"的内容进行细化，使得税收法定原则的内涵变得确定，即"不再出台新的税收条例""条例上升为法律"。也正是在此种思路指导下，中国的"税收法定"在中央的推动下进入了快速发展阶段。2016年《中华人民共和国环境保护税法》（以下简称《环境保护税法》）作为一个全新的税种得以出台，也是"费改税"的一个阶段性标志。烟叶税、船舶吨税、车辆购置税、耕地占用税以及资源税等税种亦在短短几年内实现了"由规转法"，在具体理念上也基本上遵循的是"税制平移"。针对此种现象，主张税收法定原则仅具有形式税收法治意义的学者也改变了立场，认为"税收法定并不意味着现有行政法规上升为法律、全部税种实现法律化即宣告任务完成；现有税收法律同样面临着前述实质标准（公平正义）的衡量"。[2]这更是在很大程度上说明，对于我国税收立法者而言，税收法定原则很大程度上只是意味着税收立法权的配置要由行政法规转化为法律，将征税的依据"披上法律的外衣"，至于上升为法律的税法是否符合公平正义的要求并不是其关注的核心问题，至少不是最重要的问题。

---

〔1〕 张天犁："关于税收法定原则的一般考察及相关问题研究"，载《财政研究》2017年第6期。
〔2〕 刘剑文、郭维真："准确理解税收法定进程中的'税制平移'"，载《中国社会科学报》2019年5月15日，第5版。

　　税收法定原则的本质究竟是什么，本书无意去追根溯源考察，但是通过揭示出学界观点与税收立法实践的状态，我们可以看出其中最大的争议就在于税收法定到底强调的是形式法治还是实质法治。如果单从形式法治的角度来看，我国当下正在推进的税制平移很大程度上是符合税收法定原则的。观察其他国家或地区对税收法定原则的认知，可以发现其也大多强调的是形式法治向度，即税法必须由代议机关制定或者至少在代议机关限制下制定，其核心目的在于避免行政机关肆意征税。例如，有学者在考察意大利税收法定原则的发展历程时，指出税收法定原则虽然源于最初的课税同意原则，但是在现代法治国家，这个"同意"绝不是单个个体的同意，而是"实质性和多数的社会默许或接受，这对任何有组织的共存形式的正确运行而言都是必要的，尤其是对任何税制的正确运行而言"。[1]若税收需要每个纳税人的同意，那就不再是税收了，那可能就是捐赠契约了。因此，在理解税收法定原则的时候，可以将"纳税人同意"这一因素适当考虑进来，但这种考虑只能是一定限度内的考虑。亦有学者经过详细论证进一步指出，"由每个纳税人都来行使税权既不现实也无法真正实现税域之善，因此纳税人只能也必须通过某个代表来统一行使其权利/权力"。只不过这个代表"必须同被代表人具有一致的利益，但是可以拥有与其不同的意见"。[2]所以，税收法定原则蕴含的与其说是"纳税人同意"，毋宁说是"纳税人代表的同意"，而"纳税人代表的同意"则具体表现为其所制定或通过的法律。就此而言，将税收法定原则理解为纯粹的税制平移固然不妥，但是税收法定原则也不应承载过多的实质价值。

　　诚如学者所言，"在我国，税收法定主义的观念虽然越来越受到重视，但理论框架的模糊与规范性内容的缺乏，导致其日益被视为一种普遍主义的正义观，于法律适用的指导意义微弱"。[3]要想真正让税收法定原则发挥其应有功能，唯有让它回归其最初的本源，即税收法定原则所应回应的问题只能是税收规定是否违背了法律保留原则，如税收构成要件是否明确、是否合法以及授权立法是否具体等问题。至于税法本身是否符合公平正义，这固然是作

---

〔1〕　翁武耀："再论税收法定原则及其在我国的落实——基于意大利强制性财产给付法定原则的研究"，载《交大法学》2017年第1期。

〔2〕　王冬：《税法理念问题研究》，法律出版社2015年版，第92页、第94页。

〔3〕　佘倩影、刘剑文："税收法定主义：从文本到实践的挑战与路径"，载《辽宁大学学报（哲学社会科学版）》2016年第6期。

为纳税人代表的代议机关所应关注的问题，但这已然是税法是否合宪的问题，绝非纯粹的税收法定问题。主张将实质正义囊括进税收法定原则之下的学者不得不将法的"现代性"或者"法治"引入税收法定，然后试图说明形式意义的法律可能会出现多数人暴政，进而推出民众的基本权利保障需要依赖于实质正义。[1]但此种推理逻辑无疑是将实证法意义上的"法"与自然法意义上的"法"加以混淆，进而偷换概念。税收法定中的"法"只能是现实意义中的"法"，不可能是自然法意义的"法"，而这也是保持人类社会秩序最起码的要求。也正是这个缘故，学者才提出，"对税收法定与税收公平都不能偏废，必须通过修改《宪法》第56条、完善税收立法、建立违宪审查制度等措施，同时实现税收法定和税收公平的构建任务"。[2]

当然，在我国目前所能重点考虑的就是加强事前的预防。无论是合宪性审查机构对行政部门起草的税法草案的合宪性审查还是立法机关对税法本质的认知转变，这都要求他们将税法不再视为纯粹的征税之法，更应将之视为纳税人权利保障之法。唯有树立基本权利保障立场，才能避免税法制定的过程沦为纯粹的税制平移，进而铸就合乎良法善治要求的税法。但仍然要明确的是，这绝非税收法定原则本身的结果，而是宪法基本权利主观防御功能与客观价值秩序功能对于立法者作出的必然要求。由于我国特殊的政治架构，缺乏一个独立的主体对立法机关履行此项宪法义务进行监督，这就不免使得人们产生一种错觉：既然良法善治最后还是要靠立法者输出，那不就是税收法定原则的结果吗？实际上，理解基本权利主观公权利功能与客观价值秩序功能后，就不会再将其与税收法定原则的功能加以混淆。

源自德国基本权利教义学，主观公权利功能与客观价值秩序功能是基本权利的两项功能。[3]其中主观公权利功能除有限的受益权功能外，主要是指防御功能，即公权力不得侵犯公民基本权利，"当国家权力侵犯了基本权利时，个人可予对抗，要求国家停止侵害、消除影响甚至给予赔偿，此时个人拥有要求国家停止侵害的请求权"，[4]否则公民可以寻求相应的司法救济。

---

〔1〕 参见曹静韬：《中国税收立法研究》，经济科学出版社2016年版，第71~73页；丁一："税收法定主义发展之三阶段"，载《国际税收》2014年第5期。

〔2〕 侯作前："从税收法定到税收公平：税法原则的演变"，载《社会科学》2008年第9期。

〔3〕 参见张翔："基本权利的双重性质"，载《法学研究》2005年第3期。

〔4〕 于文豪：《基本权利》，江苏人民出版社2016年版，第42~43页。

当然，在我国，基于特殊的国情以及宪法对基本权利客观价值秩序功能的青睐，基本权利的主观公权利面向很难起到特别突出的作用，无论是对行政权的控制还是对立法权的控制。[1]不过，基本权利客观价值秩序功能对于立法者也同样有约束力。德国联邦宪法法院在 1958 年的吕特案中明确指出，"基本权利首先是公民对抗国家的防御权；但《德国基本法》中的基本权利规定同时也体现为一种客观的价值秩序，其作为宪法上的基本决定而对所有法领域发生效力。"[2]这意味着立法者不仅不能侵犯公民基本权利，还必须保障并促进公民基本权利的实现，[3]即"基本权利的客观价值秩序功能要求国家机关必须尽到保障人民基本权利之义务，使人民的权利免遭公权力或第三人的侵害"。[4]具体来说，基本权利"要求国家立法者积极立法、形塑制度，行政机关依法行使行政权力，司法机关依法受案、裁判以保障基本权利的实现"。[5]

回归到我国宪法，《宪法》第 56 条规定"中华人民共和国公民有依照法律纳税的义务"，该条规定的作用除了确认公民纳税义务，主要在于确认国家征税必须以法律的形式进行，至于立法机关制定的税收法律怎么征税、征多少税，这并非本条所能解决的。同时，该条规定对税收立法者来说也构成了限制，即其不得将征税权肆意让渡其他主体。不过，此种限制也还只是形式意义的限制，尚不涉及更多实质内容的限制。既然本条所确立的税收法定原则无法解决税法的实质正当问题，那就需要将目光投向宪法上所规定的财产权、劳动权、平等权甚至是婚姻家庭自由等有关基本权利条款。有鉴于基本权利的客观价值秩序功能，这些条款对于税收立法者来说同样构成实质性的约束，立法者不仅不得主动侵犯这些基本权利的实质内容，还必须为落实这些基本权利设计必要的制度。若立法者未履行这些义务，尽管纳税人尚无法通过诉讼的方式寻求救济，但合宪性审查机构照样可以以其侵犯了基本权利的客观价值秩序功能为由作出违宪宣告。当然，若立法者没有不当限制公民

---

〔1〕　参见郑春燕："基本权利的功能体系与行政法治的进路"，载《法学研究》2015 年第 5 期。

〔2〕　张翔主编：《德国宪法案例选释　第 1 辑　基本权利总论》，法律出版社 2012 年版，第 22 页。

〔3〕　赵宏："作为客观价值的基本权利及其问题"，载《政法论坛》2011 年第 2 期。

〔4〕　参见杜承铭："论基本权利之国家义务：理论基础、结构形式与中国实践"，载《法学评论》2011 年第 2 期。

〔5〕　那艳华："'制度性保障'宪法理论的流变及现代价值"，载《北方法学》2016 年第 2 期。

基本权利，甚至还为纳税人基本权利保障创造了诸多良好条件，则其所制定的税收法律自然是良法，也是合宪的法律。评价的基准建立在其是否履行了基本权利课予其的客观价值秩序保障义务。

总之，立法者要制定良法，但这并非税收法定原则的必然要求，而是基本权利条款对于立法者作出的客观要求。[1]也正是从这个角度来说，在所得税扣除上确立基本权利保障立场对于税收法定原则的价值缺憾亦具有补充功能。

---

〔1〕 持不同观点的论者认为，"此（指基本权利的客观法效力）为当今时代'税收法律主义原则'的题中应有之义"。(周刚志："试论'税收法律主义原则'——基于'合宪性解释'方法的理论视角"，载谢立斌主编：《中德宪法论坛·2014》，社会科学文献出版社 2014 年版，第 295 页) 在本书看来，此种认知明显扩张了税收法律主义的应有之义，基本权利的客观法效力绝非税收法律主义所能涵盖的，若税收法律主义真的内涵了基本权利的客观法效力，也就不存在法律违宪的问题。

第四章
所得税扣除基本权利保障立场的运行环境评估

  无论是从基本权利保障立场与所得税扣除的内在契合性来看，还是从基本权利保障立场之于我国特有的税收法治价值来分析，在所得税扣除中坚守基本权利保障立场都有其必要性。然，基本权利保障立场在所得税扣除中加以确立是否具有可行性，这仍需深入现行制度环境加以考察。立场作为立法环节的一个重要要素，而"立法是特定的制度环境下的制度安排，立法的需求、供给以及立法的实施都受到既存制度的制约与影响"。[1]这就意味着无论是立法本身还是立法者的立场都非随性而为，而是受到既存制度的制约与影响。若对立法采取宽泛理解，可以认为一国无论是修订法律还是有权机关对法律进行解释，都会受到既存制度的影响与制约。这些制度既可能是一国宪法秩序，也可能是既有的法律规定，还可能是一系列非正式规则。从路径依赖理论来看，"人们过去作出的选择决定了其现在可能的选择"，[2]既存制度环境在对立法行为与立法者的立场构成客观制约的同时还会对其变迁产生强有力的阻碍作用。这就意味着立法者的立场想要实现变迁，只能打破既有制度环境的制约，并且新的制度环境应当提供强有力的支持。否则，立法者的立法行为及其主观立场都会按照原有轨迹进行运动。具体到所得税扣除问题上，立法者对待扣除的立场同样要受到既有制度环境的约束。而唯有明晰当下的制度环境，才能深刻理解固有立场存在的根源。也只有在既有制度环境能够发生重大改变的情况下，立法者对待所得税扣除的立场才可能发生改变。由是之故，只有理性评估所得税扣除基本权利保障立场的运行环境，我们才能得出在所得税扣除上确立基本权利保障立场是否可行的结论。而评估所得税扣除基本权利保障立场运行环境时，需要结合税法特性选取合适的维度加

---

  [1] 汪全胜："论立法的制度环境"，载《学习与探索》2004 年第 6 期。
  [2] [美]道格拉斯·C. 诺思：《经济史中的结构与变迁》，陈郁等译，上海三联书店、上海人民出版社 1994 年版，中译本序第 1 页。

以判断。有鉴于保障基本权利与税收正义在本质上的高度重合，评估基本权利保障立场运行环境实际上就可以转化为税收正义的践行状况。

第一节　植入基本权利保障立场的规则障碍

"基本权作为法体系的基本原则，其在规范结构上具有最佳化命令的特性。"[1]基本权利的效力固应及于税法制定者。然而，在一向以"义务法"自居的税法中如何落实基本权利却显得千头万绪。为此，需要借助一定的适用方式加以实现。"如果没有衡量，宪法权利在现实中无法真正实施，而没有排他的非衡量则没有认真对待个人的权利。"[2]宪法中的基本权利规范不仅是一种规则性规范，还是一种需要衡量的原则性规范。"衡量方法"作为一种理性的框架与方法，理应为基本权利守护者所运用，只是权衡的过程在本质上就是权衡者自由裁量主观判断的过程，不免具有较强的恣意性，这就需要辅以另一种原则适用方法——类型化以实现对权衡者的制约以免其在权衡过程中过度恣意，即"类型—衡量的方法模式"。[3]在税法领域，税收法定原则、量能课税原则以及稽征经济原则作为学界针对财政目的税法规范概括提炼出的度衡税收正义的基准，在很大程度上便是基本权利原则之于税法领域的"类型化"。契合这三原则内在要求的税法规范自无侵犯基本权利之忧。[4]

评估基本权利保障立场植入所得税扣除规则的现实可行性固然可以运用基本权利条款对其进行直截了当的分析，但所得税扣除规则本身的复杂多元

---

〔1〕　王鹏翔："基本权作为最佳化命令与框架秩序——从原则理论初探立法余地问题"，载《东吴法律学报》2007年第3期。

〔2〕　徐继强："宪法权利规范的结构及其推理方式"，载《法学研究》2010年第4期。

〔3〕　参见李鑫：《法律原则适用的方法模式研究》，中国政法大学出版社2014年版，第162~164页。

〔4〕　需要说明的是，税法建制原则作为基本权利保障践行状况的评估工具也可能会在某些情况下出现彼此之间价值理念的冲突。此时，仍然需要运用权衡的方法，在具体个案中按照比例原则作出对最符合基本权利保障的安排。例如，"为有效利用有限的税收稽征资源，在税收法定主义的框架下，在个案正义与税收效率间寻求平衡点，我们应当关注类型化方法在税法解释中的适用"。（曾远："论税法解释类型化方法"，载《现代法学》2016年第1期）如此，技术正义与实质正义之间的冲突便可最大程度缓和，纳税人基本权利也可以在既定约束下得到最大程度保障。若立者基于稽征经济原则的考量，过度类型化，同样可能与量能课税原则相违背，在税法合宪性审查发达的国家，或可借助于基本权利条款加以挑战，而这种缓和则可以借助于非真正的类型化方法。总体来说，税法原则之间应维持某种平衡以实现最大程度上保障基本权利。

性决定了如此操作难免以偏概全。更何况，即便立法者采取了基本权利保障立场，某一所得税扣除规则存在未尽如人意之处也实属正常。同样，某一规则即便符合基本权利保障意旨，也不能揭示出立法者的整体立场。因而，个案式评估较之于整体性评估在结论上局限性更为明显。为此，运用税法建制原则作为分析工具从整体上把控所得税扣除规则是更为务实的进路，更有助于分析为所得税扣除规范植入基本权利保障立场的实然状况。

一、基本权利保障：税收正义的终极目的

"正义有着一张普洛透斯似的脸，变幻无常、随时可呈不同形状并具有极不相同的面貌。当我们仔细查看这张脸并试图解开隐藏其表面背后的秘密时，我们往往会深感迷惑。"[1]从古希腊的柏拉图（Palto）与亚里士多德（Aristotle）到近代的洛克（Locke）、康德（Kant）再到现当代的诺齐克（Nozick）与罗尔斯（Rawls），他们都在为正义的本质进行孜孜不舍地追寻并给出了不尽一致的认知。即便如此，受限于人们的立场与所处的社会环境差异，人们对正义的本质仍然缺乏一个共同的认知。但是有一点是可以确定的，亦如罗尔斯所言，"正义的主要问题是社会的基本结构，或更准确地说，是社会主要制度分配基本权利和义务，决定由社会合作产生的利益之划分的方式"。[2]进言之，正义所要追求的目标就是如何妥善处理基本权利与义务的分配，而这实际上也是作为一国根本法的宪法所致力于解决的问题。亦如学者所言，"基本权利之所以基本，并不是因为这些权利是消极或积极的，而是因为这些权利是重要的，维护了所有公民的重要权益，重大到足以要求宪政保障的地步"。[3]如果我们不过度拘泥于传统自然法学派的观点，也不过度拘泥于传统实证法学派的观点，我们可以肯认并且也应当肯认宪法是现代国家最为正义的法，因为它既保有自然法的基因，也具有实证法的属性，是自然法的实证化。[4]公民基本权利与义务作为当今各国宪法至为重要的内容，其对公民基

---

〔1〕［美］E. 博登海默：《法理学　法律哲学与法律方法》，邓正来译，中国政法大学出版社1998年版，第261页。

〔2〕［美］约翰·罗尔斯：《正义论》，何怀宏、何包钢、廖申白译，中国社会科学出版社1988年版，第7页。

〔3〕陈宜中：《何为正义》，中央编译出版社2016年版，第53页。

〔4〕实际上此种认知也反映了当代自然法学派与实证法学派彼此融合的趋势。参见徐振雄：《法治视野下的正义理论》，洪叶文化事业有限公司2005年版，第7~15页。

本权利与义务的安排也可以说是代表了正义。而随着时代发展，人们对于基本权利的认知也不再局限于政治权与自由权，社会权同样属于基本权利体系的重要内容。但公民社会权的享有单靠国家不干预并无从实现，作为一种"积极的自由"，它需要国家提供必要的帮助与给付，即单靠罗尔斯第一个正义原则"自由的平等原则"并无从实现，还要依赖于其第二个正义原则中的"差别原则"。而"差别原则"的实现只能要求有能力的公民承担必要的义务，进而构成对其基本权利的限制。但此种限制是必须的，若非如此，共同体中处于最不利地位的成员的基本权利将难以得到平等保障。就此来说，罗尔斯的两个正义原则[1]从本质上解决的都是公民基本权利保障的问题，其中第一个正义原则的主要意义在于保障公民的自由权，第二个正义原则在于保障公民的社会权，都属于宪法的实质问题，而非罗尔斯所说的，"第一个正义原则适用于宪法实质问题……第二个正义原则要求公平的机会均等，也要求用差别原则来调节社会和经济的不平等"。[2]基于此，正义的终极目的就在于保障基本权利。[3]

正义作为人类社会对一切美好事物的追寻，几乎可以与任何一种社会结构发生关联，例如政治正义、社会正义、经济正义以及法律正义。而税收作为人类社会创造的一种经济制度与法律制度，人们对于税收正义追寻的脚步亦从未停止过。尽管西方学界一直存在反对税收的主张，认为税收是绝对的恶，甚至还在根本上否认了税收正义存在的可能。[4]但整体而言，税收的存

---

[1]　这两个正义原则具体是指："（1）每一个人对于一种平等的基本自由之完全适当体制都拥有相同的不可剥夺的权利，而这种体制与适于所有人的同样自由体制是相容的；以及（2）社会和经济的不平等应该满足两个条件：第一，它们所从属的公职和职位应该在公平的机会平等条件下对所有人开放；第二，他们应该有利于社会之最不利成员的最大利益（差别原则）。"参见［美］约翰·罗尔斯：《作为公平的正义　正义新论》，姚大志译，中国社会科学出版社 2011 年版，第 56 页。

[2]　［美］约翰·罗尔斯：《作为公平的正义　正义新论》，姚大志译，中国社会科学出版社 2011 年版，第 61 页。

[3]　亦有学者指出，"从建立正义理论的逻辑基点或重心的差异来看，现代正义理论可以划分为个人基本权利正义论、社会团体理念正义论和人类德性正义论三大派别"。（李晓南：《多元视野下的政治哲学研究》，云南大学出版社 2009 年版，第 393 页）但这三大派别的正义论的最大分歧并不在于是否要保障公民基本权利，而是说怎么处理自由权与社会权的关系。如果我们认为社会权也属于公民基本权利的范畴，那么他们之间就不存在本质的分歧，只是在牺牲自由权以保障社会权的具体程度的差别问题。因此，我们可以说正义从本质上来说要解决的问题就是基本权利保障问题，只不过在保障公民基本权利的时候，不宜将之绝对化为保障公民自由权或者保障公民社会权，而应在二者之间寻求一种平衡。

[4]　参见张雪魁："论税收正义"，载《伦理学研究》2009 年第 4 期。

在有其必要性与必然性，人们对税收正义的关注重心仍集中在如何让税收制度设计更为符合正义的精神。不过，亦如学者所言，"税捐正义概念内涵之不确定性及多义性，主要原因系涉及观察面向之差异，而导致不同的认知结果"。[1]在探寻税收正义的内涵的时候，人们的侧重点并不相同。例如，在对待税收正义的问题上，诺齐克一向反对向劳动所得征税，他认为这在某种程度上是强迫劳动。不过，他并不反对国家征税，相反他还尤其反对无政府主义的观点，认为"最低限度的国家"确有存在的必要性，尽管其职能范围不宜过宽。诺齐克针对税收的这种看似矛盾的观点并非毫无根基，这源于他对自由权的高度尊重以及对社会权的决然漠视。正是因为社会权在他看来并不属于公民的基本权利，因而国家如果将纳税人的钱用来保障社会弱势群体的社会权，这将无异于国家强迫纳税人牺牲自身的自由权、财产权等基本权利以满足其他社会主体。[2]相较之下，罗尔斯较为强调税收的再分配功能，但是他作为自由主义学派代表人物，首先尊重的仍是纳税人的平等自由权，对于税收的再分配功能显得颇为谨慎。亦如他所指出的"无论如何，为了说明两个正义原则的内容，在这里我们把这种比例税看成是一个组织良好的社会的理想体系的一部分……遗产税、累进制所得税（当必要时）和对财产权利的法律限定都要保证民主的财产所有制中的平等自由制度和它们所确立的权利的公平价值"。[3]尽管在对待税收正义上，诺齐克与罗尔斯的具体观点有别，但若仔细分析便可得知，不管是罗尔斯还是诺齐克，他们的税收正义观都是建立在对各自所主张的基本权利的保障之上，只不过前者更加重视"平等权"对其他基本权利的统摄，进而使得"平等权"不仅服务于自由权，还在一定程度上服务于社会权，而后者则更为看重自由权本身。

就税收正义的探寻，国内亦不乏相应观点。有学者立足于税收的动态过程，认为"税收正义是以个人权利为前提，通过国家权力的作用，实现公共利益的过程"。[4]也有学者立足于社会契约论的立场，指出"税收正义理念

---

〔1〕　黄俊杰：《税捐正义》，北京大学出版社2004年版，第2页。

〔2〕　参见［美］罗伯特·诺奇克：《无政府、国家和乌托邦》，姚大志译，中国社会科学出版社2008年版，第202~203页。

〔3〕　［美］约翰·罗尔斯：《正义论》，何怀宏、何包钢、廖申白译，中国社会科学出版社1988年版，第279~280页。

〔4〕　杨盛军：《税收正义——兼论中国遗产税征收的道德理由》，湖南人民出版社2014年版，第62页。

是一种合乎人民主权目标要求的国家对人民财产征收与使用，它反映的是一种依照社会契约而发生的公法上的债权债务关系"。[1]还有学者认为税收正义就是以公平税负为代表的税收实体正义与税收正当程序正义的结合。[2]更有学者指出税收正义应当包含公平与效率两个维度，[3]等等。[4]要想给出一个公认的税收正义的标准显然并不现实。但可以肯定的是，不管是税收公平还是税收效率，也不管是税收实体正义还是税收程序正义，它们都只是人们对实践税收正义的某一侧面的探索。在判断税收正义与否上，归根到底要看它是否有利于人的全面发展，能否切实保障纳税人基本权利，因为"判断公正与否的一个重要标准，就是它是否有利于人的全面发展。有利于的即公正（或正义）的，反之则是不公正（或不正义）的。在公正（或正义）的目的和标准的意义上，人的全面发展是公正（或正义）价值的价值"。[5]易言之，"税捐正义之功能，正是为确保宪法所保障人民基本权利之有效实践"。[6]

二、税收正义的最佳评估标准：税法建制原则

"当把这种普遍的正义观传递到税收正义上时，它其实就是一种在基本法的客观价值预设下有着个人基本权利保障的主观内涵的正义论——自由和基本生活保障创造了税收正义。"[7]在价值理念上，保障公民基本权利作为税收正义的终极目标，我们固然可以说某一税收制度是否正义取决于其是否能够切实保障公民的基本权利。在立足具体税制实践时，我们同样可以以税收正

---

〔1〕 赵立新："论现代税收正义的宪政基础"，载《社会主义研究》2005 年第 2 期。

〔2〕 参见施正文："论程序法治与税收正义"，载《法学家》2004 年第 5 期。

〔3〕 参见陈晴："我国新一轮税制改革的理念变迁与制度回应——以税收正义为视角"，载《法商研究》2015 年第 3 期；宁晓青："税收正义刍论"，载《税务与经济》2006 年第 3 期；陆佳、廖振中："论税法正义价值之不确定性——以美国财产转移税法为例"，载《西南民族大学学报（人文科学版）》2005 年第 7 期。

〔4〕 参见王军："马克思主义正义观视角下的税收正义问题研究"，载《税务研究》2017 年第 11 期。

〔5〕 卓泽渊：《法的价值论》，法律出版社 2017 年版，第 415 页。

〔6〕 黄俊杰：《税捐正义》，北京大学出版社 2004 年版，第 4 页。

〔7〕 张慰："公平视野下的德国简化税法改革方案——基于保罗·基尔希霍夫教授税收正义理论的公法学思考"，载《西南政法大学学报》2014 年第 1 期。

义作为评判税制是否科学、合理、正当的根据。[1]但客观来说，无论是基本权利保障还是税收正义，它们终归都只是一种法理念，高度抽象性则使之难以定型化，进而使得人们见仁见智，前文提及的人们对税收正义的不同理解便是例证。如此，无论是基本权利保障还是税收正义，它们对于税收实践的指导意义终将大打折扣。但是，我们也不应仅仅因为基本权利保障与税收正义在价值上的抽象而否认它存在的必要性，因为"在法治国家或正义的国家中，课税不得实现任意的目的，而必须按照法律上属于正当意义的秩序，亦即按照正义的原则，加以执行"。[2]有鉴于此，无论是基本权利保障还是税收正义，它们绝非只能"居于庙堂之高"，完全可以借由税收正义原则以连通纷繁复杂的税收实践，进而对税收实践产生助力，以达到"处江湖之远"的目标。这就意味着在建构税收正义的时候，我们还必须给出实现税收正义的系列原则。"假如我们对原则如此漠不关心，以至于每当政策适合于我们的意愿时我们便给政策涂脂抹粉，那么我们既欺骗了原则，也消解了原则的权威。"[3]如果我们不为税收正义或保障基本权利确定一套原则，"原则"同样会以其特别的方式惩罚我们——税收政策制定者以税收正义或基本权利保障粉饰政策的合法性与正当性。若真如此，基本权利保障与税收正义所具有的法价值亦将形同虚设。因此，为税收正义确定一套原则不仅有助于我们更为直观地认识税收正义，还可以帮助我们有效评估税收制度是否合乎税收正义的要求，进而实现基本权利保障这一终极目的。

关于税收正义的原则，古今中外不乏学者探讨。早在古典自由主义时期，亚当·斯密就总结出了税收正义应当包括公平、确定、便利和效率四个标准。[4]英语世界的税法学者至今仍将这四个标准作为衡量税收正义的标准（Contemporary Criteria of Tax Justice）。[5]我国学者在总结税法原则的时候也很大程度上借鉴了这四个标准，所不同的地方在于我国学者较少将之称为税收正义的标准，多称为税法基本原则。不过，从本质来说应无重大区别。

---

〔1〕 参见李炜光："一个有关税收正义的理论"，载《中国储运》2016 年第 5 期。

〔2〕 陈清秀：《税法总论》，元照出版有限公司 2012 年版，第 27 页。

〔3〕 ［美］罗纳德·德沃金：《原则问题》，张国清译，江苏人民出版社 2004 年版，英文版作者序第 8 页。

〔4〕 参见 ［英］亚当·斯密：《国富论》，胡长明译，人民日报出版社 2009 年版，第 440~441 页。

〔5〕 See Tyler A. LeFevre, *Justice in Taxation*, Vermont Law Review, Vol. 41：4, p.770（2017）.

"所谓税法基本原则，就是指导一国有关税收法律文件的立法、执法、司法、守法诸环节的基础性法律理念……税法基本原则应该出于宪法。"〔1〕就其具体内容而言，国内税法教科书多将之归为税收法定原则、税收公平原则与税收效率原则。〔2〕就税收法定原则来说，主要是指税收权力法定、税收构成要件法定以及税收程序法定。税收公平原则主要包含税收横向公平与税收纵向公平两个角度，并且通常体现为量能课税原则。〔3〕而税收效率原则涵盖税收经济效率与税收行政效率两个方面。此种归类基本上可以获得我国宪法文本的具体支持，例如，税收法定原则可以从《宪法》第 56 条加以推导，税收效率原则可以从《宪法》第 27 条第 1 款规定的"一切国家机关实行精简的原则……不断提高工作质量和工作效率"加以引申，至于量能课税原则，除可以从《宪法》第 33 条规定的平等权中加以解释外，还应当从《宪法》所涉及的其他基本权利条款进行论证。对比亚当·斯密关于税收正义的四原则与我国税法三大基本原则，如公平与税收公平原则，确定与税收法定原则，便利和效率与税收效率原则，不难发现我国税法学界所主张的税法基本原则与英语世界所说的税收正义标准并无本质区别。实际上，国内学者在以税收正义作为分析工具时，也大多将之与税法基本原则进行关联，并将税法基本原则作为检测税收是否合乎正义的标准。〔4〕

〔1〕 刘剑文主编：《税法学》，北京大学出版社 2017 年版，第 108 页。

〔2〕 参见刘剑文主编：《税法学》，北京大学出版社 2017 年版，第 119~120 页；郭维真：《税法学》，北京师范大学出版社 2013 年版，第 53 页；丛中笑：《税法原理》，吉林大学出版社 2009 年版，第 43~48 页；张守文：《税法原理》，北京大学出版社 2009 年版，第 33~34 页。

〔3〕 之所以说税收公平原则通常体现为量能课税原则，是因为量能课税原则并非能够适用于任何一个税种以及任何一种税收规范。例如，环境税体现的是量益课税原则而非量能课税原则。又如，税收优惠就不体现量能课税原则，它需要通过其他正当目的来说明偏离量能课税原则是合乎事理的，而非恣意的。不过，具体到所得税财政目的规范领域，量能课税原则无疑是税收公平原则最好的落实，甚至比税收公平所蕴含的价值更为丰富饱满，这一点已经在前文提到。基于本书的主旨，后文无特殊情况不再专门区别二者关系，视语境分别使用量能课税与税收公平。

〔4〕 国内学者由于对税收正义的理解不尽一致，在选择检视税收正义标准的时候，也表现出一定差异。有的认为只有税收法定和税收公平才能担当检视税收正义的标准（王世涛："税收原则的宪法学解读"，载《当代法学》2008 年第 1 期）；也有学者倾向于将税收公平原则与税收效率原则作为检视税收正义与否的基准（陈晴："我国新一轮税制改革的理念变迁与制度回应——以税收正义为视角"，载《法商研究》2015 年第 3 期）；还有学者将税收法定、税收公平与稽征经济原则这三个原则共同作为检视税收正义的标准（参见侯作前："区域税收优惠法律制度：反思与重构——以税收正义和全球税制改革为视角"，载《杭州师范学院学报（社会科学版）》2007 年第 2 期）。整体来说，尽管在具体处理方法上有所不同，但将税收正义建立在税法基本原则的思路上却是学者们的共识。

税法基本原则作为税收正义的具体体现当无疑问。但是，税法基本原则之间究竟是什么关系，是杂乱无章的齐头并进关系，还是有着内在逻辑的层层递进关系？如果不能回答清楚这一问题，当税法基本原则之间发生冲突时，又该如何评判税法是否正义呢？这些问题的解决有赖于我们厘清税法基本原则与税收正义的内在的本质联系，而不仅仅是揭示出它们就是衡量税收正义的标准。

就税法基本原则与税收正义之间的具体联系而言，不同论者给出了不同的看法。有的更为重视税收法定原则，认为其系税法的"帝王原则"，在实定法层面能够统领税法的其他基本原则。[1]有的更为强调量能课税原则，认为"税捐公平原则，经常被认为系税捐正义之代名词，盖平等原则是税法之大宪章"。[2]不过，亦有论者认为将税收正义限于量能课税原则并不妥当，进一步指出，"如果要贯彻 Tipke 运用租税正义来确定立法者制定税捐法律应有标准的理想，那么程序正义[3]的理论仍是其理论中不可放弃的重要标准……借由程序正义的要求，才更能符合 Tipke 所想达到的租税正义理念"。[4]无独有偶，德国学者迈克尔·德罗格（Michael Droege）展示出了类似观点，认为"即使对于税法而言，宪法也保留了它作为框架的特征，必须首先由民主合法的立法者来完成。毕竟，税收正义是民主的问题。它属于议会和公众讨论区，不属于税收教科书，也不属于联邦宪法法院的决定"。[5]而针对学界过于推崇税收法定原则这一现象，也有论者主张，"税收法定原则仅具税收法治的形式意义，税收公平原则和税收效率原则才具有税收法治的实质意义，它们共同构成完整的税收法治和税收正义"。[6]质言之，税收正义既然旨在维护公民基本权利，它就不可能是某一个税法基本原则所能单独实现的，而应是税法基础

〔1〕　参见刘剑文："落实税收法定原则的现实路径"，载《政法论坛》2015 年第 3 期。

〔2〕　黄俊杰："税捐正义之维护者"，载《台湾大学法学论丛》2003 年第 6 期。

〔3〕　尽管此处的程序正义不完全等同于税收法定，但是它从本质上来说是对税收法定原则的回归，因为税收法定本身就要求"立法者应当依据公益的要求，采取不偏不倚的公正无私态度来制定各种税捐规范"。

〔4〕　钟芳桦："租税正义与一贯性原则：论 Tipke 租税正义理论及其对税捐法律的标准"，载《台湾大学法学论丛》2018 年第 1 期。

〔5〕　Michael Droege, Steuergerechtigkeit-eine Demokratiefrage?, RW 2013, S. 395ff.

〔6〕　刘剑文、耿颖："税收法定原则的核心价值与定位探究"，载《郑州大学学报（哲学社会科学版）》2016 年第 1 期。

原则共同协力的结果。

就税收正义与税法建制原则的关系，我国台湾地区黄茂荣教授作出了较为体系的论证与思考。他认为，为保障税捐课征可能受到侵害的基本权利，需要从法治国家原则中发展出税法的建制原则，即税收法定原则、量能课税原则与稽征经济原则。其中，税收法定原则主要着眼于税收形式正义，量能课税原则主要着眼于税收实质正义，稽征经济原则则关注税收技术正义。[1]此种观点当属对税法建制原则与税收正义的内在关系众多理解中最为可取的一种见解。因为税收正义的实现需要税收法定原则提供制度保障，但此种制度保障离不开一定的伦理价值作为支撑，量能课税原则便是税收正义的伦理价值向度。但是，仅有制度保障与伦理支撑，税款的征收与入库、税法的执行仍然难以实现，这又注定税法设计应当尽可能实现稽征经济原则以确保税法的可执行性，若非如此，税收公平与税法目的的实现将变得不切实际。[2]就此而言，税法三大基本原则尽管各有所侧重，[3]但并非可以孤立存在，而是相互依存共同捍卫税收正义。

在应对税法三大基本原则的可能冲突上，同样应当坚持一体化评判。[4]具体来说，一个税法规范如果不符合税收法定原则，那么它即使符合量能课税原则和稽征经济原则，同样是违背税收正义的，因为此种规范已然违背了依法行政的要求，与法治国家的最起码要求相悖。更何况，长此以往，税务行政将脱离法律的束缚，在制造个案正义的同时极易引发整体的不正义。实际上，这也关乎实质课税与税收法定的关系。亦如学者所言，"实质的探求固然可以在一定程度上实现个案的正义，但脱离形式束缚的实质正义必定是随机

---

〔1〕 参见黄茂荣：《法学方法与现代税法》，北京大学出版社 2011 年版，第 57 页、第 129 页以下。

〔2〕 参见陈清秀：《税法总论》，元照出版有限公司 2012 年版，第 40~41 页。

〔3〕 税收法定原则虽然以限制行政机关征税权与保护纳税人财产权为旨归，在保障纳税人基本权利上有着不容否认的功能，但是它对于税收正义的实现仅具有形式意义，体现的主要是民主原则与形式法治。相比之下，量能课税原则则具有更多的价值伦理意义，它捍卫的是税收实质法治，强调立法机关制定的法律也应合乎宪法的规定。而稽征经济原则是从技术层面确保税法得以践行税收正义，它强调的是税收正义不仅要实现还必须以真实有效的方式实现。

〔4〕 按照比例原则的思维，类型化的分析都只是相对性、辅助性的，其实质内核在于个案权衡。（杨登杰："执中行权的宪法比例原则　兼与美国多元审查基准比较"，载《中外法学》2015 年第 2 期）同理，对下文的分析也不应僵化看待，即税法三大基本原则之间并非存在何者绝对优先的情形，下文的分析只是基于抽象的类型化概括，何者优先适用应当在个案中进一步权衡。

和偶然的，不符合税收法定主义的要求"。[1]不过，"作为一种法治高级形态的实质法治，它不但要求行为要合法而且还要合理"。[2]若某一税法规范符合税收法定原则和稽征经济原则，但与量能课税原则发生严重冲突，也难言符合税收正义的要求。从本质上来讲，这样的税法规范是与宪法价值相抵触的，与保障公民基本权利的宪法要求相悖，完全可以由一国合宪性审查机关对相关税法规范作出不合宪的认定。[3]至于税法规范同时符合税收法定原则和量能课税原则，而不符合稽征经济原则，这一情形在实践中似乎不太多见。因为稽征经济原则的目标就在于简化税法规定、降低征纳双方成本以及平等课税，进而促使税收正义由理念迈向实践。[4]作为一个技术性原则，实践中往往出现的是为了稽征经济而与税收法定或量能课税相违背，这种情况下通常来说是要否定稽征经济原则的优先适用。不过，亦如德国学界所主张的，"通过简化税法以实现税收正义"，[5]若税法规范符合税收法定原则与量能课税原则的要求但严重违背稽征经济原则的要求，本书认为它同样不符合税收正义，毕竟税收正义的终极目的在于将有限的税收最大程度地用于维护纳税人利益，进而保障包括纳税人在内的全体国民的基本权利的最大程度实现。[6]若税法

---

〔1〕　汤洁茵："形式与实质之争：税法视域的检讨"，载《中国法学》2018年第2期。

〔2〕　李拥军："合法律还是合情理：'掏鸟窝案'背后的司法冲突与调和"，载《法学》2017年第11期。

〔3〕　值得说明的是，量能课税原则在财政目的税收规范中可以称为税收公平的代名词，但在税收优惠、税收重课等非财政目的税收规范中，量能课税原则的实质正义向度要大打折扣。此时可能会依赖于功绩原则、需要原则等使得此种偏离取得正当性。不过，此类规范虽然偏离量能课税原则，但是也同样要求其符合比例原则的要求。否则将因偏离量能课税原则而被认为缺乏实质正当性，进而与宪法相抵触。

〔4〕　参见黄茂荣："税捐稽征经济原则"，载刘剑文主编：《财税法论丛》（第7卷），法律出版社2005年版，第131~168页。

〔5〕　Paul Kirchhof, Steuergerechtigkeit durch Vereinfachung des Steuerrechts, in: Winfried Kluth（Hrsg.）Facetten der Gerechtigkeit, 1. Aufl., 2010, S. 68ff.

〔6〕　有论者指出，"在税收正义范畴中，应当是公共利益、个人权利与国家权力三者的统一，其中，公共利益是国家税收的目的，个人权利是国家税收的前提，国家权力是实现公共利益与个人权利关系的工具，只有通过国家权力的合理行使达到个人权利与公共利益的互融，最终实现公共利益才是税收正义的本质"。（杨盛军、曹刚："论税收正义——公共利益、个人权利与国家权力的关系辨析"，载《西南大学学报（社会科学版）》2011年第2期）不过，在德国，也有对此类观点加以批驳的主张，"但是这是他们的真正贡献，它可以以共同利益（即原则上为所有公民享有平等自由）为建立税收国家作出贡献，这一次又一次地刺穿了这一正义标准和要求的方向，并最终导致事实上的解体并抵消基本社会共识的终止"。（Ursula Nothelle-Wildfeuer, "Was ist eigentlich Steuergerechtigkeit?", 载 http://

为了讲究绝对公平而无视征纳双方异常巨大的成本，它也很难称得上是优良的税法，因为"相比于纯粹的税收分配，居民和纳税人更加关心征税的程序和过程"。[1]

总之，评判税收制度设计是否正义，是否保障了公民基本权利，不宜仅看它是否恪守了某个原则，而应综合考量。但毫无疑问，最为符合税收正义要求的税制无疑是既满足税收法定原则所捍卫的形式正义的要求，又符合量能课税原则所彰显的实质正义的要求，还体现稽征经济原则所代表的技术正义的要求。[2]

三、所得税扣除的建制原则检视

由于税法建制原则所蕴含的内容极为丰富，要想对现行所得税扣除规范是否符合税法三大建制原则的内在要求进行全面系统的分析并在有限的篇幅之内完成并不现实。因此，下文仅从税法三大建制原则中挑选出比较具有代表性的三个具体维度展开。就形式正义维度来说，鉴于税收法定原则主要涉及的是税收立法权的配置问题，因而，在评估所得税扣除是否合乎形式正义要求上，本部分主要聚焦于所得税扣除规范的法源状况。在实质正义层面，量

（接上页）web. tuomi-media. de/dno2/Dateien/NO512-2. pdf，最后访问时间：2021 年 12 月 5 日。）本书认为这两种观点之间并不矛盾，与本书所主张的基本权利保障立场亦是一致的。在国内论者的分析框架中，个人权利之所以是税收正义的起点，是因为在作者看来这里的个人权利只是指狭义纳税人的基本权利，也基本上停留在自由权范畴。而本书所说的基本权利实际上有两重内涵，一方面是狭义纳税人的基本权利，另一方面是广义纳税人也即全体公民的基本权利。国家为了公共利益征税，从社会国原则来看，其用途不过是用于保障纳税人以及非纳税人的其他公民的基本权利。舍此，公共利益别无其他。此外，本书认为将公共利益过度虚化其实并无太多的实际意义，其高度模糊的特性使得纳税人并不清楚其缴纳的税款用于何处，这反倒会使得其感到莫名其妙。如果能够用共同体成员的基本权利保障来说明，或许效果会更加理想，也有助于减少纳税人的抵触，毕竟纳税人获得的财富很大程度上就是建立在社会共同体成员的支持与合作的基础上。

〔1〕 ［美］史蒂文·M. 谢福林：《税收公平与民间正义》，杨海燕译，上海财经大学出版社 2016 年版，第 18 页。

〔2〕 运用税收法定、量能课税以及稽征经济这三大原则来检视税收正义的文献日益增多，税法建制原则的方法论意义也值得重视，具体可参见下列文献。叶金育："证券交易印花税的规范审查与实施评估——以税法建制原则为分析工具"，载《证券法苑》2015 年第 2 期；叶金育："回归法律之治：税法拟制性规范研究"，载《法商研究》2016 年第 1 期；欧阳天健："税法拟制条款的证成及反思"，载《法学》2019 年第 9 期；熊伟："法治视野下清理规范税收优惠政策研究"，载《中国法学》2014 年第 6 期；聂淼："耕地占用税的规范审查与实施评估——基于税法基本原则的分析"，载《南京工业大学学报（社会科学版）》2018 年第 4 期。

能课税原则主要着眼于税收负担的分配是否合理，重心在于财政负担的公平分配而非调控引导纳税人的经济行为。因而，本部分在考察所得税扣除规范是否符合实质正义的要求上将重点评估立法者及其执行者是否对两类扣除规范作出有效区分，有无将定义税基的扣除用于税收调控方面进行考察。技术正义向度的稽征经济原则主要着眼于税法的可执行性，旨在以合乎比例的稽征成本实现普遍平等课税，而类型化作为稽征经济原则的子原则，[1]评估所得税扣除是否符合技术正义的要求，很大程度上就是评估扣除标准类型化设计是否具有典型性，是否与稽征经济原则所欲实现的有效率地平等课征目标相冲突。

（一）形式正义面向：扣除"法律空洞化"

"法律空洞化"是我国经济法领域广泛存在的一种现象，"是指立法风格简略、粗犷，法律的完整性、周延性、精确性和普适性不足，没有实质内容，可操作性差，从而导致法律的控制力不足，法律仅剩一个空壳甚至连外壳都没有的现象"。[2]法律空洞化具体表现为两种样态，"一是相关领域的法律稀少而政策繁多，法律在整个规范体系中所占比例极低；二是立法质量不高，授权立法不当，法律的适用性差、实际的约束力弱"。[3]不过，就这两种具体表现形态的关系来说，因果关系较之于并列关系更为妥当。正是由于法律规范的语言表达过于概括、模糊以致难以有效执行，加之立法者作出颇多的空白授权，配套立法因而也就在绝对数量上远远超过母法，法律稀疏而政策繁多的局面也就得以最终形成。这一现象在税法领域可谓是尤为典型。[4]若将之用来描述我国企业所得税法和个人所得税法对扣除作出的规范更是贴切（具体见表4.1）。诚然，这一现象本身并不足以说明所得税扣除规则是否满足税收形式正义的要求，但以此为分析起点却是相当有必要的。

---

〔1〕　参见黄茂荣："税捐稽征经济原则及其'司法'审查"，载《人大法律评论》2016年第2期。

〔2〕　邢会强："政策增长与法律空洞化——以经济法为例的观察"，载《法制与社会发展》2012年第3期。

〔3〕　参见卢亮："房地产市场调控的法律空洞化研究"，载《学术探索》2016年第10期。

〔4〕　需要特别说明的是，本部分对于政策采广义理解，而对法律采狭义理解。具言之，政策不仅包括规范性文件，还包括行政法规和部门规章，而法律则仅指全国人大及其常委会制定的法律。在本部分作此认知，从根本上来说是由税收法定中的"法"仅为狭义的法律所决定的。

表 4.1　所得税法律与国务院政策中扣除规范对比表[1]

法律中关于扣除的条文数	法律中关于扣除的绝对字数	国务院政策中关于扣除的条文数	国务院政策中关于扣除规范的字数	法律与国务院政策条文比及字数比
《个人所得税法》第6条（共1条）	644	《个人所得税法实施条例》第13—19条（共7条）	1153	条文比为1∶39 字数比为1∶6.77
		《个人所得税专项附加扣除暂行办法》第1—32条（共32条）	3204	
《企业所得税法》第8—10条（共3条）[2]	282	《企业所得税法实施条例》第27—55条（共29条）	2655	条文比为1∶9.7 字数比为1∶9.4

（相关数据根据法律文本规定加以整理）

透过表 4.1 不难发现，我国所得税扣除中法律规范程度与政策规范程度存在巨大差异。实际上，这还只是国务院制定的政策法规与法律之间对扣除规范程度的对照，还不涉及国务院财税主管部门制定的规范性文件。如果将这一因素考虑在内，"政策繁多而法律稀疏"[3]在所得税扣除上将会显现得更为明显。鉴于笔者精力有限，仅选取部分典型例子加以说明（具体见表 4.2）。

---

[1]　值得说明的是，本部分对于"扣除"的理解限于作为所得税税基或者说应纳税所得额部分对扣除作出的规定。此外，由于个人所得税法中应纳税所得额的计算与关于扣除的规定几乎是浑然一体的，因而对个人所得税法中扣除规范的统计采取广义口径，即按照应纳税所得额理解。

[2]　此为企业所得税法中狭义的扣除，而所谓狭义的扣除实际上是为了与《企业所得税法实施条例》"扣除"一节的内容保持一致，主要是指代成本费用税金损失以及其他支出的扣除，而不涉及资产的税务处理。

[3]　邢会强："财政政策与财政法"，载《法律科学》2011 年第 2 期。

表 4.2　所得税法律与政策中扣除规范典型对照表

规范 类型 ＼ 扣除 类型	法律对扣除规范字数	国务院政策对扣除规范字数	国务院财税部门对扣除规范字数	法律与政策对扣除规范字数比
个税专项附加扣除	《个人所得税法》第 6 条第 4 款后半段，共 84 字	《个人所得税专项附加扣除暂行办法》全文，共 3204 字	《个人所得税专项附加扣除操作办法（试行）》全文，共 4092 字	1：86.9
个体工商户经营所得税扣除	《个人所得税法》第 6 条第 1 款第 3 项，共 44 字	《个人所得税法实施条例》第 15 条，共 293 字	《个体工商户个人所得税计税办法》第 2 章与第 3 章，共 3128 字	1：77.8

（相关数据根据法律文本规定加以统计）

　　结合表 4.2 来看，可以发现法律对扣除的规范相对于政策对扣除的规范犹如大海中的一叶扁舟。这一局面形成的原因并不复杂，可以从两方面加以解释：其一，立法者在法律中存在特别授权，政策制定者依据法律授权自应制定配套的政策；其二，立法者制定的税收法律文本语言过于模糊以致难以执行，法律执行者即政策制定者不得不为了执行法律而制定大量的政策。[1]需要重点思考的是，如何看待法律空洞化与税收法定原则的关系，以下结合我国税收法定原则的内涵[2]对法律中存在的特别授权与法律文本语言高度模糊分别加

---

　　[1]　就前者而言，《个人所得税法》第 6 条第 4 款后半段授权国务院就专项附加扣除的"具体范围、标准和实施步骤"作出规定，《个人所得税专项附加扣除暂行办法》即由此产生。《企业所得税法》第 20 条授权国务院财税主管部门制定"扣除的具体范围、标准和资产的税务处理的具体办法"，在企业所得税领域中广泛存在的由国务院财税主管部门制定的税前扣除文件因而有了法律上的依据。就后者来说，《企业所得税法》第 8 条中"有关""合理"是尤为典型的不确定法律概念，加之立法者亦未在法律中进一步明确这些法律概念的内涵与外延，《企业所得税法实施条例》才不得不用 20 多个条文、两千余字对其作出详细解释，这一情况与立法者直接授权并无本质区别。

　　[2]　尽管《立法法》仅明确了"税种的设立、税率的确定和税收征收管理等税收基本制度"应当制定法律，并未直接涉及税目、税基等事项，更未涉及扣除，但这丝毫不影响我国《立法法》旨在将税基、税率等构成要素都作为税收基本制度。在所得税中，扣除作为税基的核心要件，其直接关乎纳税人的纳税义务多寡，绝非可有可无的事项，无疑也属于税收基本制度的范畴。若非如此，《企业所得税法实施条例》也不会在第 2 章中单设一节对"扣除"加以规范。

以评估。

　　所得税扣除规范中的授权立法与税收法定原则不相吻合。根据我国《立法法》的规定，税收虽然属于法律保留事项，但并非绝对保留事项，而是相对保留事项，"全国人民代表大会及其常务委员会有权作出决定，授权国务院可以根据实际需要，对其中的部分事项先制定行政法规"。这就意味着授权立法本身并不违背税收法定原则。但是，符合税收法定原则的授权立法需要满足以下几个条件：其一，全国人大及其常委会尚未制定法律；其二，存在全国人大及其常委会的授权决定；其三，授权决定应当明确授权的目的、事项、范围、期限以及被授权机关实施授权决定应当遵循的原则等；其四，被授权机关不得进行转授权；其五，被授权机关只能是国务院并且应当制定行政法规。〔1〕仔细分析《个人所得税法》和《企业所得税法》中的授权事项，可以发现其并不符合《立法法》的要求。一是，《个人所得税法》和《企业所得税法》已经制定，不符合尚未制定法律这一条件。二是，这两部法律中虽有全国人大及其常务委员会的授权条款，但并不存在一个独立的授权决定，而授权决定与法律是两个完全不同的概念，应当加以区分。〔2〕三是，无论是《个人所得税法》还是《企业所得税法》，它们作出的授权都不符合明确性原则。两者都将扣除的范围与标准概括授权行政机关规定，其中既无授权的期限规定，也无授权的目的规定，更无被授权机关实施授权所应遵循的原则。四是，《个人所得税法》授权国务院制定专项附加扣除的具体办法，虽然主体适格，但国务院制定的《个人所得税专项附加扣除暂行办法》仅是国务院制定的规范性文件，尚难称得上是国务院制定的行政法规，而国务院制定的行政法规与国务院制定的规范性文件不仅程序有所区别，效力也有差异，彼此之间并不能相互替代。〔3〕至于《企业所得税法》授权国务院财税主管部门就扣除的具体范围和标准加以规定，这更是不符合《立法法》的要求，无论是从被授权

---

　　〔1〕 《个人所得税法》和《企业所得税法》是否要遵循《立法法》的规定似乎有讨论空间，不过，按照法制统一的角度考量的话，至少彼此之间不能发生冲突。

　　〔2〕 立法性决定与法律之间的具体区别虽非绝对，但其与法律是不同事物却是学界所普遍承认的。学界一般认为其与法律最大的区别在于内容规范上，当然通过的程序也有一定区别，具体可以参考以下文献。金梦："立法性决定的界定与效力"，载《中国法学》2018 年第 3 期；秦前红、刘怡达："'有关法律问题的决定'：功能、性质与制度化"，载《广东社会科学》2017 年第 6 期；江辉："有关法律问题的决定与法律的区别"，载《人大研究》2012 年第 1 期。

　　〔3〕 参见黄金荣："'规范性文件'的法律界定及其效力"，载《法学》2014 年第 7 期。

主体来看还是从被授权主体应当制定的规范形式来看都缺乏最基本的适格性。基于此，两部税收法律在法条中作出的授权无论如何都不符合《立法法》对授权立法作出的限制性要求。[1]

　　既然所得税法对行政机关就扣除的具体范围和标准作出的直接授权不符合税收法定原则，那么可否以行政机关对税收法律拥有行政解释权或者执行权来为其谋取正当性呢？回答这一问题，需要明确法律应当对税收事项作出何等程度的规定，即税收法定原则对于立法语言本身的具体要求。客观而言，若肯认"宜粗不宜细"的立法理念，《个人所得税法》与《企业所得税法》应当说都符合税收形式正义的要求，不违背税收法定原则，无论是国务院还是国务院财税主管部门对扣除具体范围与标准的制定，都可以认为是母法与下位法的关系，是行政机关对税收法律作出的解释。但是，"宜粗不宜细"的立法理念并非无远弗届，而要随着时代发展而变迁。我国现行《立法法》明确要求"法律规范应当明确、具体，具有针对性和可执行性"，就是对"宜粗不宜细"立法理念的偏离甚至否定。在涉及公民基本权利限制的领域，立法更是应当采取最高程度的明确化标准，这不仅是对公民基本权利的保障，还是对公权力的必要制约。[2]因此，对税收法定原则的理解同样也不能仅仅停留在税收有法可依便不问法律语言本身是否明确以及是否能够给纳税人带来合理的预期可能。[3]亦因如此，有学者提出了"税收实质法定原则"，认为

---

〔1〕　不过笔者并不反对法条授权，如果法条授权可以达到《立法法》对授权决定所作出的要求，它理应被允许，只是《个人所得税法》和《企业所得税法》作出的法条授权都过于简陋，不符合授权应具备的明确性、具体性要求。而在现实税收立法实践中，法条授权并非不存在。例如，《中华人民共和国资源税法》（以下简称《资源税法》）第14条关于水资源税试点的规定就是一种典型的法条授权方式并且笔者认为它大体上是合乎税收法定原则要求的。至于《环境保护税法》与《资源税法》中授权地方人民代表大会的相关内容，是否符合税收法定原则要求，这不好一概而论。如果按照《立法法》的规定，当然并不妥当，但从税收法定本身的精神来看，应当是合适的。有学者针对法条授权指出，"在民主性上并不存在太大问题，因为授权机关在以民主程序表决通过整部法律时，也同时民主表决通过了该授权立法条款。而在授权明确性上，其运行存在很大问题，基本上都是一些'概括式'授权，即仅用一个或几个条款简单地表达出'某种事项由谁来制定'，几乎没有对授权目的、授权时限以及监督方式和法律责任等内容进行规定"。（江国华、梅扬、曹榕："授权立法决定的性质及其合宪性审查基准"，载《学习与实践》2018年第5期。）

〔2〕　参见李祥举、韩大元："论宪法之下国家立法具体化功能的实现"，载《厦门大学学报（哲学社会科学版）》2013年第3期。

〔3〕　参见丁一：《纳税人权利研究》，中国社会科学出版社2013年版，第258页。

"税法概念模糊、不明确的'税收法定'不是真正的税收法定"。[1]更有学者进一步指出，"（个人所得税法的）税收法定原则不仅包含课税要素法定的基本要求，还进一步要求课税要素确定，即尽可能在法律中对课税要素做细致、清晰、明确的规定，使纳税人依据《个人所得税法》便可判断自身的纳税义务"。[2]诚然，任何立法语言都不可避免地具有一定的模糊性，"但不加区分的、不加克制的模糊则有损法律的尊严和权威，从而也有损于法治建设"。[3]就此来说，《个人所得税法》和《企业所得税法》对所得税扣除规范的高度概括以至于其缺乏最起码的可执行性同样不符合税收法定原则的要求。而行政机关在税收法律缺乏起码可执行性的情况下，不得不增加法律所无的规定，这固然实属无奈，但毫无疑问也不合乎税收法定原则的内在要求。

总之，所得税扣除规范在我国当下的所得税立法中距离捍卫税收形式正义的税收法定原则的要求尚有较大差距。此种缺憾不仅体现在直接授权的概括性与随意性上，还体现在法律规范本身高度模糊与抽象，缺乏针对性和可执行性。若法律本身的立法质量不加以提高，行政机关垄断税收立法的局面或许未必能够真正发生改观，而旨在限制政府征税权、保障纳税人基本权利的税收法定原则恐怕也只能停留于纸面上与口号中，然而这绝非立志于建设税收法治国家的我国所期待的。

（二）实质正义维度：扣除"调控"主导

"所得税原则上要求应有一个综合性税基，即应包括所有形式的财富增加额。乍看起来，这一原则似乎与扣除相矛盾"，但在以下两种情形下仍是合理的：其一，"为了保障有一个衡量应税能力的公平标准"；其二，"视为一种鼓励方式，即激励人们用'值得奖励'的形式（如慈善捐款）来运用所得，或鼓励人们在可产生正外部效益的项目上开支"。[4]显然，这两类扣除存在的意义并不相同。若运用财政目的规范—管制诱导目的规范二分法[5]加以分析，

---

〔1〕 邢会强："论精确的法律语言与税收实质法定原则"，载《税务研究》2011年第3期。

〔2〕 刘剑文："个税改革的法治成果与优化路径"，载《现代法学》2019年第2期。

〔3〕 徐凤："法律语言的模糊性及其克制"，载《首都师范大学学报（社会科学版）》2013年第1期。

〔4〕 ［美］理查德·A. 马斯格雷夫、佩吉·B. 马斯格雷夫等：《财政理论与实践》，邓子基、邓力平译校，中国财政经济出版社2003年版，第356~357页。

〔5〕 参见葛克昌：《行政程序与纳税人基本权》，北京大学出版社2005年版，第88页。

前者系量能课税意义下的扣除，系定义所得税税基的扣除，其存在的目的在于准确度衡纳税人所得税的负担能力，在规范属性上属于财政目的规范；后者则非税基不可分割的一部分，乃政府运用税基优惠的方式引导纳税人积极从事特定行为，属于管制诱导目的规范。借鉴学者所主张的"财政性分配"与"调节性分配"的表达，[1]本书认为所得税扣除同样可以作此二分，即"财政性扣除"与"调节性扣除"。

尽管财政性扣除与调节性扣除在外观上极为相似，但两类扣除终究有着本质区别。本书认为可以从两类扣除的法理基础、纳税人与扣除的内在联系以及影响扣除规范变迁的内在动力加以区分。首先，从法理来看，财政性扣除的法理基础源于本书第二章所述的净所得原则、量能课税原则以及基本权利保障，立法者对此类扣除的裁量空间须受到很大程度的限制。立法者不当设计财政性扣除可能面临侵犯纳税人生存权、财产权、劳动权、营业自由权等基本权利的风险进而构成违宪。而调节性扣除产生的法理基础并不在于净所得原则或者量能课税原则，也与保障纳税人基本权利本身无关，[2]它取决于立法者的特殊恩典，立法者裁量空间极为广泛，在本质上属于基于税基层面的税收优惠或者税式支出的范畴。[3]调节性扣除不以量能课税原则为法理基础，构成对量能课税原则的偏离，其存在的正当化的理由只能取决于其所欲实现的目的本身的正当性以及所采取的措施与所要实现目的之间符合比例原则，即比例原则是此类扣除规范设计的实质边界。[4]其次，就纳税人与扣除的内在联系而言，两类扣除亦存在较大区别。财政目的扣除强调纳税人的经济负担能力，纳税人的状况决定了扣除规范的设计，即"人"本身是扣除制度的终极目的。所得税之所以被称为"属人税"，其根源很大程度上也就在于此。而在调节性扣除中，立法者设计扣除规范的初衷在于调控引导纳税人的经济行为，纳税人本身并非扣除规范所要关心的对象，反倒是扣除决定了纳税人的经济行为，某种意义上"人"只是扣除规范的客体，而非主体，人

---

〔1〕 参见侯卓："论税法分配功能的二元结构"，载《法学》2018年第1期。

〔2〕 需注意的是，调节性扣除本身的设计，无论是扣除的范围还是扣除的标准，虽与纳税人基本权利无关，但这并不排除此类扣除规范会因为难以通过比例原则的检验进而构成对其他主体的平等权的侵犯。

〔3〕 参见李旭鸿：《税式支出制度的法律分析》，法律出版社2012年版，第28~30页。

〔4〕 参见熊伟："法治视野下清理规范税收优惠政策研究"，载《中国法学》2014年第6期。

的行为才是国家重点关注的。最后，就两类扣除规范的具体变迁动力来看，同样有着巨大差异。财政性扣除由于反映的是纳税人经济负担能力，扣除的范围和标准在一定期限内应当保持稳定，即便有所变化，也是为了真实反映纳税人经济负担能力并且多体现为生计费用扣除。而调节性扣除由于旨在调控经济、社会发展，无论是从宏观调控的客体的波动性与不可预测性，还是从调控所涉领域的复杂性乃至从调控结果的不确定性来看，都决定了税收作为调控手段具有极强的不稳定性，[1]此种不稳定性在很大程度上决定了调节性扣除规范的流变性。

为了检视我国财政性扣除规范的设计是否合乎实质正义，接下来将分别从我国现行所得税扣除的立法区分、所得税扣除制度变迁这两个角度重点分析立法者是否妥善对待了两类截然不同的扣除。考虑到所得税扣除规范的复杂多样，面面俱到并不现实，这里仅选取若干代表性例子加以分析。

所谓扣除的立法区分，是指立法者在立法过程中是否明确区分了财政性扣除与调节性扣除。"法律是体现立法者的意图和目的的一种载体"，[2]考察所得税法文本在法律结构中如何处理这两类扣除便基本可以获知立法者对待这两类扣除的基本立场与态度。以《个人所得税法》第 6 条为例，该条涉及基本减除费用 6 万元以及专项扣除、专项附加扣除、依法确定的其他扣除以及慈善捐赠扣除。慈善捐赠扣除在第 6 条第 3 款，进而与第 6 条第 1 款应纳税所得额的计算相并列，很大程度上预示着其与基本减除费用 6 万元、专项扣除、专项附加扣除以及依法确定的其他扣除不同。因为其他几项扣除系构成所得税税基的扣除，而慈善捐赠扣除则并非如此。但如果看到第 6 条第 4 款，则发现该条定义的却是专项附加扣除，而专项附加扣除又是第 1 款第 1 项明定的构成税基的扣除。按照体系解释方法，介于两款定义税基的扣除之间的慈善捐赠扣除某种意义上也就具有了定义税基的功能。这就使得慈善捐赠税前扣除的定性变得模糊，既可能是定义税基的扣除，也可能是作为税收优惠的扣除。不过，若结合《中华人民共和国慈善法》（以下简称《慈善法》）第 80 条第 1 款的规定"自然人、法人和其他组织捐赠财产用于慈善活动的，

---

[1] 参见张富强、许健聪："税收宏观调控中纳税人信赖利益之保护"，载《法学杂志》2016 年第 9 期。

[2] 刘风景："法条的功用与设置"，载《法学》2018 年第 5 期。

依法享受税收优惠"来看，慈善捐赠税前扣除当属为了激励纳税人向慈善事业的捐赠而给予的税收优惠。然而立法者在《个人所得税法》中却将慈善捐赠税前扣除游离于财政性扣除与调节性扣除之间，这显然没有做好二者的区分，一定程度上偏离了量能课税之于所得税扣除规范逻辑布局的内在要求。若进一步考察本条第 1 款第 1 项的其他扣除，可以发现作为定义税基的"其他扣除"更是严重违背量能课税原则的内在要求。根据《个人所得税法实施条例》第 13 条的规定，"……其他扣除，包括个人缴付符合国家规定的企业年金、职业年金，个人购买符合国家规定的商业健康保险、税收递延型商业养老保险的支出……"，但根据《财政部　税务总局　保监会关于将商业健康保险个人所得税试点政策推广到全国范围实施的通知》（财税〔2017〕39 号）的规定，符合国家规定的商业健康保险税前扣除系"税收优惠政策"。姑且不讨论这一扣除在实质面上到底是税收优惠还是量能课税的结果，单从决策者的定位出发，《个人所得税法》将此类扣除不加区分地纳入税基而非税收优惠之中，这与财政性扣除和调节性扣除应当分而设之的理念相冲突。将管制诱导目的规范与财政目的规范混为一谈更是对量能课税原则的巨大冲击。

相比之下，《企业所得税法》的逻辑脉络更为清晰一些，其第 2 章为应纳税所得额，第 4 章为税收优惠，在立法理念上基本区分了财政性扣除与调节性扣除。例如，加计扣除被安排到税收优惠一章，而其他扣除则被放在应纳税所得额一章。但令人遗憾的是，最能彰显立法者对两类扣除加以区分的标志——慈善捐赠税前扣除在法律文本中的布局——显示出企业所得税立法者并未厘清两类扣除的内在差别，因为立法者并未将慈善捐赠扣除置于税收优惠一章，而是将之置于应纳税所得额一章，这意味着立法者仍将之定性为财政性扣除。但此种定性显然与《慈善法》的相关条款蕴含的价值理念相悖，也与人们对慈善捐赠扣除系"偏离基准税制的诱导性税法规范"〔1〕这一基本认知相悖。

如果说立法者对财政性扣除与调节性扣除缺乏起码的认知尚且只是认识偏差的问题，那么在实践中行政决策者频频将立法者定义的财政性扣除作为调控经济社会发展的工具则彰显了其对二者界限的根本漠视，是对实质正义的根本背离。以职工教育经费为例，其虽然未曾直接出现在《企业所得税法》

---

〔1〕　叶姗："社会财富第三次分配的法律促进——基于公益性捐赠税前扣除限额的分析"，载《当代法学》2012 年第 6 期。

中，但结合《企业所得税法实施条例》第 42 条的规定来看，其属于《企业所得税法》第 8 条"费用"的当然解释结果。从其在《企业所得税法实施条例》的位置来看，应当属于定义税基的扣除，即财政性扣除。这就意味着一旦此种扣除标准确立后就应当保持稳定，即便要调整也应当是为了更好地反映纳税人的经济负担能力。但事实上并非如此。根据《财政部 国家税务总局 商务部 科技部 国家发展改革委关于完善技术先进型服务企业有关企业所得税政策问题的通知》（财税〔2014〕59 号），经过认定的某些企业准予按照 8% 的标准税前扣除职工教育经费支出，不再按照《企业所得税法实施条例》所确定的 2.5% 的标准税前扣除，决策者将这一做法定性为税收优惠，目的在于"进一步推动技术先进型服务企业的发展，促进企业技术创新和技术服务的提升，增强我国服务业的综合竞争力"。如果说这是对 2.5% 这一基准构成偏离的话，那么根据《财政部 税务总局关于企业职工教育经费税前扣除政策的通知》（财税〔2018〕51 号）的规定，职工教育经费税前扣除标准普遍提高到 8%，这应当很难以税收优惠政策加以解释，但决策者仍然将之定性为税收优惠措施，目的在于"鼓励企业加大职工教育投入"。申言之，决策者提高职工教育经费税前扣除标准的目的并非更好地反映纳税人经济负担能力，而是引导企业加大职工教育投入。即作为财政性扣除的职工教育经费税前扣除的标准本身并非取决于纳税人真实费用发生状况，而是取决于决策者的调控意志，这无疑是对财政性扣除应有意义的根本腐蚀。毕竟，财政性扣除的调整能且只能是为了更精准地度衡纳税人的经济负担能力，而成本费用扣除又不像生计费用扣除那样要随着国民经济发展与居民生活水平的不断提高而异其扣除标准，对其作出的调整自无正当性可言。决策者将财政性扣除作为税收调控手段加以使用，这无疑是对植根于基本权利保障的量能课税原则的极大亵渎。退一步而言，纵然承认国家拥有"减税权"，[1] 国家运用"减税权"时同样不能违背所得税的起码规律，不能使财政性扣除异化为调节性扣除。

鉴于此，我国所得税扣除规范无论从何等程度观测，都难言符合量能课税原则所表彰的税收实质正义的要求，而这源于立法者缺乏将财政性扣除与调节性扣除加以区分的意识，此种意识的缺失进而直接导致作为定义所得税

---

〔1〕 参见张守文："'结构性减税'中的减税权问题"，载《中国法学》2013 年第 5 期。

税基的财政性扣除规范沦为决策者调控经济社会发展的政策工具。当扣除被视为一种政策工具时，其背后所彰显的纳税人的权利保障价值也就不复存在。

（三）技术正义[1]向度：扣除标准"非典型性"

基于比例原则的税收稽征经济原则被我国台湾地区学界视为税法三大建制原则之一并在技术向度上代表着税收正义，税法简化是其形式手段，兼顾平等课征的同时降低征纳成本则是其实质目的。[2]由于该原则在形式上体现为税法简化，因而也有论者指出，"比较起来，租税简化原则比税捐稽征经济原则更能精准地描述这些简化规范追求之目的"。[3]本书认为，不管采何种称呼，租税简化原则也好，税捐稽征经济原则也罢，税捐规范的简化作为税收技术正义所讨论的核心内容自是毫无疑问的。为了具体实践这一原则，我国台湾地区黄茂荣教授概括出七个着力点，"类型化或概数化税基的计算标准"[4]便是其中之一。评估所得税扣除规范是否符合技术正义，实际上就是

---

〔1〕　此处的技术正义主要是就税法层面而言的，其中的"技术"也并非就指代的是具体科学技术，主要是指代税法简化、税收效率、稽征经济。为了更好地说明税法基本原则与税收正义的关系，我国台湾地区黄茂荣教授将稽征经济原则作为税收技术正义的代称。当然，这种称呼是否合理，姑且不论。但这一代称确实有助于将税收正义的效率维度予以形象化展示。相应的，"技术正义"所考察的内容也就主要不是税收征管技术，而是在某种程度上更加接近于税收立法技术与税收征管方式这些内容，但也应该承认这些所谓的"技术"，尤其是本部分考察的类型化，也在很大程度上要受到税收征管科学技术的影响。此外，税收技术正义与一般意义上的"技术正义"在某些价值理念上还是有着诸多相似之处的。例如，技术正义强调技术本身应当承载着某种价值并且以此种正义的价值为终极目标。与之类似，所谓的税收技术同样应当承载着某种价值，而这种价值便是税收正义。换而言之，稽征经济本身不应是追求的终极目的，而应以实现税收正义为终极目的，在实现终极目的的前提下才有稽征经济的必要性，尽管二者之间确实也存在权衡的问题，比如不可能为了实现绝对正义而置稽征经济于不顾。其实，一般意义的技术正义又何尝不是如此？我们谈技术正义只是为了技术能够更好地服务人类社会，我们并不是要消灭技术，否则也就不存在技术的正义问题了。因此税收技术正义也绝不意味要消灭税收稽征经济，只是稽征经济不能反客为主而已。关于技术正义的相关论述可参见李华荣："技术正义论"，载《中北大学学报（社会科学版）》2002年第4期。还可参见韩兴："专利制度危机背景下的技术正义原则研究"，载《知识产权》2016年第11期；曹玉涛："交往视野中的技术正义"，载《哲学动态》2015年第5期。

〔2〕　参见黄茂荣：《法学方法与现代税法》，北京大学出版社2011年版，第260~263页。

〔3〕　盛子龙："租税法上类型化立法与平等原则"，载《中正财经法学》2011年第3期。

〔4〕　类型化是"指由法律为一定之费用类型规定一个统一的得扣除的定额，纳税义务人纵使能证明其实际费用高于法定数额，亦不得以实际发生者为准扣除之。反之，概数化是指在纳税义务人不能证明其实际费用高于法定概数时，得扣除之法定数额"。黄茂荣："税捐稽征经济原则及其'司法'审查"，载《人大法律评论》2016年第2期。

评价在所得税扣除规范中的类型化或概数化，尤其是类型化的使用是否合乎税收正义。

为了使税务机关能够平等且有效率地执法并且尽可能不过度侵犯纳税人的私人空间，类型化规定在税法简化中有着不可忽视的地位，既可能由立法者为之，也可能由执法者为之。[1]但是也应意识到，"税法的类型化决不应是任意的和无条件的，否则只会导致灾难性的后果"。[2]这个灾难性后果便是以牺牲实质正义为代价而单纯走向稽征效率和国库主义。因此，类型化的使用应当在稽征效率与个案正义之间寻求平衡。对此，德国税法学者乌尔夫·斯汀肯（Ulf Steenken）精辟地总结道，"为了应付大众程序并保持实用性，税法中必须使用类型化。如果类型化仅导致个别特殊情况或仅导致轻微的不平等待遇，或者只有相对少数的人受到不平等待遇，并且类型化没有构成不切实际的限制，那么出于实用性考虑，类型化是合理的。如果这些条件都不满足，则必须检查除实用性之外类型化所追求的其他目标是否与类型化所引起的不平等待遇之间符合'适当比例'，也就是说存在比平等对待更为重要的原因"。[3]

具体到我国所得税扣除规范，除据实扣除外，各种定额扣除与定率扣除皆为类型化的具体表现。评估其是否合乎技术正义的要求，很大程度上就是评估这些类型化的扣除标准是否建立在对典型事实的提炼基础上以及标准的调整是否具有足够正当的合乎事理的理由。若非如此，这些类型化将会构成不切实际的限制并且导致大范围抵触平等课税要求。为了方便评估，下文分别选取两个有关成本费用扣除标准调整的例子加以说明。前者是个人所得税中的劳务报酬扣除中的保险营销员佣金收入成本费用扣除，后者是企业所得税中的销售费用中的佣金手续费扣除（见表4.3和表4.4）。

---

〔1〕 参见葛克昌："量能原则为税法结构性原则——与熊伟台北对话"，载《月旦财经法杂志》2005年第1期。

〔2〕 陈少英、杨剑："试论税法的类型化"，载《税务研究》2013年第11期。

〔3〕 Ulf Steenken, Die Zulässigkeit gesetzlicher Pauschalierungen im Einkommensteuerrecht am Beispiel der Entfernungspauschale, Band 9, 2002, § 5 S. 240.

表 4.3　个人所得税中保险营销员佣金收入成本费用扣除标准调整变化表

扣除项目类型、扣除标准及调整依据	《国家税务总局关于保险营销员取得佣金收入征免个人所得税问题的通知》（国税函〔2006〕454号）	《国家税务总局关于个人保险代理人税收征管有关问题的公告》（国家税务总局公告2016年第45号）	《财政部　税务总局关于个人所得税法修改后有关优惠政策衔接问题的通知》（财税〔2018〕164号）
保险营销员佣金扣除之费用	（佣金收入-展业成本-附加税费）×20%	（佣金收入-附加税费-展业成本）×20%	不含增值税收入×20%
保险营销员佣金扣除之展业成本〔1〕	佣金收入×40%	（佣金收入-附加税费）×40%	收入额（不含增值税收入-费用）×25%
保险营销员佣金扣除之附加税费	据实扣除	据实扣除	据实扣除

（资料来源：根据相关规范性文件加以整理）

表 4.4　企业所得税中保险企业与其他企业的销售费用中的佣金手续费扣除标准调整变化表

行业类型扣除标准及调整依据	《财政部　国家税务总局关于企业手续费及佣金支出税前扣除政策的通知》（财税〔2009〕29号）	《财政部　税务总局关于保险企业手续费及佣金支出税前扣除政策的公告》（财政部　国家税务总局公告2019年第72号）
财产保险企业	（全部保费-退保金）×15%，不得结转	（全部保费-退保金）×18%，且得以结转
人身保险企业	（全部保费-退保金）×10%，且不得结转	（全部保费-退保金）×18%，且得以结转

---

〔1〕　此前为营销费用，《国家税务总局关于保险企业营销员（非雇员）取得的收入计征个人所得税问题的通知》（国税发〔1998〕13号）规定，按照收入与附加税费相减后余额的10%—15%作为扣除标准，《国家税务总局关于保险营销员取得收入征收个人所得税有关问题的通知》（国税发〔2002〕98号）则将这一标准提高到不超过25%。

行业类型 扣除标准及调整依据	《财政部 国家税务总局关于企业手续费及佣金支出税前扣除政策的通知》（财税〔2009〕29号）	《财政部 税务总局关于保险企业手续费及佣金支出税前扣除政策的公告》（财政部 国家税务总局公告2019年第72号）
其他企业	协议确认的收入金额×5%，且不得结转	协议确认的收入金额×5%，且不得结转

（资料来源：根据相关规范性文件加以整理）

从表4.3和表4.4可以看出，所列的扣除标准皆为不可推翻的类型化，并且还有为数较多的不可推翻的类型化并非由立法者作出而是由国务院财税主管部门这类执法机关作出。一般而言，行政部门在缺乏法律明确授权情况下作出的实质意义类型化是违背税收法定原则要求的。[1]不过，考虑到我国税收法治状况，暂且不论行政机关对这两类扣除标准作出的不可推翻的类型化是否符合形式正义。下文将表4.3和表4.4所列出的各种扣除标准类型化分别作为一个整体进行考察，以判断其是否合乎技术正义，即是否符合类型化所应遵守的基本准则。具体来说，先要判断其是否具有典型性，在社会学中，"如果一个个案能较好地体现某种共性，那么，对于这个共性来说，这个个案就具有了典型性"。[2]应用到法学中，如果某一特定标准能够反映某一行业的一般状况，符合"一般的生活经验之标准"，[3]那么就可以认为其具有典型性。相反，则不具有典型性，可断定其与税收正义的要求相抵触。若具有典型性，则还需要进一步评估这种类型化偏离净所得原则是否拥有足够正当的理由，以及纳税人受此类型化的不利影响是否突出（包括受影响群体比例是否较大以及个体受影响程度是否巨大），如果突出则不符合技术正义要求，相反则符合。

就保险营销员展业成本扣除标准是否符合行业一般状况、是否具有典型

---

[1] 参见盛子龙："租税法上举证责任、证明度与类型化方法之研究——以赠与税课征要件上赠与合意之证明为中心"，载《东吴法律学报》2012年第1期。

[2] 王宁："代表性还是典型性？——个案的属性与个案研究方法的逻辑基础"，载《社会学研究》2002年第5期。

[3] 陈清秀："论税法上类型化（上）"，载《法令月刊》2008年第4期。

性，尽管限于精力还无法给出确切数据，但这并不妨碍我们结合相关规范性文件作出综合判断。从决策者先后调整展业成本（营销费用）标准的动因来看，无论是国税发［1998］13 号文规定的（收入与附加税费相减后余额的）10%—15%扣除标准还是国税发［2002］98 号文明确的不超过 25%这一标准，乃至于国税函［2006］454 号文将展业成本扣除标准提至佣金收入的 40%标准，决策者都有意无意地提及现有的劳务报酬成本费用扣除标准不尽合理，需要进一步提高。[1]国家税务总局频繁"鉴于营销员为取得收入需发生一些营销费用，为公平税负、合理负担"而突破法律对劳务报酬费用扣除标准作出的规定，这足以说明我国个人所得税法律在对劳务报酬所得费用扣除类型化时缺乏典型性。当然，如果到此为止，我们似乎可以认为国家税务总局通过僭越法律的类型化具有实质正当性。然而国家税务总局对保险营销员展业成本扣除的类型化同样缺乏典型性，[2]从 1998 年到 2002 年再到 2006 年进而到 2016 年和 2018 年，展业成本占佣金收入的比重经历了先是大幅增加，而后又不断下降的趋势。这恐怕很难解释决策者一直所主张的"随着我国保险业的发展和保险行业竞争的日趋激烈……营销费用税前扣除比例已显偏低，应及时进行调整"这一基本立场。根据国家税务总局出台的相关文件，从 2006 年以来，展业成本占纳税人佣金收入的比重一直呈下降趋势，2006 年达到佣金收入比重的 40%，2016 年由于营改增的因素，虽然形式标准未下调，但由于基数缩水因而占佣金收入的比重已经不到 40%，到 2018 年展业成本直接调整为佣金收入的 20%。[3]但从行业发展来看，尤其是从 2016 年到 2018

---

〔1〕《个人所得税法》（1993 年）第 6 条第 1 款第 4 项规定，劳务报酬所得、稿酬所得、特许权使用费所得、财产租赁所得，每次收入不超过 4000 元的，减除费用 800 元；4000 元以上的，减除 20%的费用，其余额为应纳税所得额。20%的费用按照立法者的意志应当是纳税人获得劳务报酬所得所必要的成本费用。

〔2〕 按照业内人士观点，"（营销员）往往售后服务重于展业任务，并由此支出诸多费用，展业成本没有涵盖售后成本支出"（康民："为全国 300 万保险营销员减税负"，载《中国保险报》2015 年 3 月 16 日，第 2 版），这意味着决策者仅考虑展业成本而不考虑售后成本支出是与保险业务实践不相吻合的。即从定性上来看，决策者将营销员的成本费用支出仅类型化展业成本是缺乏典型性的。不过本部分重点分析对象仍集中在扣除标准上，毕竟法律已经允许扣除 20%的费用且并未限定支出的领域。

〔3〕 之所以是 20%，是因为基数发生了变化，先前的基数是佣金收入或者减除税金及附加后的佣金收入，由于税金及附加部分的绝对额并不突出，可以认为基数变化并不大。但 2018 年之后基数调整为收入额，而收入额又等于收入减去 20%的费用，收入额的 25%作为展业成本，也就意味着此时的展业成本已经缩水到佣金收入的 20%。

年，国内保险市场的竞争状况并非发生了根本变化，相反，"在外资保险加快进入和互联网巨头进军保险业的双重挤压下，保险中介市场竞争将加剧，市场格局将发生深刻变化"。[1]展业成本或营销费用占其佣金收入的比重自然也难以大幅回落。然而决策者非但未能延续40%这一扣除标准，还将之腰斩为20%，这无论如何都不符合行业发展状况，也绝不具有典型性。

相比之下，企业所得税中佣金手续费扣除标准整体上呈现出与时俱进的特征。但不得不说此种与时俱进显得极为缓慢，从2009年到2019年历经十年才进行调整。这难以真实反映我国保险行业佣金手续费在这十年之间的客观状况。而相关数据显示，2015—2018年人身保险企业发生的佣金手续费支出分别"占当年保费收入减去退保金的比例分别为12.68%、14.43%、15.85%和17.18%"，[2]这显然是超过了财税〔2009〕29号文所允许的10%的标准。除此之外，此种类型化所采取的基准也存在不合理的问题，进一步使得类型化缺乏典型性。因为实践中，"退保以后的手续费和佣金实际操作时是无法再扣回来的，无论是财产保险，还是人身保险，都必须按当年全部保费收入扣除退保金等之后余额计算手续费及佣金扣除限额，这显然是不合理的"。[3]有鉴于此，现行保险行业佣金手续费扣除标准类型化并不具有典型性，某种意义上可以说具有很强的恣意性。[4]这种类型化自然也难以透过税

〔1〕 马向东："保险中介市场竞争将加剧"，载《中国保险报》2018年8月7日，第6版。

〔2〕 朱俊生："'手续费及佣金税前扣除政策调整'深度解读"，载《中国保险报》2019年5月31日，第2版。

〔3〕 闫泽滢："保险税收制度改革滞后于行业发展的问题及建议"，载《税收经济研究》2013年第6期。

〔4〕 值得说明的是，财政部、国家税务总局公告2019年第72号文使得这一类型化在很大程度上具有了典型性，无论是从具体标准来看，还是从准许超过标准部分结转以后年度扣除来看。但不容否认的是，这一实质类型化在计算扣除限额的基数选取上仍缺乏合理性，与佣金手续费支出事物本质仍不相吻合，因为"保险公司只要收取了当年保费收入，就要按事前约定的比例和金额向中介支付手续费及佣金支出，这与该保单未来是否退保并无因果联系"（杨征、李国栋："保险公司手续费及佣金支出所得税前扣除问题研究"，载《金融会计》2010年第7期）。更为重要的是，根据文献显示（朱俊生："'手续费及佣金税前扣除政策调整'深度解读"，载《中国保险报》2019年5月31日，第2版），某些个别企业超过一半的税前利润用于缴纳企业所得税，这显然使这些企业承受了过重的税负，而我国现行《企业所得税法》又未能为这些企业提供相应救济措施，这同样会使得此种类型化在接受比例原则检视时被认定为缺乏正当性，难以实现税收技术正义。鉴于篇幅所限加之第一步检视已经足以说明我国现行所得税扣除标准类型化在很大程度上还缺乏典型性，不符合税收技术正义的应有之义，第二步分析也就不再涉及。

法简化通往税收正义。

透过前述分析，大体上可以认为无论是由我国的立法者就所得税扣除作出的类型化还是由行政决策者作出的类型化，它们都具有较强的恣意性，缺乏起码的典型性，与稽征经济原则所捍卫的税收技术正义尚有差距。

第二节 确立基本权利保障立场的制度环境进化

我国现行所得税扣除规范整体呈现出法律规制乏力，而政策却大行其道，这不符合税收法定原则旨在限制政府征税权而保障纳税人财产自由权的初衷，与税收形式正义的实现尚有较大差距。在实质正义层面，由于立法机关与行政机关都未能认真对待作为定义所得税税基的财政性扣除与作为税收调控措施的调节性扣除内在的区别，在实践中财政性扣除又频频被用来作为调控手段，其所蕴含的基本权利保障价值被不断腐蚀。而在技术正义向度，在唯效率、唯国库导向下，立法者对所得税扣除标准类型化的设计过于简化以致缺乏典型性，与稽征经济原则的初衷相违背。这意味着我国所得税扣除在践行税收正义与基本权利保障立场上尚有诸多差距。与此同时，这也说明所得税扣除在践行基本权利保障立场上也还有巨大潜力与空间。但这种潜力与空间能否被有效"激活"，进而转化为现实中的可行性仍需立足于我国法治发展实践加以综合考察。

党的十八届三中、四中全会先后提出"落实税收法定原则""全面推进依法治国"，2015年修改后的《立法法》将税收法定原则明确载入其中便是最好的注释。若能够严格按照《立法法》的规定执行，我国税法中的法律规制空洞化的现象将有望得到较大程度的改观，所得税扣除规范的法源环境也有望得到改善。在此基础上，党的十九大明确提出，"加强宪法实施和监督，推进合宪性审查工作"，党的十九届四中全会进一步明确，"加强宪法实施和监督，落实宪法解释程序机制，推进合宪性审查工作"，宪法在我国法律体系中的地位日益受到重视，随着合宪性审查逐渐步入正轨，宪法解释制度也将进一步成熟。税法作为宪法秩序下的一个部门法，落实宪法精神以保障公民基本权利亦属题中之义，绝非不切实际的幻想。承载着基本权利保障价值的量能课税原则也有望成为对税法，或至少对所得税法合宪性审查的实质性基准。如此，财政性扣除与调节性扣除的差异有望在理念与实践中得以厘清，扣除规范实体内容的正当性也将进一步增强。伴随着诸如区块链、大数据等技术的发展并逐渐进入税收征管领域，税务机关征管能力的提升将在很大程度上缓解税收征管效率与量能课税之间的紧张关系，扣除标准类型化的科学性也将获得技术层面的保障。而所得税扣除践行基本权利保障立场将不再只是理论上的空想，从理论迈向实践的距离将大大缩短。

一、税收法定稳步推进：改进扣除的法源环境

法源，又被称为"法律的渊源"或"法律规范的渊源"，"是指法律规范首次出现的地方"。[1]对法律渊源又可以从广义和狭义两个角度理解，广义角度而言，"它指的是对客观法产生决定性影响的所有因素"，狭义角度来说，"只有那些对于法律适用者具有约束力的法规范才是法律渊源"。[2]通常来说，法源主要是就狭义层面而言的。具体到我国税法领域，除国际条约或协定以外，宪法、法律、行政法规、地方性法规、地方行政规章、部门规章皆为我国的税法法源。至于规范性文件是否具有法源地位，有论者认为，根据我国《立法法》的规定，广义的"法"并不包含这些规范性文件，而且"政策通常不具备法律规范的形式。政策的制定过程有欠透明，政策本身往往并不公开。以政策作为规范人民权利义务的依据，不符合依法治国的要求"。[3]但是，在实践中，税收规范性文件的确在我国税法中发挥着巨大作用并且法院也对其寄予了高度尊重，若一概加以否认对于税收征管而言恐怕亦将构成巨大的障碍。考虑到这一问题的复杂性，加之国内也有论者将财税部门制定的规范性文件归入我国税法的严格制度化渊源。[4]本书姑且将税收规范性文

---

〔1〕 张文显：《法哲学通论》，辽宁人民出版社 2009 年版，第 179~180 页。

〔2〕 ［德］伯恩·魏德士：《法理学》，丁小春、吴越译，法律出版社 2003 年版，第 102 页。

〔3〕 李敏："民法上国家政策之反思——兼论《民法通则》第 6 条之存废"，载《法律科学》2015 年第 3 期。

〔4〕 参见王文婷：《税法规范生成的解释》，法律出版社 2016 年版，第 133 页。

件作为税法法源加以讨论。[1]

　　诚然，我国税法法源比较广泛，但有鉴于我国高度重视税政统一并且税法立法权主要集中在中央层面，因而我国的税法法源也就主要体现为全国人大及其常委会制定的税收法律、国务院制定的税收行政法规、国务院财税主管部门制定的税收部门规章以及国务院及其财税部门制定的非法规、非规章的规范性文件并且国务院财税主管部门制定的规范性文件在绝对数量上更为突出，以致有学者认为"税收立法权集中在中央异化为集中在中央财税主管部门"。[2]在所得税扣除上，这一现象更为突出，地方层面制定的所得税扣除规范更是少之又少，可以忽略不计。[3]我们可以大致地认为所得税扣除的法源主要集中体现在以下四类：全国人大制定的两部所得税法律、国务院制定的所得税行政法规、国务院财税部门制定的所得税行政规章、国务院及其财税部门制定的所得税规范性文件。相较于法律而言，后三者居于主导地位。亦如前文分析，"法律规制的空洞化"引发了"法律稀缺而政策繁多"的现象，这使得我国所得税扣除规范的法源整体分布在较低位阶的规范层次。由于不同层级法律规范的权威性、民主性有所不同，其对于保障公民基本权利来说

　　〔1〕　本书对"法源"的理解某种意义上是采取了"规范渊源"的定义，但这确属无奈。关于"规范渊源"与"法律渊源"，即"法源"之间的区分，参见刘作翔："'法源'的误用——关于法律渊源的理性思考"，载《法律科学》2019 年第 3 期。亦有学者采取更广义的方式理解法源，参见吴鹏："中国行政法法源理论的问题及其重构"，载《政治与法律》2006 年第 4 期；周佑勇："论作为行政法之法源的行政惯例"，载《政治与法律》2010 年第 6 期。从现实层面，根据 2004 年 5 月 18 日最高人民法院印发的《关于审理行政案件适用法律规范问题的座谈会纪要》的规定，行政规范性文件不属于正式的法律渊源。但实践中，对于财税部门制定的规范性文件，法院给予了很高的尊重，例如，有学者通过考察我国最高人民法院公布的典型案例，认为法院并未对非正式法源的"侵益性规定（征收养路费、附加费）是否具备合法授权等要件进行审查，就单独地以之为依据作出裁判，相当于将行政规范性文件视为行政诉讼的当然法源予以适用"。具体可参见余军、张文："行政规范性文件司法审查权的实效性考察"，载《法学研究》2016 年第 2 期。

　　〔2〕　叶姗："税权集中的形成及其强化考察近 20 年的税收规范性文件"，载《中外法学》2012 年第 4 期。

　　〔3〕　地方层面虽也有制定一些所得税扣除规范性文件，例如《大连市地方税务局关于调整一次性补偿收入征免个人所得税标准和住房公积金个人所得税前扣除基数限额的通知》（大地税发〔2015〕147 号）、《河南省财政厅、河南省地方税务局关于公务用车制度改革取得补贴收入有关个人所得税扣除标准的通知》（豫财税政〔2015〕82 号），这些文件几乎是对国务院财税部门制定的规范性文件更为具体的细化，尽管也会影响到纳税人的纳税义务，但此类文件在确定扣除标准上的裁量空间极小，因而本书除非特别说明，不再涉及这类扣除规范性文件。

有着不尽一致的意义。[1]因而，我国《立法法》才较为明确地规定了不同层级法源的权限范围。例如，涉及人身自由限制的法源只能是法律，不能是行政法规，更不能是部门规章。而根据《立法法》规定，税收事项属于只能制定法律的内容，尽管也一定程度上承认了授权国务院制定行政法规的可能。但无论如何，这说明税收是对公民基本权利较为严重的限制形式，因而法源分布应该整体上体现为高位阶的法源。

税收作为国家与纳税人之间最紧密的一种联系纽带，"税收法定自诞生就有其深刻政治目的和动机，是国家利益和社会各阶层利益相互斗争、妥协的结果"。[2]"落实税收法定原则"很大意义上就在于改善税法法源状况，使税法法源由低位阶逐渐迈向高位阶。从静态角度来看，低位阶法源无论是在制定程序还是在严谨性上都较差一些，对于纳税人基本权利的保障也更容易存在疏漏。因而，当税法广泛分布在低位阶的法源中，纳税人基本权利就更容易受到不当侵犯，这距离税收形式正义自然就颇为遥远；而当税法规范集中分布在高位阶法源中，纳税人基本权利也就更容易得到保障，这距离税收正义的实现也就更加可期。从动态角度而言，"立法的本质和功能是最为广泛的公共政策创制装置和表现形式，是对于利益资源进行符合社会主流价值原则和理想目标的规范形态和制度表现"。[3]而"法律的制定须践履繁复、细腻的三读或三审讨论程序，明显较为正式、严谨，尤其在讨论方面更是较为公开、深入与彻底"，[4]在这个过程中，不同利益主体彼此间经过充分博弈使得良法善治得以实现。[5]也正因如此，法源状况能够成为衡量税收形式正义的重要指标。

客观来说，我国的税收法定原则的落实并非源于市民社会与政治国家之

---

[1] 当然，这主要是就中央层面而言的，并不涉及地方层面的立法，后文亦同。客观而言，地方性法规由地方民意机关制定，其民意代表性较之于行政法规来说，某种意义上应当更强。但从宪法所确立的单一制中央集权体制来看，中央领导地方，国务院作为中央行政机关代表，其较之于地方民意机构权威性更强，因而在我国法制体系中，地方性法规需要服从于行政法规。整体来说，我国法律体系中不同层级法律规范的位阶主要取决于机构的权威性与民意代表性两方面，并且权威性较之于民意代表性更具有突出地位。

[2] 张晓君：《国家税权的合法性研究》，人民出版社 2010 年版，第 91 页。

[3] 黄信瑜、石东坡："立法博弈的规制及其程序表现"，载《法学杂志》2017 年第 2 期。

[4] 周佑勇："行政法中的法律优先原则研究"，载《中国法学》2005 年第 3 期。

[5] 参见金梦："法律博弈论及其核心构造"，载《江海学刊》2015 年第 5 期。

间的不懈斗争，很大程度上应当说是执政党的政治决断。因而，单纯从静态法源分布状况来衡量我国税收法定原则的落实状况并不能得出令人信服的结论。毕竟若法律只是"暂行条例"翻版的话，这种法源状况的改善对于税收形式正义的实现并无实质意义。相反，行政机关的部门利益若借此机会以法律形式加以固化，这对于税收正义的实现甚至还可能起到反向阻碍作用。[1]基于此，理解中国税收法定原则除了要关注静态的法源分布状况，还要深入税法制定的过程，从动态层面关注税法法源的实质性改善。易言之，税法法源的改善之于我国不宜也不应被机械地理解为将现有的税收暂行条例平移为税收法律，其中还应包含立法机关与行政机关的必要博弈。只有此种博弈真实存在，税法法源的改善也才有其特别的价值与意义。可喜的是，我国既有的税收法定原则落实进程并不只是将"暂行条例"平移为"法律"，更不是对行政机关制定的税法草案的"照单全收"。[2]其中，立法者为限制行政机关课税权作出了诸多努力。这种努力既涉及授权立法事项，也涉及税收构成要素事项，还涉及立法语言的明确性等，在一定程度上彰显了税收法定原则的应有之义。例如，在《车船税法》制定过程中，立法者广泛听取民意，对乘用车的税额作出较大调整并较草案而言有明显下调，对于草案中授权国务院对某些"高能耗、高污染"车船加收车船税的规定加以删除，这些都对限制行政机关征税权保障纳税人财产权有着较为突出的意义。[3]又如，在资源税法草案审议过程中，全国人大宪法和法律委员会就对国务院减免税的范围作出较为明确的限制，草案中"根据国民经济和社会发展的需要"这一授权限制被具体化为"根据国民经济和社会发展的需要，对有利于促进资源节约集约利用、保护环境等情形"，此种差异不仅是立法机关与行政机关之间的博弈结果，也反

---

〔1〕　"政府部门立法或人大委托政府部门起草法律法规时，政府部门往往会将自身权利最大化、自身义务最小化，把不正当的部门利益甚至个人利益夹带进来，从而导致部门利益法制化的出现。部门利益法制化使得当前相关的立法质量得不到切实保障。"高凛："论'部门利益法制化'的遏制"，载《政法论丛》2013年第2期。

〔2〕　必须承认，"税制平移"是我国税收法定落实进程中的一大特色，这在很大程度上制约了我国税法法源状况改善的实质价值，但也应当承认立法者对行政机关制定的立法草案也确实作了一些力所能及的改进。二者并非截然对立，而是有机统一在一个矛盾统一体之中。也正是从这个角度来说，税收法定原则的落实既是我国实现税收正义的必备要素，也是我国实现税收正义过程中必须认真对待的一个时代课题。

〔3〕　张柏林：《全国人民代表大会法律委员会关于〈中华人民共和国车船税法（草案）〉审议结果的报告》，2011年2月23日在第十一届全国人民代表大会常务委员会第十九次会议上。

映出立法机关对税收法定的认识有了进一步深化。[1]

我国现行所得税扣除尤其是企业所得税税前扣除的法源环境之所以并不乐观，这在很大程度上与法律制定的时代背景有关。《企业所得税法》制定于2007年，而在当时税收法定原则并未进入立法者的视野，[2]至少从全国人大法律委员会（已更名为全国人大宪法和法律委员会）对行政机关提交的立法草案的审议报告来看，其中并未涉及税收法定问题，立法者更多考虑的是内外资企业之间的税收公平问题。[3]也因如此，《企业所得税法》第20条才会作出"扣除的具体范围、标准和资产的税务处理的具体办法，由国务院财政、税务主管部门规定"这一授权。与之形成鲜明对比的是，在2018年《个人所得税法》修改之际，《全国人民代表大会宪法和法律委员会关于〈中华人民共和国个人所得税法修正案（草案）〉审议结果的报告》明确提及"按照税收法定的要求"，为了提升法律的权威性和可操作性而将草案所规定的专项附加扣除的具体范围、标准和实施步骤"由国务院财政、税务主管部门商有关部门确定"调整为"由国务院确定，并报全国人民代表大会常务委员会备案"。同样都是"扣除的具体范围、标准"，但在2007年，立法者有意无意地将其授权给国务院财税主管部门规定并且也不必报全国人大常委会备案。而在落实税收法定原则已成共识的2018年，扣除的具体范围和标准则不再授权国务院财税主管部门规定，而是将之明确授权国务院规定并向其备案。时代背景对于所得税扣除法源环境的改善的影响由此可见。除此之外，考察《个人

---

[1] 立法机关先前出台的《中华人民共和国车辆购置税法》（以下简称《车辆购置税法》）、《中华人民共和国耕地占用税法》（以下简称《耕地占用税法》）等几部税法在对国务院减免税的限制上都显得极为笼统，与资源税法草案的规定无异，即对国务院减免税权的限制仅有"根据国民经济和社会发展的需要"。实际上，这一限制措施缺乏具体的指向性，无异于空白授权。例如，《车辆购置税法》第9条第2款规定，"根据国民经济和社会发展的需要，国务院可以规定减征或者其他免征车辆购置税的情形，报全国人民代表大会常务委员会备案"。《耕地占用税法》第7条第5款规定，"根据国民经济和社会发展的需要，国务院可以规定免征或者减征耕地占用税的其他情形，报全国人民代表大会常务委员会备案"。

[2] 虽然立法者分别在2017年和2018年对《企业所得税法》作出小幅修改，但无论是2017年慈善捐赠税前扣除部分的修改还是2018年关于国家机关名称部分的修改，这些修改要么是为了与其他法律实现有机衔接，要么是为了配合国家机构改革，税法实体内容的修改并未纳入立法者的视野。因此，对企业所得税法立法背景的考察仍应以其制定时的背景为主。

[3] 杨景宇：《第十届全国人民代表大会法律委员会关于〈中华人民共和国企业所得税法（草案）〉审议结果的报告》，2007年3月12日在第十届全国人民代表大会第五次会议主席团第二次会议上。

所得税法》对税收优惠的授权主体的变迁，我们也可以得到类似的结论。20世纪80年代制定的《个人所得税法》将减免税的权力授权国务院财政部门，而到了2018年，修改后的《个人所得税法》则明确将之授权国务院并且还要求国务院向全国人大常委会备案。根据全国人大宪法和法律委员会对草案审议的报告，此种变迁发生的根本原因就在于"按照税收法定的要求"。

言及至此，我们可以得出这么一个结论：随着税收法定原则的持续推进，所得税扣除的法源环境会得到进一步改善，至少会从国务院财税主管部门制定的规范性文件提升至国务院制定的行政法规或规范性文件。《个人所得税专项附加扣除暂行办法》以国务院名义而非国务院财税主管部门名义出台，在很大程度上就足以说明这一问题。诚然，这绝非税收形式正义的终极目标，随着立法者对税收法定原则以及扣除事物本质理解的不断深入，假以时日，扣除范围与扣除标准将如同税率一样会成为法律规制而非政策规制的事项。到那时，法律对扣除规制的空心化也就能够在很大程度上缓解乃至消除，行政机关借助所得税扣除来侵犯纳税人财产权等基本权利的状况将大为改观，而所得税扣除对于保障纳税人财产权等基本权利的价值亦有望进一步实现。

二、合宪性审查的引入：增强扣除内容正当性

受制于我国税法领域"政策繁多而法律稀缺"的现象，我国税法学界似乎将"加强、加快税收立法，在立法机关与行政机关之间进行税权的分权和制衡"作为"我国税收法治建设的根本出路"。[1]不可否认，法律较之于行政法规、行政规章以及行政规范性文件而言，不仅民意代表性更强，而且制定程序也更加规范，在法律制定过程中各种利益博弈的程度也更加充分，加强、加快税收立法对于实现税收法治来说无疑有着较为突出的作用。但亦如论者所言，"这说的只是一种应然状态，由于实际上存在的法律是由具体的人制定的，他们不可能完全按照法律的原理进行立法和司法工作，而是加进了自己的愿望和目的，这就使实际上存在的法律往往在某种程度上偏离了法的属

---

〔1〕　王文婷：《税法规范生成的解释》，法律出版社2016年版，第27页。

性和目的"。[1]更为重要的是，自古以来我国就有着行政权独大的传统，而全国人大的立法又存在着先天不足，即便是立法机关制定出了税收法律，税收法律本身仍然不得不向行政机关广泛授权，进而使得行政裁量空间无限扩大。[2]我国《企业所得税法》和《个人所得税法》都是明证。针对概括授权这种现象，只要立法者不断提升对税收法定原则的认识，相信此种现象应能解决。然而，在可以展望的有限期间，无论是《个人所得税法》还是《企业所得税法》，想要再次进行大幅修改，前景并不乐观。但是，任由行政机关根据法律的广泛授权制定税收规范，这无异于将纳税人的基本权利置于行政权的威胁包围圈。更何况，随着国家职能的日益扩张，"在立法机关无意限制财政支出规模乃至由此不断扩大财政收入来源的情况下，宪法上所保障之自由权与财产权不能单单依赖于议会的审慎计算，而须对其所制定的财政法律及其决策，加以形式的规范和实质的限制"。[3]基于此，我们必须转变思路，不宜将税收法治建设的根本出路单纯寄希望于税法法源的改善，关注税法规范的合理性与正当性更应成为当下最为紧迫的问题。这对于所得税扣除问题而言尤为妥帖。

"在当代，最能体现人权宪法保障的立宪主义原理的，早已不是传统上简单地把人权保障作为立宪的核心价值观念以及宪政基石的地位和作用，而是将其付诸实践。"[4]为了将宪法旨在保障人权的精神付诸实践，各法治国家无不以建立合宪性审查制度为努力方向。随着我国法治状况不断改善，合宪性审查已经成为我国当下一个颇为热门的话题。中国共产党先后在十九大、十九届四中全会两次提出推进合宪性审查工作。而在实定法层面，2018 年 6 月 22 日第十三届全国人民代表大会常务委员会第三次会议通过了《全国人民代表大会常务委员会关于全国人民代表大会宪法和法律委员会职责问题的决定》，该决定明确，"宪法和法律委员会在继续承担统一审议法律草案等工作的基础上，增加推动宪法实施、开展宪法解释、推进合宪性审查、加强宪法监督、配合宪法宣传等工作职责"。结合文本来看，尽管"宪法和法律委员会承担合宪性审查的职责，并不意味着该机构就一定是合宪性审查的主体，或

---

〔1〕 严存生：《法治的观念与体制：法治国家与政党政治》，商务印书馆 2013 年版，第 240~241 页。

〔2〕 参见湛中乐：《权利保障与权力制约》，法律出版社 2003 年版，第 79~80 页。

〔3〕 刘剑文主编：《民主视野下的财政法治》，北京大学出版社 2006 年版，第 31 页。

〔4〕 陈云生：《宪法监督的理论与违宪审查制度的建构》，方志出版社 2011 年版，第 246 页。

者说该机构不一定享有最终的决断权"，[1]但可以肯定的是"宪法和法律委员会协助全国人大及其常委会开展合宪性审查等工作，应当成为合宪性审查工作的主要推动者和实际承担者"。[2]从这一决定的文本来看，宪法和法律委员会推进合宪性审查的职责与对法律草案集中审议的职责似乎是两项并列的职责，但从历史和现实实践来看，合宪性审查与对立法草案的审议并非截然分开，而是内含于一体的。1998 年 6 月，时任全国人大常委会委员长李鹏曾说，"需要有一个立法综合部门对法律草案进行统一审议，使制定的法律与宪法保持一致，与有关法律相衔接，以保持法制的统一。法律委员会实际上就是这样一个立法综合部门"。[3]换而言之，对法律草案进行审议的过程也是对法律草案进行合宪性判断或审查的过程。例如，在 2018 年 10 月，《全国人民代表大会宪法和法律委员会关于〈中华人民共和国人民法院组织法（修订草案）〉审议结果的报告》中就明确提及"人民法院组织法修订草案由全国人大常委会审议通过是可行的，符合宪法的有关规定"。而理论界更是将法律草案审议与（立法阶段）合宪性审查看作是一体化的，而非截然分开的。[4]

从既有税法实践来看，《全国人民代表大会宪法和法律委员会关于〈中华人民共和国个人所得税法修正案（草案）〉审议结果的报告》应当说是全国人大宪法和法律委员会履职以来作出的第一份关于税法的审议报告。这在某种意义上开启了宪法和法律委员会对税法草案进行合宪性审查的大门。量能课税原则仅作为一种税法理想的局面将有望被打破。结合《全国人民代表大会宪法和法律委员会关于〈中华人民共和国个人所得税法修正案（草案）〉审议结果的报告》来看，其对草案的第 2 条修改意见就明确提及"量能课税、净所得征税的原则"。尽管该条意见含蓄地表达为"有的（常委委员和专家）建议，对于劳务报酬所得、稿酬所得、特许权使用费所得，应在减除必要的费用后计算收入额，以体现量能课税、净所得征税的原则。宪法和法律委员

---

〔1〕 李雷："宪法和法律委员会开展合宪性审查的法理基础"，载《地方立法研究》2019 年第 6 期。

〔2〕 参见于文豪："宪法和法律委员会合宪性审查职责的展开"，载《中国法学》2018 年第 6 期。

〔3〕 李鹏：《立法与监督　李鹏人大日记》（上），新华出版社、中国民主法制出版社 2006 年版，第 299 页。

〔4〕 参见邢斌文："论立法过程中法律草案合宪性的判断标准"，载《政治与法律》2018 年第 11 期；郑贤君："全国人大宪法和法律委员会的双重属性——作为立法审查的合宪性审查"，载《中国法律评论》2018 年第 4 期。

会经研究，建议采纳这一意见"，似乎暗示着，量能课税原则和净所得征税原则还只是部分常委委员和专家的意见，但从宪法和法律委员会最终决定采纳这一意见的结果来看，宪法和法律委员会应已认同量能课税原则和净所得征税原则对于个人所得税法的拘束力。若非如此，草案中不允许劳务报酬所得、稿酬所得、特许权使用费所得税前扣除必要的费用也不会在修正案最终通过阶段发生如此变迁。虽然从既有的立法背景资料来看，我们无从得知宪法和法律委员会为何接受量能课税原则和净所得征税原则作为对所得税法的拘束性原则，更难以获知其所认同的量能课税原则和净所得征税原则是否基于宪法中的基本权利条款或者平等权条款，但是，可以肯定的是，宪法和法律委员会作为"专责性宪法机关"，[1]其作出的审议报告必然已经对量能课税原则和净所得征税原则是否合乎宪法原则和宪法精神作出了判断。这两个原则作为其对所得税法进行审查的基准，若无重大理由，自然不会轻易改变。

立足当下，我国所得税扣除法源大都处于较低的位阶，姑且不论宪法和法律委员会如何对已有的两部所得税法律中所得税扣除问题进行合宪性审查，至少其对国务院制定的行政法规、国务院财税部门制定的规章以及其他规范性文件进行合宪性审查并不存在操作上的障碍。如果这些法源中的扣除规范能够合乎量能课税原则的要求，我国现行扣除规范中的诸多乱象也可在很大程度上得到消解，无论是财政性扣除规范异化为调节性扣除规范，抑或财政性扣除规范与调节性扣除规范可识别性缺失问题都将有所改观。当然，随着合宪性审查工作的持续推进以及宪法解释制度的进一步发展完善，将包括法律在内的所有扣除规范置于"宪法规定、宪法原则、宪法精神"[2]的约束下亦非不可能。若真如此，所得税扣除规范也将迈向税收实质正义。

三、税收征管技术革新：提升扣除标准的典型性

"税收征管是整个税收制度运行的关键环节，税收征管过程是税收分配得以实现的重要保证，既关系到国家税收收入的取得，也关系到政府税收成本的高低和纳税人税制遵从成本的多少。"[3]在既有的税收征管能力下，类型化

---

[1] 叶海波："设立宪法和法律委员会的法治分析"，载《武汉大学学报（哲学社会科学版）》2019 年第 2 期。

[2] 梁鹰："备案审查制度若干问题探讨"，载《地方立法研究》2019 年第 4 期。

[3] 谢芬芳：《中国政府税收行政效率研究》，研究出版社 2008 年版，第 192 页。

作为实现税法简化的重要抓手，本可以做到以简驭繁，在税收公平与税收效率之间寻得某种平衡，进而使得税收技术正义得以实现。然而，如前所述，我国所得税扣除规范中广泛存在的类型化由于严重缺乏典型性，使得类型化这一本具有价值中立的立法技术沦为国库利益最大化的工具。面对这一问题，我们固然可以从形式正义与实质正义两个维度对税收执法者作出的缺乏典型性的实质类型化加以否认。可问题是，如果对此"一否了之"的话，无论是对于前述的保险营销员还是证券经纪人来说，这非但难以实现税收技术正义的要求，反倒会与之愈行愈远。因为，国家税务总局突破《个人所得税法》的规定允许二者在扣除法律所允许的必要费用之外还扣除一定的展业成本，这虽然不符合税收形式正义的要求，也未能真正实现税收技术正义，但至少比立法机关对这两类纳税人扣除标准作出的类型化更为靠谱。面对立法机关作出的缺乏典型性的类型化，税收法定原则只能宣告失灵。此时，我们确实可以寄希望于合宪性审查者，由其对此种不符合税收实质正义要求的扣除规范作出相应处理。但此种处理必然也要受制于我国税务机关的征管能力，断不可能置稽征经济原则于不顾。更何况，我国合宪性审查者与立法机关乃同一主体，想要由其对自身已经制定的法律加以推翻，这在实践中尚存在一定的操作障碍。因此，我国特殊语境下，税收技术正义的践行在某种意义上更应强调在增量上"做文章"，即通过提升我国税务机关的征管能力来助力税收技术正义的实现。因为，税务机关征管能力越强，税务机关与纳税人之间的信息也就越对称，制约税收正义实现的障碍也就越少，对扣除标准作出的类型化也会更具典型性。当然，若税收征管能力足够强，核实课税亦非不可能。

"随着计算机和其他先进科技手段在立法领域的广泛应用……立法对客观情况和规律的把握更充分、全面、及时……各执法机关逐步走向办公自动化，为执法机关提供了便捷的执法手段，使行政机关的办事效率得以迅速提高。"[1] 20世纪90年代引入增值税以来，我国税务机关征管技术取得了较大发展，先后历程"金税一期""金税二期""金税三期""金税四期"，这对于提升税收征管效率，有效遏制逃税漏税行为，乃至提升纳税服务质量，维护税收公平都有着突出意义。[2]从既有税收实践来看，尽管依托于金税工程的税务信息

---

〔1〕 李龙主编：《法理学》，武汉大学出版社2011年版，第577~578页。

〔2〕 参见王长林："金税工程二十年：实践、影响和启示"，载《电子政务》2015年第6期。

化建设似乎还未对所得税扣除标准的典型化发挥突出作用，以致我国现行所得税扣除标准在类型化上还较为粗糙。但是，随着大数据时代的到来，这一现象应有望转变。正如维克托·迈尔-舍恩伯格（Viktor Mayer-Schönberger）在《大数据时代 生活、工作与思维的大变革》一书中所描述的，"当数据处理技术已经发生了翻天覆地的变化时，在大数据时代进行抽样分析就像在汽车时代骑马一样。一切都变了，我们需要的是所有的数据，'样本＝总体'"。[1]税法中的类型化在很大程度上是抽样思维的产物，它忽略每个纳税人的具体情况，只是对纳税人类似情况的提炼，这不可避免地存在随机采样所面临的诸如采样的过度主观性以及采样缺乏典型性的问题，亦如论者所言，"传统预测，其研究对象并不是所有涉税对象，而是总体中的部分涉税对象"。[2]这就在某种意义上制约了类型化的典型性以及价值立场的中立性。而在大数据时代下，由于样本就是总体，这对于提升税务机关的税收风险预判能力无疑是有着突出价值的，有研究就指出，"综合税制的个人所得税需要有大数据支撑，否则便是镜中花、水中月，因为综合就意味着税收数据与人口数据、房地产数据、医保数据等相互开放共享及其背后错综复杂的勾稽比对等数据关系"。[3]尽管我国当下个人所得税税制采取的是（部分）综合所得税税制，但受限于税收征管技术，个人所得税中的各项主观扣除只能采取极为粗糙的概数化模式，这在很大程度上与个人所得税中的主观费用扣除旨在精准衡量纳税人负担能力是有差距的。而随着数据挖掘分析技术的逐渐引入，"税务机关是可以通过大数据技术将散落在政府、银行、商场、交通、医院、学校等机构的相关信息通过数据接口进行汇总，更全面地掌握纳税人家庭的收入、负担和支出情况"。[4]当税务机关可以更加准确地掌握纳税人前述各项支出的总体信息时，科学地设计各类主观费用扣除标准并且使之更为准确地反映纳税人状况应当不无可能。而我国现行《个人所得税法》第 15 条要求涉税部门为税务机关提供包含专项附加扣除在内的相关信息，无疑为我国税务机关运

---

〔1〕［英］维克托·迈尔-舍恩伯格、肯尼思·库克耶：《大数据时代 生活、工作与思维的大变革》，盛杨燕、周涛译，浙江人民出版社 2013 年版，第 27 页。

〔2〕余宜珂、袁建国："大数据在我国税收领域的应用：前景和挑战"，载《税务研究》2017 年第 2 期。

〔3〕于俊："开放共享发展理念下的政府数据治理能力建设——以税务大数据开放共享实践为例"，载《福建论坛（人文社会科学版）》2017 年第 8 期。

〔4〕邢会强："个人所得的分类规制与综合规制"，载《华东政法大学学报》2019 年第 1 期。

用大数据分析挖掘纳税人主观需求状况提供了起码的制度保障。

　　如果说大数据挖掘与分析技术可以在很大程度上改进我国所得税扣除中类型化缺乏典型性这一现状的话，那么随着区块链技术在我国税务征管实践的进一步应用，[1]所得税扣除中诸如保险企业佣金、手续费支出扣除等成本费用扣除中的类型化或可不复存在。因为，我国所得税扣除标准中的此类类型化之所以存在，其很大程度上在于立法者和执法者对于纳税人的税务会计信息缺乏足够信任，若允许纳税人据实扣除，纳税人可能运用各种不当手段侵蚀税基。[2]有鉴于区块链技术所具有的去中心化、可追溯性、不可篡改性、智能合约等特征，在所得税税收征管上，其将发挥较为突出的作用，"第一，可以通过区块链技术的智能合约自动进行应纳税额的计算和税收收入的入库，避免对涉税政策解释不同和税务执法差异带来的税负差异。第二，企业交易链保证了企业的涉税信息真实可靠、不可篡改，减少了账外销售等违规行为的产生"。[3]在税务机关充分掌握纳税人的真实可靠信息的情况下，基于防范纳税人逃漏税而侵蚀税基的立场也将丧失存立的基础，[4]纳税人为获取收入而必须的成本费用，无论是立法者还是执法者自无过度干预的必要。相应的，

---

　　[1]　2018年8月10日，全国首张区块链电子发票在深圳诞生，标志着区块链已经正式进入我国税收征管领域。

　　[2]　例如，《企业所得税法实施条例》第40条规定的职工福利费税前扣除标准为不超过工资薪金总额的14%。而根据该条例释义小组的解释，条例的草案是允许据实扣除的，后来之所以限额扣除主要是基于两方面因素：其一，防止部分企业以职工福利名义侵蚀企业所得税的税基；其二，14%的比例符合一般企业的总额要求（刘炤主编：《〈中华人民共和国企业所得税法实施条例〉释义及适用指南》，中国财政经济出版社2007年版，第145~146页）。就第二个理由来说，我们无从判断。但就第一个而言，防止税基侵蚀应当尤其重要。除此之外，我们还可以考察职工教育经费税前扣除，按照释义来说，2.5%的比例过于机械，未必满足企业的实际情况，所以条例才授权国务院财税主管部门另行确定（刘炤主编：《〈中华人民共和国企业所得税法实施条例〉释义及适用指南》，中国财政经济出版社2007年版，第147~148页）。这在很大程度上说明了立法者也已经意识到了限额扣除这种类型化存在局限性。但问题是既然意识到局限性为何又不允许据实扣除呢？单从解释文本来看，我们无从得知是否与防止税基侵蚀有关，但如果结合职工福利费税前扣除的限额规定，应当说不无关联。

　　[3]　任超然："基于区块链技术的税收征管模型研究"，载《税务研究》2018年第11期。

　　[4]　参见蔡昌、赵艳艳、戴梦妤："基于区块链技术的税收征管创新研究"，载《财政研究》2019年第10期；张巍、郭墨："区块链技术服务税收征管现代化的契合性研究"，载《税务研究》2019年第5期。还有观点甚至认为，"（区块链）为进一步完善和提升现代税收征管能力提供了新契机，通过分布式账本构建，彻底打破征纳双方涉税信息不对称的局面，起到有效消除偷逃税、解决征管瓶颈、降低税收流失率等一系列的作用"。参见程辉："区块链技术驱动下的税收征管与创新"，载《财政科学》2019年第9期。

诸多基于防弊思维而存在的限额扣除式类型化也将缺乏存在的根基。

总而言之，随着大数据以及区块链技术的发展以及我国税收征管技术的更新换代，税务机关征管能力的大幅提升是不言而喻的。这不仅有助于税收征管成本的降低，还能助力立法机关与行政机关税务决策的科学化。2021年3月，中共中央办公厅、国务院办公厅联合印发的《关于进一步深化税收征管改革的意见》对此更是明确要求建设以税收大数据为驱动力的具有高集成功能、高安全性能、高应用效能的智慧税务。如此，立法者便可借助税收大数据精确掌握纳税人的生产经营乃至日常消费画像，而以此为基础的所得税扣除标准亦能更加合乎事物本质，所得税扣除在践行税收技术正义上亦将获得充足的保障。

第五章
所得税扣除基本权利保障立场的实现：
以扣除规则进阶为中心

  结合第四章的相关讨论，我国所得税扣除法律实践在某些方面与基本权利保障立场尚有不兼容之处，但随着税收法定原则的快速推进，合宪性审查的引入以及税收征管技术的革新，这些障碍也在日益瓦解。这意味着为我国所得税扣除制度植入基本权利保障立场总体上是可行的。但是，立场终究还只是一种主观态度与价值目标，调整立场的目的在于指引具体实践。本章所要解决的便是如何运用基本权利保障立场指导我国所得税扣除规则的完善。不过，若要运用其来指导所得税扣除制度实践，则还必须先在其指引下对所得税扣除原则加以提炼，因为原则"概括体现着特定法律制度的基本性质、价值原则、价值目标，是整个法律制度的指导思想和核心"，[1]所得税扣除虽仅为税法甚至所得税法的一个很小的环节，但它作为相对独立的一项制度同样存在原则提炼的问题。[2]更为重要的是，"原则的价值在于创造统一的标准，如果毫无原则，则形同随意、恣意并非正当。如果没有原则，则正义即丧失其基础"。[3]同样，若无所得税扣除规则设计基准的提炼，所得税扣除规则的制定也就沦为恣意与不正当，基本权利保障亦不免被架空。因而本章第一节将在基本权利保障立场的指引下重点聚焦所得税扣除原则的提炼，即所得税扣除规则设计的基准。又因为成本费用扣除与生计费用扣除遵循着不尽

---

  [1] 杜宴林主编：《法理学》，清华大学出版社 2014 年版，第 44 页。

  [2] 在实务中，虽然也有对所得税扣除原则加以提炼的具体实践，如企业所得税税前扣除五原则，包括真实性原则、相关性原则、合理性原则、税法优先原则以及凭合法凭据扣除原则（参见刘天永："企业所得税税前扣除五大原则"，载《财会信报》2017 年 2 月 13 日，第 B03 版）。但这与本书所说的原则提炼并非同一层面的问题。具体来说，实务中的税前扣除原则主要是在规则适用层面而言，而本书的扣除原则或者说基准更倾向于从规则设计层面出发。

  [3] 叶金育：《环境税整体化研究——一种税理、法理与技术整合的视角》，法律出版社 2018 年版，第 61 页。

一致的逻辑，在提炼基准时有必要将二者予以区分。在此基础上，后两节还将分别深入成本费用扣除与生计费用扣除规则的优化调整层面，以期展现出所得税扣除规则该如何在基本权利保障立场之下加以塑造。

第一节　基本权利保障立场下所得税扣除规则设计基准

　　"法律是一个价值系统，所以要检讨税捐法上关于税捐债务之有无及其范围的大小问题，必须取向于其建制之基础原则，才能导出能够贯彻于整个税捐法系统之解决意见。"[1]而所得税扣除制度作为所得税法律这一价值系统的子系统，要检讨所得税扣除问题，同样需要取向于其基本原则或者说规则设计基准。诚然，实务界有将我国企业所得税税前扣除原则概括为五原则的，如真实性原则、相关性原则、合理性原则、税法优先原则以及凭合法凭据扣除原则。[2]甚至还有将之概括为六原则的，如真实性原则、相关性原则、合理性原则、收益性支出当期扣除原则、资本支出分期扣除原则以及支出不得重复扣除原则。[3]但由于作为税前扣除原则核心部分的"相关性原则"与"合理性原则"皆为不确定法律概念，在法律规制不足的状况下，这直接导致扣除范围的选取以及扣除标准的确定沦为行政裁量的产物，原则本应具备的指引规则设计的功能大打折扣，我国所得税成本费用扣除规则乱象丛生与之就有着较为密切的关系。与《企业所得税法》广泛采取模糊而又不确定的原则模式不同，《个人所得税法》广泛采取直接而又明确的规则模式，这一差序格局导致人们在对所得税扣除规则设计基准的提炼上存在着"厚此薄彼"的现象，个人所得税扣除规则设计基准的提炼近乎无人问津。一边是原则指引乏力的企业所得税，另一边是几无原则的个人所得税，这都无助于所得税扣除规则的科学设计。对于前者而言，亟需为其植入必要的价值立场，对于后者来说则需为其设计较为妥帖的规则设计基准。为此，本节以基本权利保障立场为价值指引，重点分析成本费用扣除与生计费用扣除所应遵循的规则设

---

〔1〕　黄茂荣："核实课征原则之实践及其司法审查"，载《交大法学》2015年第4期。
〔2〕　参见刘天永："企业所得税税前扣除五大原则"，载《财会信报》2017年2月13日，第B03版。
〔3〕　参见毕明波、王京臣："企业所得税支出税前扣除原则及范围探析"，载《财会通讯》2009年第10期；黄德荣："企业所得税税前扣除原则需准确把握"，载《海峡财经导报》2014年6月11日，第17版。

计基准。在具体安排上，由于本节的内容上承基本权利保障立场，下启成本费用扣除规则与生计费用扣除规则的具体设计，因而本节在探讨两类扣除规则设计基准时皆会对其基本权利保障基础与之的内在关联加以阐述，然后才是对规则设计基准的具体提炼。就成本费用扣除规则设计基准，本节希冀以营业自由作为核心向导以阐明成本费用扣除规则在范围选取和标准确定上的大体思路。与之相应，在生计费用扣除上，本节以生存权保障为逻辑起点，重点说明生存权保障与生计费用扣除的内在关联以及基于生存权保障，生计费用扣除规则的设计应坚持何等准则。

一、营业自由保障为基础的成本费用扣除规则设计基准

"所以承认必要费用予以减除之理由，乃避免对投入资本之回收部分课税，以维持原有资本以扩大再生产。"[1]可以说这是所得税所要遵循的原则——客观净所得原则，但是成本费用扣除要遵循什么原则或者说成本费用扣除规则设计要遵循何等基准，则是另一个不完全相同的话题。不过，要想厘清成本费用扣除要遵循何等基准，则还需回溯至成本费用扣除的基本权利保障基础并在其指引下去设计，即首先要明确客观净所得原则的基本权利基础。

（一）营业自由作为成本费用扣除的基本权利保障基础

关于客观净所得原则的基本权利基础，相关探讨主要集中于德国和我国台湾地区的学界与实务界。就具体观点来说，大体可以分为三类。第一类为平等权保障说，第二类为财产权保障说，第三类则为平等权叠加自由权保障说。

平等权保障说认为净所得原则系平等权的内在要求。但在具体观点上，也不尽一致。我国台湾地区陈清秀教授认为，不同纳税人投入的成本费用与其所获得的利润往往并不一样，若不允许扣除必要费用，会导致毛收入相同但利润不同的纳税人缴纳相同的税收，进而有违量能平等负担原则。德国联邦宪法法院虽也运用平等权作为客观净所得原则的基本权利基础，但却显得不那么彻底。具体来说，德国联邦宪法法院至今仍未明确肯认其宪法地位，客观净所得原则之所以能成为德国联邦宪法法院审查立法行为是否合乎基本法规定的根源，在于平等原则内涵着"一贯性"的要求，即立法机关一旦作出所得税法允许扣除

---

〔1〕　葛克昌：《所得税与宪法》，北京大学出版社2004年版，第62页。

必要成本费用这一基本决定，在没有充分正当理由的情况下，立法机关若变更其先前作出的决定就违背了基本法平等原则的要求。不得不说，德国联邦宪法法院从平等权（原则）之"一贯性"这一角度审视客观净所得原则虽有助于保障纳税人的基本权利，以免立法机关对所得税扣除规范的肆意调整，但也在某种意义上阻碍了其对成本费用扣除存在的基本权利基础进行更深层次的探寻。

　　财产权保障说认为成本费用扣除系财产权和职业自由权的内在要求。德国莫里斯·莱纳（Moris Lehner）认为成本费用扣除系财产权保障的内在要求，"客观净值原则在宪法上立足于财产权的私人利益保障，并遵循这一根本决定，以合乎逻辑的方式发展"。[1]

　　平等权叠加自由权保障说认为客观净所得原则存在的原始基准在于财产权与职业自由权，但也同时主张若无平等权加固也存在诸多不妥。德国Joachim Englisch认为，"所有权自由和职业自由保障财产和劳动力用于商业目的的成果的私用性……经济成功绝不能从根本上受到税收的影响；更重要的是，税收一定不能通过使就业在经济上变得毫无意义而产生'窒息效应'。如果客观净额原则得不到尊重，在某些情形下将会发生违宪的结果。例如，收入为100而购置成本为60，在40%的税率下，毛税将具有没收效应。纳税人与他的成功没有任何关系"。[2]当然，在他看来，平等权的作用也不可忽视，因为平等权可以将自由权的功能加以扩张，进而广泛确立客观净所得原则。[3]略有不同的是，约翰娜·海（Johanna Hey）虽也认同财产权和职业自由权得以成为客观净所得原则的基础，但更为强调平等权，指出"如果将税收与纳税人的经济成功联系在一起，那么基于净所得原则的设计不仅是形式一致性的问题，而且是实质重要性的问题，因此直接锚定在基本法第3条第1款中"。[4]

---

　　〔1〕　Moris Lehner, Die verfassungsrechtliche Verankerung des objektiven Nettoprinzips-Zum Vorlagebeschluss des BFH und zur Entscheidung des BVerfG über die Verfassungswidrigkeit der Entfernungspauschale, DStR 2009, S. 189ff.

　　〔2〕　Joachim Englisch, Verfassungsrechtliche Grundlagen und Grenzen des objektiven Nettoprinzips, Beihefter zu DStR 2009, S. 94.

　　〔3〕　这里的平等权很大程度上是自由权内置的功能与要求。其逻辑是为了避免对财产权和职业自由的过度侵害，成本费用扣除在某些情形下确有必要，而平等原则要求成本费用扣除不能只针对某些特别群体，必须广泛适用。如此，客观净所得原则也就在原则上得以确立。

　　〔4〕　Johanna Hey, Körperschaft - und Gewerbesteuer und objektives Nettoprinzip, Beihefter zu DStR 2009, S. 110.

　　就成本费用扣除的基本权利保障基础来说，以上三种认知都有其可取之处。不过，本书更赞同蔡维音教授的观点。这是因为，我国宪法语境下的财产权更为开放，并未狭隘于传统的所有权，诸如收入、储蓄等金钱形式财产利益亦皆为我国财产权的范畴，即便不从财产权的价值保障角度出发，亦能说明对纳税人取得的收入征税构成财产权的限制。[1]又因为收入中一部分是对成本费用的回收，另一部分则为获得的收益。若从静态角度，即以财产本体与孳息的角度来审视，其中成本费用构成投资的资本，所得即为孳息，对成本费用征税自然构成对财产本体课税，系对财产存续的侵犯，不符合财产权保障的意旨。不过，若要从动态角度加以审视，即将成本费用支出主体考虑进来，营业自由较之于财产权更为合适，毕竟"私有财产权侧重于保护静态的财产存在状态，营业自由则侧重于保护营业活动中财产的动态使用和收益过程"。[2]当然，必须承认的是，并非所有的所得获取过程都与营业活动相关，这时用营业自由未必合适，但考虑绝大多数所得皆为"劳动+资本"型所得，并且这也是成本费用扣除赖以存在的基石和下文分析的重点。[3]更何况，还有论者将客观净所得原则称为"所谓客观营业保障净

　　〔1〕　受限于德国宪法教义学的影响，财产权在很长一段时期内被等同于"所有权"或者说"物权"，这是因为德国基本法文本并无财产权之类的措辞而是用的"所有权"。在这种逻辑下，征税是对金钱的限制，而非对某具体物的限制，自然不构成对财产权的限制。尽管随着德国联邦宪法法院的宪法续造，将财产权保障的内涵扩张至财产权的价值保障，进而将金钱所有权纳入所有权的保障范畴，从而税收才构成对财产权的限制（参见张翔："个人所得税作为财产权限制——基于基本权利教义学的初步考察"，载《浙江社会科学》2013年第9期）。但必须说明的是，在我国，宪法一直肯认收入和储蓄等金钱利益系宪法保障的财产权，我国宪法财产权保障条款一度规定为"国家保护公民的合法的收入、储蓄、房屋和其他合法财产的所有权"就是例证。申言之，在我国语境下讨论税收是否是对财产权的限制并无必要。
　　〔2〕　陈征、刘馨宇："改革开放背景下宪法对营业自由的保护"，载《北京联合大学学报（人文社会科学版）》2018年第3期。
　　〔3〕　"营业自由实际是个人职业自由的延伸，因为个体的职业自由既包括从事雇用的劳动的自由，也包括自由职业或者自主创业的内容……德国联邦宪法法院和学术界一致认为，营业自由并非与职业自由并列的自由种类，而是派生于个体的职业自由。日本学者认为，营业系指职业中具有特殊性者，亦即具有持续性，且以营利为目的的自由活动。"（杨阳：《营业自由研究》，法律出版社2017年版，第87~88页）严格来说，营业自由只是职业自由的一种形式，但相较于职业自由来说，营业自由与财产权的关系更为密切，可以说营业自由就是财产权与职业自由权相结合的产物。考虑到成本费用扣除虽也涉及自然人的职业活动所产生的必要成本费用扣除，但更主要的还是包括个体工商户在内的商事主体获得的经营所得的成本费用扣除，因而本书不再严格区分二者，狭义的职业自由在本书语境下也用营业自由加以表达。

所得原则，就毛所得部分减除保障营业存续发展之营业支出而后计算其营业所得，亦即收入额必须减除成本及必要费用之余额，始为所得额"。[1]因而，若无特别说明，下文将营业自由作为成本费用扣除的基本权利保障基础来展开讨论。[2]

（二）营业自由保障下成本费用扣除基准提炼

营业自由是否为我国纳税人的一项基本权利，不无争议，有观点认为我国宪法仅规定了劳动权，讨论营业自由近乎"沙盘推演"。[3]但从宪法学角度来说，"基本权利并不以宪法规范明确规定者为限……除宪法明确规定的权利外，凡是能从宪法性规范推定出来的权利均应视为公民的宪法权利"。[4]本书无意于去争论我国宪法是否明确规定了营业自由，但从财产权与劳动权的结合中推演出营业自由并非天方夜谭，这已成为共识性经验。就营业自由的内涵而言，"可区分为进入特定营业领域的营业选择自由或创业自由，以及于该特定营业领域内之营业活动自由，例如组织、处分、产品制造、价格决定与商业竞争活动、契约行为等均属营业活动的范畴"。[5]作为主观公权利，营业自由的首要功能在于防御国家对纳税人营业自由权的不当侵犯。[6]具体至税法上，国家原则上不能预先指导或干涉纳税义务人所从事的营利活动，一定程度上必须容忍或接受纳税义务人基于商业考量而作出的不利益决定，原则上无权质疑其为何不采行获利程度更高的交易方法。这一原则亦被称为"经营管理不干涉原则"。

扣除范围选取基准。在判断一项支出能否扣除时，一般认为，"并非以关

---

[1] 葛克昌：《所得税与宪法》，北京大学出版社2004年版，第62页。

[2] 将营业自由作为成本费用扣除的基本权利保障基础并不意味着对平等权的否认。相反，脱离量能课税原则的平等面向来谈营业自由还是财产权都是极为不妥的。"平等权并不是自由权以外的一种'额外'的权利，而是权利的一种保障形式。""'平等'本身并不创造权利，也不能超越任何实体权利而抽象存在。"参见张千帆：《宪法学导论　原理与应用》，法律出版社2008年版，第490页。在营业自由上，国家不仅要保障纳税人的营业自由，还要平等地保障纳税人的营业自由，构成歧视的营业自由绝非真正的营业自由。

[3] 宋华琳："营业自由及其限制——以药店距离限制事件为楔子"，载《华东政法大学学报》2008年第2期。

[4] 徐秀义、韩大元主编：《现代宪法学基本原理》，中国人民公安大学出版社2001年版，第123页。

[5] 蔡宗珍："营业自由之保障及其限制"，载《台湾大学法学论丛》2006年第3期。

[6] 参见潘昀："作为宪法权利的营业自由"，载《浙江社会科学》2016年第7期。

系人的主观判断为基准，而毋宁以客观的基准作为标准"。[1]但面对纷繁复杂的交易实践，时常出现一些在成本费用扣除上模棱两可的问题。[2]为此，在判断一项支出能否税前扣除时，应当考虑以下基准。其一，支出的原因、行为是否合法不应成为扣除范围选取的主要因素。究其根源，成本费用扣除的目的在于准确度衡纳税人的经济负担能力，不在于发挥调控功能，更不在于惩罚。"所得税系国家参与私人营业盈余分配，故对费用及风险亦应共同承担。"[3]若对违法收入征税，就"不应该因为费用的非法或与非法活动的联系而限制费用的扣除"，[4]更不应视违法的类型而异其性质。即便出于维持法律秩序价值的统一，也应当通过比例原则的审查。其二，扣除范围的选取应最大程度尊重纳税人的意思自治。市场经济格外强调市场而非政府在资源配置中的作用，国家在微观上应"尽量不影响经济主体的经营、投资、购买等决策"[5]以维持税收中立。这不仅要求纳税人自由决定其投融资政策、财务支出决策以及员工福利薪酬等，还要求包括税法制定者在内对其决策行为给予尊重。当然，尊重企业的主观判断并非任由企业加以决定，毋宁说是尊重企业的具有合理性的判断。若纳税人存在滥用费用支出、隐藏利润或将所得用于消费等情形，仍应加以调整否认。其三，基于营业自由的平等保障，成本费用扣除范围的设计应当坚持一贯性原则。这种一贯性不仅要求立法者在不同时期内的决策保持逻辑一贯性，还要求立法者在同一时期对相似的成本费用扣除作出尽可能一致的决定。其四，扣除范围的选取应当考虑纳税人生产经营所需承担的法定义务。纳税人的支出并非全部系其主观决断，国家

---

〔1〕　陈清秀："量能课税原则在所得税法上之实践——综合所得税裁判之评析"，载《法令月刊》2007年第5期。

〔2〕　例如，纳税人在经营活动中发生的诸如违约金、侵权损害赔偿金乃至惩罚性损害赔偿金等支出能否税前扣除就不无争议，这在本章第一节规则梳理中亦有所体现。在国家恩惠立场下，这些支出能否税前扣除完全取决于立法者的裁量。基于补贴的框架或思维，立法者若不拟鼓励此类行为，也就会废止此类扣除。若基于营业自由保障立场，这些支出本就是任何一个纳税人在生产经营乃至获得营业收入过程中发生的风险支出。如果不允许纳税人税前扣除，无异于对纳税人所遭遇的经营风险在税法上加以惩罚。

〔3〕　施正文：《税法要论》，中国税务出版社2007年版，第48页。

〔4〕　See Douglas A. Kahn &Howard Bromberg, *Provisions Denying a Deduction for Illegal Expenses and Expenses of an Illegal Business Should Be Repealed*, Florida Tax Review, Vol. 18: 5, pp. 207-208 （2016）.

〔5〕　杨斌：《治税的效率和公平——宏观税收管理理论与方法的研究》，经济科学出版社1999年版，第308页。

基于公共利益考虑也时常对纳税人的营业自由加以干预，纳税人因而需要承担相应的法定义务。从营业自由的角度来说，这些法定义务是营业自由所支付的对价，也属于财产权社会义务范畴，若此等支出不允许扣除则构成对纳税人营业自由的双重限制。

扣除标准设定基准。扣除标准是指当某项支出被认为与纳税人获得的收入相关，纳税人可以就该项扣除在何等程度上主张。扣除标准可以分为两类，一类是据实全额扣除，另一类是限额扣除。限额扣除与据实全额扣除作为扣除标准设计的两种类型，立法者秉持的思路也有所不同。据实全额扣除下，立法者对纳税人的支出决策行为给予高度信任。限额扣除则展示出立法者对纳税人的支出行为不甚信任，担心纳税人滥用经营决策权以侵蚀税基。究竟应该采据实全额扣除还是采限额扣除，虽然不宜一概而论，但从营业自由保障的角度来说应当遵循以下基准。其一，视纳税主体成本费用核算状况而异其类型。若纳税人能够准确核算成本费用时，应当尽可能允许据实扣除；若纳税人不能准确核算其成本费用，基于稽征经济原则的考虑允许采取类型化的限额扣除模式，但应确保此种类型化具备起码的典型性并应经常性加以检讨，以免难以反映真实状况。其二，在纳税人能够准确核算其成本费用时，扣除标准的设计应当最大程度上趋于据实全额扣除，不宜加以限制。若有限制，必须具有重大理由且须满足目的正当、手段合适且损害最小等要求。这是因为"纳税义务人从来就未曾被要求，就其所从事之商业经营应依其情形，尽力获取最大之利益"，"即便企业真要从事赔本生意，这也是企业营业自由范围内、对其享有之财产为自由处分、收益的问题"。[1]其三，对于私人消费属性较强的混合支出加以必要限制，也是维持课税公平的必然诉求，这不仅体现在经营所得领域，在个人劳务所得领域亦可适用。如美国前总统约翰·肯尼迪（John Kennedy）所言："太多的公司和个人想出了将太多的个人生活费用作为商业费用扣除的方法，从而将他们的很大一部分成本计入联邦政府……这是举国关注的问题，不仅影响到我们的公共收入、公平意识、对税制的尊重，也影响到我们的道德和商业行为……现在是我们的税务局应该停止鼓励奢侈品消费，将其作为对联邦财政部的一项收费的时候了……尽管在某些情况下，娱乐和相关费用与业务需要有关，但它们仍然为受助人提供了大量免税的个

---

〔1〕 黄源浩："法国税法中的转移定价交易"，载《台湾大学法学论丛》2009 年第 2 期。

人利益。"〔1〕当然，必要限制并不等于说要完全禁止，更不等于毫无原则的限制。在进行限制时，能够分割的应当优先采取分割的方式，不能分割的可以采取类型化模式。

二、生存权保障为核心的生计费用扣除规则设计基准

"征收所得税最关键的技术难题是如何计算纯收入，换句话说，是如何确定纳税人的毛收入并从中作出合理的费用扣除。"〔2〕成本费用扣除尚且不易确定，生计费用扣除更是困难。更为重要的是，不同主体对生计费用扣除性质的认知还不尽一致。以个人所得税中的"基本减除费用"为例，人们习惯称之为"免征额"并不乏观点认为"属于税收优惠的范畴，是征税主体考虑到纳税人或者课税对象在社会和经济中的意义而给予的税收优惠"，〔3〕"起征点和免征额都是属于税收优惠的范畴"。〔4〕当然也有观点认为，"纳税人为自己的生存或者其家庭的生存及其他必要的理由所支出的金额具有不可支配性，因此，对于纳税人最低限度的生存与家庭抚养、赡养费用支出，应从所得税的税基中扣除"。〔5〕不同认知彰显的是不尽一致的立场。若基于国家恩惠立场将之作为税收优惠看待，生计费用扣除也就不是必须设计的。但在本书所主张的基本权利保障立场之下，生计费用扣除显然不是多余的，并且是计算所得净额所必备的。为了说明生计费用扣除设计应遵循何等基准，本部分有必要先阐明生计费用扣除产生的基本权利保障动因。

（一）生存权作为生计费用扣除基本权利保障的核心〔6〕

在传统经济学理论之下，净所得系收入扣除必要成本费用后的净额，生

---

〔1〕　See Daniel I. Halperin, *Business Deduction for Personal Living Expenses: A Uniform Approach to an Unsolved Problem*, University of Pennsylvania Law Review, Vol. 122: 4, p. 861 (1974).

〔2〕　杨斌:《治税的效率和公平——宏观税收管理理论与方法的研究》，经济科学出版社 1999 年版，第 67 页。

〔3〕　高亚军、周曼:"个人所得税改革目标不应局限免征额的调整"，载《中国财政》2011 年第 18 期。

〔4〕　纪益成、吴思婷、李亚东:"'免征额'与'起征点'：概念的混淆、扭曲和误用"，载《现代财经》2018 年第 1 期。

〔5〕　王婷婷:《课税禁区法律问题研究》，法律出版社 2017 年版，第 154~155 页。

〔6〕　严格来说，财产权也应作为生计费用扣除的基本权利保障基础，但税收本就关乎财产权，这是不言自明的问题。因而在讨论生计费用扣除的基本权利保障基础时本部分不拟作过多说明，这也是本书第三章专门讨论财产权作为基本权利保障的载体与核心的关键原因。

计费用本质上系私人消费，并不被认为是获取收入的必要成本费用，自无扣除的正当性。相应的，生计费用扣除也就被贴上了偏离基准税制或者税收优惠的标贴。美国和加拿大就深受此种认知的影响。例如，加拿大学者尼尔·布鲁克斯（Neil Brooks）在界定本国所得税法中哪些扣除项目属于税式支出时，明确将医药费用（Deductibility of medical expenses）、个人宽免额（Personal Exemptions）以及学费扣除（Deductibility of tuition fees）列入其中，在他看来"（税式支出）的目的并不是协助界定一个全面的税基。它们不是该法案不可分割的一部分。没有它们，法案将是完整的。它们的唯一目的是为某些团体和个人提供经济援助，为他们提供从事特定活动的税收减免"。[1]更为重要的是，将生计费用扣除看作是对基准税制的偏离或者说税式支出，那么在累进税率下就会引发另外一个问题，即同等数额的生计费用扣除给不同收入群体带来的经济价值不同，高收入群体可以获得更多的经济利益，低收入群体则只能获得较少的经济利益。为了弥合此种差距，有些国家，如美国就一度采取生计费用扣除（如个人免征额）随收入的递增而递减的模式，"个人免征额的总额在纳税人的调整后总收入高于某一水平时逐渐降低……每增加 2500 美元（或采取比例方式表示），个人免征额便降低 2%"。[2]加拿大现行的所得税法更是广泛采取形式各异的税额抵免项目，几无生计费用扣除项目，并且税额抵免项目在多数情况下还随纳税人的净收入而递减。[3]

生存保障与生计费用扣除之间存在关联性自是共识。但若仅止于此，生计费用扣除就是可有可无的，在累进税率下甚至会被认为不符合税收公平而需转换为税额抵免。甚至在某些情形下还会存在生存权既然仅及于纳税人本人，又缘何家庭成员生存所需也需要在生计费用中加以扣除这些令人困惑的问题。要想揭示出生计费用扣除的事物本质，有必要就生存权保障与生计费用扣除之间的关系作更为深刻的说明。

首先，从个人自主与社会责任的辩证关系来看，所得只有超出纳税人生存所需部分才有义务承担社会责任。"人之所以为人乃是基于其心智；这种心

〔1〕 See Neil Brooks, *The Tax Expenditure Concept*, Canadian Taxation, Vol. 1：1, pp. 33, 35 (1979).

〔2〕 ［美］尼尔·布鲁克斯：《公共财政与美国经济》，隋晓译，中国财政经济出版社 2005 年版，第 437 页。

〔3〕 参见刘颖："完善我国个人所得税扣除项目问题的思考——基于中国与加拿大个人所得税相关政策比较"，载《国际税收》2019 年第 4 期。

智使其有能力自非人的本质脱离，并基于自己的决定去意识自我、决定自我、形成自我。"[1]但个人又无法脱离社会，尤其是基于社会分工的前提下，每个人只有贡献出自己的能力满足他人的需要才能获得相应的报酬。所得税也在这个过程中得以产生。然"人与人之间合作的前提是公民可以获得基本的生存资料，满足这一点方能有能力进一步扩展他人的需要"。[2]由此，个人只有生存得以确保，才有义务和能力承担社会责任，即个人生存优先于社会责任。同样，所得固然需要承担社会义务，但纳税人在承担所得的社会义务之前必须将用于维持自己生存所需部分排除掉。申言之，当纳税人获取的所得无法满足自身生存，那么此时也就不具备负担财政责任的能力，还需要国家予以救助；若纳税人获取的所得刚好等于维持其生存所需，则其既不能获得国家的救助，也不必参与分摊财政责任；当纳税人获得的所得足以满足其生存所需，此时剩余的所得才需分摊财政责任。至于有观点认为，"基本生存权仅指人们的基本生活水平得到保障的权利，仅指政府征税后的剩余能够让纳税人维持基本生活水平"，[3]在本书看来，这显然是没有理解个人生存与社会责任之间的逻辑关系。

其次，从生存权的自由权面向来说，生计费用亦应从税基中扣除。尽管发展至今，狭义上的生存权主要是作为社会权存在，即作为社会弱势群体成员请求国家为一定给付的权利。[4]但生存权所保有的自由权的面向也不曾消失，作为自由权的生存权以防御国家干预为核心。[5]也正因如此，"国家的生存权保障义务在当代具有双重性，即消极保障义务与积极保障义务。前者指国家不应非法干涉生存自救者凭靠自身的能力获得最基本的生命权和生活权，后者指国家应依法主动保障生存弱者的最基本的生命权和生活权"。[6]实际上，这也是《世界人权宣言》所传达出的理念，即"在正常情况中，个人将用其劳动所得购买生存所需的物品"，"那些丧失谋生能力的人，有权享受保

---

〔1〕　蔡维音：《社会国之法理基础》，正典出版文化有限公司 2001 年版，第 26 页。

〔2〕　张扩振：《生存权保障　一种体系化路径》，中国政法大学出版社 2016 年版，第 13 页。

〔3〕　贺蕊莉："工薪所得个人所得税费用扣除标准的确定"，载《税务研究》2013 年第 9 期。

〔4〕　参见徐显明："人权的体系与分类"，载《中国社会科学》2000 年第 6 期。

〔5〕　参见蔡维音："最低生存基础之界定——从社会救助与个人综合所得税进行之交互考察"，载《月旦法学杂志》2013 年第 212 期。

〔6〕　龚向和、龚向田："生存权的本真含义探析"，载《求索》2008 年第 3 期。

障"。[1]具体到所得税上，国家课税权不得及于纳税人维持基本生存所需的财产（所得），否则即构成对纳税人生存权的侵犯。倘若所得税并不考虑纳税人基本生存所需而一概课税，结果势必会导致某些群体一边纳税而另一边又从国家领取社会救助。此种做法无疑既不符合稽征效率的要求，也会因社会救助领取手续的繁杂以及调查程序的琐碎而对领取社会救助者的隐私权等构成重大影响。

再次，从反面来说，若基于生存权保障而设计了生计费用扣除，将生计费用扣除理解为税收优惠较之于税基基本要素不仅说服力欠佳，也难契合生存权平等保障的理念。当生计费用扣除作为基准税制的一部分存在时，累进税率与扣除额之间的乘积并无意义，对不同收入群体设计统一的生计费用扣除额自无累退性可言，这也是生存权平等保障的内在要求。但若将生计费用扣除作为税收优惠或者税式支出对待，由于其本质上是财政支出的一种替代形式，就有必要比较其与基准税基相偏离的部分，此时评估累进税率与扣除额之间的乘积也就有其必要性。具体来说，由于高收入纳税人适用高累进税率，其所获得的税式支出数额也就越多，相反低收入群体获得的税式支出数额也就越少。此等累退效应显然并不符合生存权保障的理念，因为其中已然隐含了高收入纳税人的生存权更值得保障，而低收入纳税人的生存权不那么值得保障，至于没有收入的纳税人似乎也就不必加以保障。当然，若仅允许高收入群体扣除较小的额度甚至直接拒绝其扣除一定的额度，这固然可以避免累退效应的产生，但与此同时，也将与前述的两个理由相冲突，即个人生存优先于国家义务以及生存权的消极防御功能。因而，当一项扣除是基于生存权保障的理念设定时，基于逻辑的一致性，这项扣除就不应当被作为税收优惠或者税式支出对待，而只能被作为定义基准税基的一部分加以对待。

最后，从婚姻家庭制度保障以及社会救助的辅助性原则来说，[2]生存权保障的范围还应扩及至纳税人的家庭成员并且先于纳税义务。宪法基本权利的主体虽以个人为主，旨在维护个人之人格独立，但婚姻与家庭亦植基于人格自由且为社会形成与发展之基础，对婚姻与家庭加以特别保障亦是对人格

---

〔1〕 ［美］查尔斯·贝兹：《人权的理念》，高景柱译，江苏人民出版社 2018 年版，第 177 页。

〔2〕 参见喻少如："论行政给付中的国家辅助性原则"，载《暨南学报（哲学社会科学版）》2010 年第 6 期。

自由之维护。我国《宪法》第 49 条第 1 款明确规定，"婚姻、家庭、母亲和儿童受国家的保护"，其用意就在于对婚姻和家庭加以特殊保障。与此同时，这也意味着纳税人不仅有义务帮助家庭成员维持生存，而且有权利要求国家在税收制度上为纳税人履行此等义务提供必要的制度保障。从社会救助的辅助性原则来说，道理亦然，即只有当个人的生存无法通过自己、家庭以及社会解决时，国家才应加以介入。否则，"包揽一切的政府资助会妨碍民众发挥主动性，终于使这种制度在财政上无法维持，同时令民众日益丧失正常的生活能力"。[1]因此，家庭成员的生存权保障与个人的生存权保障一样皆应优先于承担纳税义务。

（二）生存权保障下生计费用扣除基准提炼

由于生计费用在本质上系私人消费，只是基于维持纳税人及其家庭成员的基本生存而得以例外地成为个人所得税税前扣除的对象。如何把握生计费用扣除的边界攸关生存权保障与税收公平。为此，有必要为生计费用这一极为特别的私人消费设定相应的扣除基准。然而，这一基准的提炼并不容易，各国所得税立法实践所作出的规定亦有较大区别，指望借鉴各国所得税法文本实践来说明生计费用扣除设计基准无异于削足适履。纵然是在主观净所得原则理论发源地的德国，其所得税立法在体系上的紊乱也遭到学者的批判，认为其与主观净所得原则的内在意旨不相吻合。[2]这就更不必说对主观净所得原则缺乏起码认知的他国立法者了。因而，提炼生计费用扣除设计的基准仍应以生存权保障理论为指引而非仅以各国所得税税制实践为向导。

首先，在整体理念上，生计费用扣除的设计应紧密环绕社会救助立法。谈及最低限度的生存保障，可谓是众说纷纭，如日本宪法学者大须贺明认为，"所谓'最低限度生活'，顾名思义，明显是指人在肉体上、精神上能过像人那样的生活之意。这是人在社会生活中为确保自我尊严的最低限度生活。所以，这不是指'单纯地像动物般生存的、仅仅维持衣食住等必要物质的最低

---

〔1〕　[德] 森图姆：《看不见的手　经济思想古今谈》，冯炳昆译，商务印书馆 2016 年版，第380 页。

〔2〕　逻辑紊乱不仅体现在立法者未明确定义基本免税额、特别费用以及额外支出费用的内涵以便利区分，还体现为立法者将三类私人费用分别规定在不同章节之中，例如，基本免税额与额外支出费用被规定在税捐级距章节中，而特别费用却规定在其他章节之中。

限度'那样的'最低生活费',而是指具有一定文化性的生活水准"。[1]但更多情况下,精神文化意义上的生存保障仅仅只是一个努力的方向,如我国业已批准的《经济、社会及文化权利国际公约》,其第 11 条第 1 款规定,"本公约缔约各国承认人人有权为他自己和家庭获得相当的生活水准,包括足够的食物、衣着和住房,并能不断改进生活条件……"。由于生存权的内涵并不容易确定,因而有必要委由立法者加以形塑,也因此,作为社会权的生存权也经常被视为是一种方针政策条款,其具体内涵完全由立法机关加以形塑。不过,立法者一旦完成此种形塑,在不同部门法之间应当保持价值一贯性。具体到所得税法与社会救助法的关系上,由于二者之间系生存权的两种相向的面向,这更是要求两个法域在对待生存权内涵的理解时尽可能保持一致。

其次,生计费用扣除项目的设置应具有针对性和实用性。一般来说,单靠免征额或者说基本减除费用这种统一的生计费用扣除很难反映每个纳税人基本生存所需,这也是类型化所固有的弊端。从准确反映纳税人维持基本生存所需的角度考量,生计费用扣除项目也难以避免多元化。这亦是以生存权保障为目的的社会救助立法所具有的共性,如我国的《社会救助暂行办法》对社会救助的定义就不限于最低生活保障,还涉及教育救助、医疗救助、住房救助等项目。我国台湾地区"社会救助法"在社会救助项目上也涉及医药生育、房屋修缮、全民健康医疗保险费补助等多种项目。不过,生计费用扣除项目在设计时应遵循扣除项目存在各自独立定位,不应出现扣除项目功能定位的错乱。[2]我国台湾地区税法学者柯格钟结合台湾地区综合所得税中的生计费用扣除项目进行分门别类的定位的做法颇为值得借鉴,他指出免税额、标准扣除额(列举扣除额)以及特别扣除额分别代表了维持物理生存需要的支出、维持人性尊严生活水准的支出以及个人特殊因素导致的支出。[3]尽管

---

〔1〕 [日]大须贺明:《生存权论》,林浩译,法律出版社 2001 年版,第 95 页。

〔2〕 如果不同扣除项目的定位存在重复,即便单个项目的扣除标准比较合理,总体扣除标准也会丧失科学性,进而与生存权保障的理念相冲突。举例来说,个人所得税中的免征额若考虑了纳税人及其家庭成员的基本生存所需,即衣食住等因素的话,其他具体扣除项目就不应再对其加以考虑。同样,若免征额已经考虑了赡养人口或抚养人口的因素,在其他扣除项目中亦不应再重复考虑。否则,扣除标准就会被人为不当提高。进言之,被重复评价部分不属于维持基本生存所必须的支出,在本质上是立法者对纳税人可自由支配消费的免税,属税收优惠范畴,这在累进税率主导下的个人所得税中几无正当性可言。

〔3〕 参见柯格钟:"论免税额与扣除额之意义",载《裁判时报》2014 年第 28 期。

本书对此种认知不完全认同，但这种尝试却难能可贵。[1]若进一步来说，生计费用扣除项目在具体设计时，用于反映一般个体生存所必须支出部分可用免税额或者基本减除费用来反映，反映部分个体具有普遍性的生存所需支出可以采取逐项列举扣除的模式，对于列举难以穷尽部分则可以借鉴《德国所得税法》第33条"额外支出的费用"模式加以兜底。当然，即便采取此种设计，也应尽可能避免扣除项目之间的重叠设置。

再次，生计费用扣除标准（主要是指免税额）设计应采社会救助标准中较高值。一般来说，一国不同地方的经济社会发展状况不同，其社会救助标准自是差异颇大。然而，出于各种因素考量，各国所得税立法中的生计费用扣除通常又难以因地而异。这就使得生计费用扣除标准是采各地社会救助标准中较低值还是平均值抑或较高值的问题得以产生。对此，德国联邦宪法法院认为，"出于最低实用性的考虑，可以在征税中考虑最低生活水平，而统一的数额并不一定要根据年龄段错开。但是，此金额的计算方式必须尽可能满足相应的需求。由于不同地区的生存水平可能会有所不同，立法机关不得擅自设定为下限或平均值，因为这在很多情况下是不够的"。[2]概而言之，所得税法中用于最低生存水平确保的免征额应当尽可能满足每一个纳税人的最低生存需要，在具体标准上应不低于社会救助标准中的较高值。本书亦认同这一观点。[3]需说明的是，这个标准还应一体适用于所有纳税人，不因纳税人的收入水平而有所差异。至于生计费用扣除标准是否应当高于社会救助标准，

---

〔1〕　本书认为纳税人维持自身及家庭成员的身体健康而必须的医疗费用支出同样属于维持物理生存所必须，因为医疗支出可以看作是对身体器官与功能的修复。若进一步引申，维持物理生存对每一个体来说内涵不完全一样，例如，残疾人维持物理生存所需的支出会涉及残疾器具支出，但这显然不是一个健康人维持物理生存的支出。同样，老年人由于面临失能的风险，其维持物理生存所需支出还会涉及陪护支出。对于无住房的个体来说，维持物理生存的支出尚且包括住房相关支出。但这并不意味着这些颇为特别的维持物理生存的支出一定要通过免税额或基本减除费用体现，采取列举扣除额也未尝不可。

〔2〕　BVerfG NJW 1990，2869（2873）.

〔3〕　具体原因有二：其一，在一国社会救助立法比较完备的情况下，各地的社会救助标准虽然会有差异，但此种差异更多是因为物价因素导致，若生计费用扣除标准采取平均值或者较低值，这将会导致大多数地方纳税人的基本生存难以得到保障，尽管这对于生存成本较低的地方来说会存在与平等原则相悖之处，但较之于平等权来说，生存权无疑具有更高的位阶；其二，社会救助标准与平均生活标准不同，各地之间经济社会发展差距主要还是体现在平均生活标准上，社会救助标准上虽然也会有所差异，但各地在考虑社会救助项目时若能保持统一处理，就不会出现各地之间社会救助标准过于悬殊的问题。

尚有不同观点，一种观点认为免税额应当高于社会救助法中的贫穷线，如我国台湾地区学者蔡维音就认为，如果一个人家里尚有可支配的所得，应优先留下个人可供支配的资产来维持自身生计所需，使其能运用在自我发展上，而非因纳税而后陷入生活需要外来救助的境地。因此最低生存保障之诫命系：免税额度必须高于社会救助之贫穷线。[1]另一种观点则不以为然，德国学者Joachim Englisch 认为，基本免税额合于社会救助法的贫穷基准线后，并没有一个宪法上的基础要求国家必须给予需要的人社会救助，或是必须留给税捐义务人一定的税后所得……社会救助法的补助规定系针对低所得者，而不是在净额原则下之一般共同承担国家财政的税捐义务人，就此，对于总体税捐义务人提高其基本免税额度并没有法律上的正当性。两种观点的分歧就在于纳税人的生存标准是否应当高于领取国家救助金者的生存标准。唯在本书看来，从维持法律体系的一贯性出发，无论是个人所得税法中的免征额还是社会救助法中的社会救助标准在确保人民基本生存上皆不应有所区分，不应区别对待。[2]也因此，本书更赞同第二种观点，即所得税法上的生计费用扣除标准应当对齐社会救助标准，无论是低于还是高于都不具有正当性。

最后，生计费用扣除还应当与一国所得税纳税单位制度相衔接。个人所得税的纳税单位大体可以区分为个人以及家庭两种。在以个人为单位的情况下，由于承担所得税纳税义务的是个人的所得，因而生计费用扣除的主体应以纳税人本人为主，生存权保障的核心亦在于纳税人本人。但基于社会救助法所尊奉的辅助性原则加之纳税人对家庭成员的法定赡养、抚养以及扶养义务，仍有必要在一定范围内考量家庭成员基本生存所需。不过，此种考量亦应遵循辅助性原则，即只有纳税人的家庭成员依靠自己的所得无法满足自身基本生存所需时，纳税人才具有补充保障的义务，相应的费用支出才属于适格的生计费用。与之不同，在家庭为纳税主体的情况下，由于承担所得税纳税义务的是家庭的整体所得而非某单个个人的所得，生存权保障自应及于全体家庭成员，此种情形下每个家庭成员都应获得完整的免税额。

---

〔1〕 蔡维音："最低生存基础之界定——从社会救助与个人综合所得税进行之交互考察"，载《月旦法学杂志》2013 年第 212 期。

〔2〕 即便考虑到工作的人应当比领取社会救助的人应有更为体面的生活，我们依然无法证成免税额标准要高于社会救助标准，因为时至今日没有一个国家的所得税税率达到 100%并且也不可能达到100%。而只要税率低于 100%，其结果必然是工作的人生活水平更高。

第二节　成本费用扣除规则的进化

"国家保障工作和私人生活所需的基础设施。这些基础设施——警察、学校、道路及法律制度——基本上由税收提供资金。如果公共部门为了产生必要的收入而在经济上运作，由于其结构性优势，将有可能不公平地扭曲竞争。因此，基本权利要求征税，但也寻求缓和税收。"[1]为了确保经济自由的实现，所得税的征收有其正当性，但所得税通过分享纳税人的经济成功也因此压缩了纳税人的自由空间。为了实现二者的平衡，所得税除分享纳税人的经济成功外，不应对其财产自由和营业自由构成进一步的干预，即所得税应尽可能保持税收中立以免破坏市场公平竞争。与之相应，纳税人在获取经济成功的过程中如何运用自己所拥有的财产应受到充分保障，而这又集中体现为纳税人对成本费用支出的自由。成本费用扣除因而不再只是数字的加减，更是对纳税人财产支配自由的集中展现。当然，此种财产支配自由在经营领域便是前文所提及的营业自由。

作为基本权利，无论是财产权还是营业自由，立法机关和行政机关皆应给予尊重。然而，反观我国所得税立法中的成本费用扣除规范，无论是由行政机关主导的限额扣除事项还是由立法机关确定的不尽周延的成本费用扣除事项都与此种价值理念有所冲突。更为重要的是，较之于立法不周延的问题，行政干预色彩极为浓重，调控属性也较为突出。这显然与基本权利保障理念相冲突。不可否认，出于维护公共利益的目的，财产权和营业自由权并非不可加以限制，但此种限制亦应遵循一定的要求。具体来说，这种限制在形式层面取向于法律保留，在实质层面则取向于比例原则。遵循这些理念并结合上一节所提炼出的成本费用扣除规则的设计基准，本节分别从成本费用扣除的形式诉求与实体完善两个层面加以展开。就形式诉求部分，主要讨论成本费用扣除规则在不同位阶的法律规范之间应如何分布，这一部分虽不直接关乎实体规则的完善，但其对于保障纳税人营业自由或是财产权都有不可忽视

---

〔1〕　Kirchhof, Drei Bereiche privaten Aufwands im Einkommensteuerrecht-Zur Trennung der Erwerbs-von der Privatsphäre unter besonderer Berücksichtigung der außergewöhnlichen Belastungen, DStR 2013, S. 1870.

的意义。实体完善部分则重点阐明现行成本费用扣除规则具体该如何优化，这一部分又进一步细分为企业所得税中的成本费用扣除规则和个人所得税中的成本费用扣除规则，但重心在于企业所得税成本费用扣除规则的优化。有鉴于企业所得税中成本费用扣除规则的特殊性，因而在讨论时并不会面面俱到，仅选取若干个案加以讨论。

一、成本费用扣除规则的形式诉求

无规矩，便无方圆。对于成本费用扣除规则，道理亦然。根本来说，成本费用扣除规则也不过是不同层级的法律规范对扣除作出的各种限制性规定。具体来说，一类限制是与内容有关的，诸如职工福利和工资薪金的内涵是什么，某项佣金支出是归属于成本还是归属于当期费用；另一类限制则是对成本费用扣除的限制，此类限制关乎某项支出能否税前扣除以及扣除的程度问题。这两类限制对于成本费用扣除皆有影响，但第一类限制作为法律概念解释问题，由于立法机关不可能面面俱到，行政机关乃至司法机关皆可对其内涵加以解释，对于纳税人的实体权利的影响较为缓和。与之不同，第二类限制则直接关乎纳税人的实体权利。因而，讨论成本费用扣除规则的形式诉求问题，主要是讨论对成本费用扣除的第二类限制应采何等形式的法律规范。

（一）成本费用扣除限制的规范类型分布

法律与规范性文件组合型。这一类型主要分布在个人所得税领域，其特点是规范性文件拓展了成本费用扣除的范围。究其原因，法律虽然对某些所得类型的成本费用扣除作出了明确规定，但规范性文件制定者认为法律作出的规定不合理。劳务报酬所得、特许权使用费所得、财产租赁所得、偶然所得以及工资薪金所得皆存在此种情形。就劳务报酬所得的成本费用扣除来说，《个人所得税法》仅允许扣除20%的费用而不问劳务报酬所得的具体类型。国务院财税主管部门制定的规范性文件对此作出了调整，涉及证券经纪人和保险经纪人展业成本的扣除问题以及劳务报酬所得所发生的税费扣除问题。[1]法律对特许权使用费所得的成本费用扣除同样仅允许扣除收入的20%，而国务院财税主管部门制定的规范性文件在此基础上还追加了中介费

---

〔1〕 参见《财政部　税务总局关于个人所得税法修改后有关优惠政策衔接问题的通知》（财税〔2018〕164号）。

的扣除。[1]至于财产租赁所得，法律层面规定的费用扣除与前两者并无区别，但通过国务院财税主管部门制定的系列规范性文件，不仅法定费用可以扣除，税费、修缮费以及向房屋出租方支付的租金和增值税额皆可扣除。[2]对于偶然所得这种情况，法律虽未允许扣除任何费用，但国务院财税主管部门却在无偿受赠房屋取得的受赠收入这一偶然所得上允许减除赠与过程中受赠人支付的相关税费。就工资薪金所得来说，法律同样未允许扣除必要费用，但作为律师事务所雇员的律师就可以"从其分成收入中扣除办理案件支出费用"和"个人承担的按照律师协会规定参加的业务培训费用"。[3]

行政法规（部门规章）与规范性文件组合型。这一类型多见于经营所得的成本费用扣除问题上。形成的原因是法律对成本费用扣除的限制缺乏具体规定，相关限制由行政法规、部门规章以及规范性文件加以完成。就个人所得税中的生产经营所得的成本费用扣除问题，《个人所得税法》仅有非常原则的规定，"以每一纳税年度的收入总额减除成本、费用以及损失后的余额，为应纳税所得额"。相关限制集中体现在国家税务总局制定的《个体工商户个人所得税计税办法》以及财政部和国家税务总局发布的其他规范性文件之中。[4]与之类似但不完全相同的是，《企业所得税法》规定得略微详细一些，除第8条规定"企业实际发生的与取得收入有关的、合理的支出……准予在计算应纳税所得额时扣除"外，还同时规定了哪些支出不得税前扣除。不过，关于扣除的各种限制性规定仍集中在《企业所得税法实施条例》和国务院财税主管部门制定的系列规范性文件中。

（二）成本费用扣除限制规范类型的优化

诚然，无条件地承认纳税人发生的所有的成本费用并不妥当，这在纳税

---

〔1〕　参见《财政部　国家税务总局关于个人所得税若干政策问题的通知》（财税字［1994］020号）。

〔2〕　《国家税务总局关于个人所得税若干业务问题的批复》（国税函［2002］146号）作出规定，税费、修缮费以及法律规定的费用皆可扣除。对于房屋转租这种情形，《财政部　国家税务总局关于营改增后契税　房产税　土地增值税　个人所得税计税依据问题的通知》（财税［2016］43号）则进一步规定"个人转租房屋的，其向房屋出租方支付的租金及增值税额，在计算转租所得时予以扣除"。

〔3〕　参见《国家税务总局关于律师事务所从业人员有关个人所得税问题的公告》（国家税务总局公告2012年第53号）。

〔4〕　主要包括《财政部　国家税务总局关于印发〈关于个人独资企业和合伙企业投资者征收个人所得税的规定〉的通知》（财税［2000］91号）、《财政部　国家税务总局关于调整个体工商户个人独资企业和合伙企业个人所得税税前扣除标准有关问题的通知》（财税［2008］65号）。

人以避税为目的滥用财产自由和营业自由的情况下尤其如此，因为此种情形下纳税人发生的支出并不真实反映纳税人的真实成本费用，这不仅与量能课税的要求相悖，也会损害国家财政利益，我国《企业所得税法》第 6 章"特别纳税调整"便体现了此种逻辑。然而，基于反避税的目的对纳税人发生的成本费用加以否认或限制，这终究只是个案式的否认或限制而非对成本费用扣除的整体性限制，更进一步来说，此种否认或者限制所针对的客体是某一纳税人的成本费用扣除，需要综合考量纳税人的行为要素、主观要素以及效果要素才能最终作成。[1] 显然，这与对成本费用扣除作出普遍意义上的限制并非一个层面的问题。举例来说，广告费与业务宣传费用的限额扣除并非针对某一个纳税人，而是针对所有纳税人，这与纳税人是否存在避税动机无关。由于该等限制使得纳税人为获取收入发生的成本费用不能据实扣除，纳税人的成本费用支出情况一旦超过了限额，将不得不承担其本不应负担的纳税义务。为了避免承担额外的纳税义务，纳税人的经营决策行为将不得不根据税法的规定作出相应调整。毫无疑问，此种限制既不符合量能课税原则，也侵犯了纳税人的财产自由与营业自由的基本权利。

财产自由与营业自由作为纳税人的基本权利，在所得税法尤其是企业所得税法的建制上则集中体现为经营管理不干涉原则。[2] 尽管有原则就有例外，但该原则的例外亦应仅限于前述的纳税人以税收利益为唯一目的的避税场域。作为一项基础要求，立法机关和行政机关自应尊重纳税人的经营决策行为。我国《企业所得税法》在对待纳税人经营过程中的成本费用支出给予了很大程度的尊重，这集中体现为立法者认为纳税人的支出只要与获取收入相关并且合理就应准许扣除。然而，这一脉络并未在行政机关主导的行政法规及部门规章和规范性文件中加以体现，诸如职工福利费限额扣除、业务宣传费与广告费用限额扣除、业务招待费限额扣除、职工教育费限额扣除、佣金手续费限额扣除皆是对此种逻辑的偏离。诚然，这与立法机关或直接或间接授权不无关系，但行政机关对经营管理不干涉原则的认知不足恐怕是更为重要的原因。姑且不谈行政机关对诸多成本费用扣除标准作出的限制是否科学，仅

---

[1] 参见贺燕："我国'合理商业目的'反避税进路的反思"，载《税收经济研究》2019 年第 5 期。

[2] 参见陈清秀：《现代财税法原理》，厦门大学出版社 2017 年版，第 42 页。

就其正当性来说亦难言充分。从学理上来说，财产自由与营业自由既系纳税人的基本权利，限制基本权利在形式上自需遵循法律保留原则的要求，若非如此，纳税人的基本权利将难以得到保障。即便认为法律授权的法规命令亦能限制基本权利，也应当满足具体明确的要求。就《企业所得税法》来说，尽管立法机关确实授权国务院财税主管部门就扣除的具体范围和标准加以规定，但此种授权并不满足具体明确的要求，立法者既未指明哪类成本费用可以限额扣除，更未指明在什么幅度内加以限制。更为重要的是国务院财税主管部门也未依据法律授权制定部门规章，其所发布的各种公告或者通知在性质上仅为对纳税人和法院无约束力的行政规则。[1]国务院制定的实施条例虽满足法规命令的形式要件，但由于立法者并未对其作出具体而又明确的授权，由其加以规定自无正当性。在本书看来，未来《企业所得税法》在修订之际应当将成本费用扣除的限制性规定尽可能规定在法律文本之中，即便要授权国务院及其财税主管部门通过法规乃至规章的形式加以规定，也应当采取具体而又明确的授权。

同是经营所得的成本费用扣除问题，《个人所得税法》仅是寥寥数语，比《企业所得税法》对成本费用扣除的规范程度还低。纵然如此，立法机关既未授权国务院财税主管部门加以规定，也未授权国务院加以具体规定。基于法律的概括授权，国务院制定的实施条例对经营所得的成本费用扣除问题虽作出了一定的规范，但此种规范多停留于语词解释层面。也因如此，经营所得的成本费用扣除几乎沦为国务院财税主管部门单方裁量的问题。然而，在《个人所得税法》未明确授权国务院财税主管部门就纳税人生产经营所得发生的成本费用扣除加以限制的情况下，无论是《个体工商户个人所得税计税办法》还是由国务院财税主管部门制定的关于合伙与私营企业个人所得税成本费用扣除的规范性文件，都欠缺起码的合法性。亦如论者所言，"税前扣除制度的设计应更好地体现税收法定原则"，[2]未来《个人所得税法》修法时应当对此等问题加以关注，可以考虑的是由法律对需要限制扣除的成本费用项目加以特别规定，其他内容则可通过授权国务院制定行政法规加以规范，但

---

〔1〕 参见［日］藤田宙靖：《日本行政法入门》，杨桐译，中国法制出版社 2012 年版，第 102～103 页。

〔2〕 蒋遐雏："功能导向下我国税前扣除制度的变迁与进路"，载《求索》2020 年第 2 期。

也应当限于概念界定问题。对成本费用扣除的限制，立法机关纵然需要授权有关部门加以规定，也应当为此种授权提供一个相对明确的范围和标准。

至于规范性文件增加法律所无的扣除规定，严格来说，这并非需要讨论的问题。因为，在现行法律框架下，立法机关既然不曾授权国务院财税主管部门另行规定，此种做法自然是违背法律规定的。但是，不容否认的是，涉及劳务报酬所得、财产租赁所得、特许权使用费所得等所得的诸多成本费用扣除问题，行政机关所作的规范更加合乎基本权利保障理念，更符合净所得原则的内在要求。这一现象的存在固然与我国行政机关的法治水平待提升有关，但也反映出我国立法机关所制定的成本费用扣除规则不够合乎实际，过于想当然。这一问题的解决还需从实体层面加以考虑，即本书下一部分所要讨论的内容。

二、成本费用扣除规则的实体完善

成本费用扣除规则的设计关乎纳税人的财产自由与营业自由，因而对成本费用扣除的限制亦构成对纳税人财产自由与营业自由的限制。这一限制的正当化一方面要通过增强形式合法性来实现，另一方面还需要在实体规则层面加以优化。有鉴于个人所得税中的成本费用扣除与企业所得税中的成本费用扣除所关涉的内容不尽一致，前者的完善有赖于立法规则的调适，而后者则更多涉及规则解释问题，因而在讨论时，本部分特别加以区分。另需说明的是个人所得税中的经营所得成本费用扣除问题较之于企业所得税成本费用扣除问题并无过多的特殊性，因而不再专门讨论。

（一）个人所得税中的成本费用扣除规则的调适

在所得税中，客观净所得原则要求纳税人根据其发生的必要成本费用据实扣除，而扣除标准的类型化被认为是对净所得原则的偏离，德国联邦宪法法院认为这种背离应当具有"重大之理由"以及"特别的、正当的事理上之理由"，否则就违背了平等原则。[1]但是，个人为获取收入而发生的必要费用与个人的私人生活费用并不容易区分，为了实现对净所得征税并避免对个人私生活构成过多干预，对个人获取收入所发生的成本费用采取类型化的方式加以规范有其必要。这在劳动报酬所得以及稿酬所得中都有所体现。然而，

---

〔1〕 参见盛子龙："租税法上类型化立法与平等原则"，载《中正财经法学》2011年第3期。

类型化的使用必须合乎实际，这也是类型化得以具备正当性的根基。审视我国立法者对这几类所得成本费用作出的类型化，似乎远未达到符合实际的要求。某种意义上，这是驱使国务院财税主管部门一而再地在法律之外创设成本费用扣除规则的关键诱因。就国务院财税主管部门额外创设的成本费用扣除规则，立法者有必要在未来修法之际加以吸收。但更为重要的是，个人所得税成本费用扣除有必要在立法理念上加以转变以摆脱对类型化的过度依赖。本书认为有以下两种思路可供采用。[1]

第一，分项核实类型化。所谓分项核实类型化，是指立法者针对某类所得可能发生的必要费用作出更加细致的分类并为每类费用设定一个扣除额度，在这一额度内可以据实扣除，在具体样态上与列举扣除颇为接近。我国台湾地区工资薪金所得的必要费用扣除规则就使用了这一模式。[2]其"所得税法"规定工资薪金所得可以扣除以下三类必要费用：（1）职业专用服装费；（2）进修训练费；（3）职业上工具支出。这三类必要费用在扣除额度上皆以纳税人收入总额的3%为限并且需要纳税人提供相应凭据。此种模式较之于完全的核实扣除来说，可以避免纳税人将私人消费作为必要费用加以扣除，较之于定额或定率这种单一类型化来说又具备诸多核实扣除的属性，比较贴近所得税系对净所得课税的原理，能够避免对纳税人获取收入的必要费用征税。

第二，核实扣除与类型化择一模式。这一模式将核实扣除与类型化截然分开，仅允许纳税人选择其中一种模式加以扣除。我国台湾地区综合所得税中的执行业务所得[3]的必要费用扣除便采此种形式。纳税人选择核实扣除的，需要提供票据以及账簿记录。若不符合核实扣除条件的，则由稽征机关参酌同业标准确定必要费用与收入之间的比例。这一模式优点在于能够最大

---

〔1〕　有论者指出，"费用（成本）扣除的方法主要有三种：据实扣除、拟制扣除和不予扣除。因此，所得可以相应地分为三类：据实扣除费用的所得、拟制扣除费用的所得和不予扣除费用的所得"。（邢会强："个人所得的分类规制与综合规制"，载《华东政法大学学报》2019年第1期）本书所称的核实扣除就是据实扣除，而所谓的拟制扣除便是本书所说的类型化模式。但需要说明的是，在勤劳所得领域，成本费用扣除的模式绝非如此截然分明，完全有可能会出现兼具核实扣除与拟制扣除这两种属性的扣除模式，下文提及的分项核实类型化便是兼具双重属性的扣除模式。

〔2〕　除分项核实类型化之外，我国台湾地区对工资薪金所得成本费用扣除还采取了定额扣除模式，即纳税人可以在定额扣除与核实扣除两者之间进行择一。限于文章主旨，此处未提及我国台湾地区的定额扣除模式。

〔3〕　我国大陆地区劳务报酬所得适用的范围较之于我国台湾地区的执行业务所得的范围更窄。执行业务所得相当于我国大陆地区的经营所得、劳务报酬所得以及稿酬所得的集合。

程度实现核实扣除，符合所得税征税原理。不足之处在于若类型化不够科学的话，选择核实扣除的动力会大为下降。实际上，我国个体工商户生产经营所得的确定方式就很接近此种模式，即查账征收与核定征收。但实践中由于核定征收较之于查账征收对纳税人更为有利，[1]纳税人更倾向于让税务机关为其核定税额，核实扣除也就近乎名存实亡。

就劳动性所得的成本费用扣除来说，这两种模式相较于我国当下采取的单一类型化模式都更为符合净所得原则。不过，相较之下，分项核实类型化模式更为可取，主要有以下三方面考量因素。其一，无论是工资薪金所得还是劳务报酬所得又或者是稿酬所得，获取所得的必要费用与私人消费之间并不好区分，这意味着据实扣除不完全可取，应当在一定程度上考虑类型化。其二，确定纳税人获取这三类所得所需要发生的典型费用并不困难，这不仅有其他国家或地区的经验可供借鉴，也有我国既有税务实践的经验。例如，对于工资薪金所得纳税人可以适当考虑纳税人的通勤费[2]和职业培训费，[3]对于劳务报酬所得的纳税人则可以考虑其提供劳务服务过程发生的税费、工具费、差旅费以及中介费等。分项扣除因而具备起码的可行性。其三，单一类型化不问纳税人是否发生了必要费用而允许一概扣除，这会导致不同纳税人的税收负担不尽一致，对纳税人的职业自由也会产生一定的限制。我国现行所得税立法仅允许劳务报酬所得减除必要费用而不允许工资薪金所得减除必要费用，而二者的区别在不少情况下仅取决于与用人单位签署合同的性质，在必要费用的发生上并无本质差异。纵然二者之间存在各种形式差别，但都是勤劳所得，相同事物本质而为差别对待已然侵犯纳税人的平等权和职业自由权。此外，在单一类型化模式下，从事成本费用率较低行业的纳税人和从事成本费用率较高行业的纳税人在收入额相等的情况下扣除的成本费用也相等，这在一定程度上构成对职业自由的客观条件的限制进而影响纳税人进入成本费用率较高行业的积极性。因而必要费用扣除还应融入一定的核实

---

〔1〕 参见胡邵峰、曹映平、王维顺："税额确认程序中的举证责任——基于'放管服'的视角"，载《税务研究》2020年第3期。

〔2〕 之所以主张通勤费用扣除，这是因为我国现行所得税立法对用人单位向员工提供的通勤服务并不征税，那么自己支付通勤费用的纳税人若不能扣除相应的费用，便有违税收平等原则。另外，通勤费用也与获得工作收入相关，允许扣除也有其合理之处。

〔3〕 其他国家或地区工资薪金所得成本费用扣除的相关经验介绍可参见蔡孟彦："薪资所得扣除额之法理——以日本法制为比较对象"，载《财税研究》2017年第4期。

因素。

除前述几项劳动性所得的成本费用扣除问题外，无论是资本性所得的成本费用扣除还是偶然所得的成本费用扣除，都更适合采取核实扣除。相较而言，个人所得税法在财产转让所得的成本费用扣除上尚属允当。不过，就财产租赁所得而言，无论是一般情况下的租赁所得，还是较为特殊的转租所得，又或者是某些拟制型的财产租赁所得，〔1〕单一的20%的费用扣除都难以合乎实际情况评价纳税人获取财产租赁所得所发生的成本费用。偶然所得一概否认成本费用扣除，这同样与实际情况不相吻合，诸如中奖、中彩等偶然所得并非不存在成本，前文提及的受赠房屋这种偶然所得更是不以收入为所得额，而是以减除受赠过程中发生的税费为所得额。伴随着《个人所得税法》删除其他所得，偶然所得作为准兜底性所得且其范围不断扩张，此种背景下重新审视偶然所得的成本费用扣除问题更有其必要。

总体来说，我国现行个人所得税立法对成本费用扣除问题尚不够重视，单一类型化方式的路径依赖更是制约了立法者的重视程度。个人所得税作为所得税的一环，理应对成本费用扣除问题加以重视，而这有赖于成本费用扣除规则由单一类型化模式朝核实扣除模式的发展。

（二）企业所得税中的成本费用扣除规则的完善

与个人所得税中成本费用扣除规则存在的问题不同，企业所得税中的成本费用扣除规则存在的问题与其说是立法者层面的问题，毋宁说是税法解释者或者说税收政策制定者层面的问题，毕竟法律对成本费用扣除规则并无深刻的涉足。以下仅选取若干个案加以讨论。

第一，罚没损失税前扣除规则的完善。根据《企业所得税法》第10条第4项的规定，罚金、罚款和被没收财物的损失不得税前扣除。禁止罚没收入税前扣除的立法逻辑大多是维护公共政策秩序以及保持惩罚的威慑力，如果允许税前扣除则相当于对纳税人的违法行为加以补贴。在本书看来，允许罚没收入税前扣除并不必然是对纳税人违法行为的补贴，也不必然减损惩罚的威慑力。理解这一点并不困难，根据现行法律规定，无论是纳税

---

〔1〕 参见《国家税务总局关于酒店产权式经营业主税收问题的批复》（国税函〔2006〕478号）、《国家税务总局关于个人与房地产开发企业签订有条件优惠价格协议购买商店征收个人所得税问题的批复》（国税函〔2008〕576号）。

人违约行为支付的违约金还是侵权行为支付的损害赔偿金，这些支出都被认为是与企业生产经营相关的支出，允许税前扣除。然而，根据我国会计准则的规定，违约金支出、侵权损害赔偿以及罚没损失，这些都被作为营业外支出对待。在性质上，这些支出都与企业的业务无关，只是生产经营过程中发生的支出，或者说仅与企业的生产经营活动相关。如果遵循同一种逻辑，也就不难得出罚没损失与另外两类营业外支出并无本质区别。当然，如果认为罚没损失的税前扣除是对纳税人违法行为的补贴，那么违约金支出和侵权损害赔偿支出的税前扣除则是对纳税人违约行为和侵权行为的补贴，或者说是对纳税人违约乃至侵权的鼓励，但如论者所言，"如果允许这些扣除，是否会创造对净所得征税的例外，这一点还远不清楚……越来越清楚的是，不允许扣除通常是实施经济政策的糟糕手段"。[1]当然，若从企业可支配所得的角度来说，罚没损失确实减损了纳税人的经济负担能力，不允许税前扣除并非对纳税人违法行为的补贴，应当说是对纳税人违法行为的税收惩罚。更何况，净资产增加就要征税，净资产减少却不允许扣除，这也不符合逻辑一贯性。更为重要的是，随着惩罚性赔偿制度的普遍确立，私法与公法责任也越来越模糊，[2]仅因为公法具有强制性就否认承担公法责任（如行政罚款、刑事罚金以及没收收入等）与生产经营的相关性并不科学。实践中，更是不乏纳税人因违反公法秩序而获得更多的经营收入的情形，例如超标排污与获得营业收入就存在较为密切的关系。在此基础上，本书认为即便保留罚款和罚金不得税前扣除以确保税法与行政法和刑法的价值秩序协调，没收财物的损失无论如何都应当允许税前扣除，否则会构成对纳税人财产权的过度侵犯。很难想象纳税人的财物已经被没收，而被没收财物的损失因为不得税前扣除而需纳税调整，税法又对被没收财物损失部分课征所得税，这意味着纳税人必须从其已缴纳所得税的其他合法收入中就没收财物损失部分缴纳所得税。此时的所得税已然沦为惩罚工具。如果承认所得税的主要目的不是

---

〔1〕 See David I. Walker, *Suitable for Framing: Business Deductions in a Net Income Tax System*, William and Mary Law Review, Vol. 52: 4, p. 1247 (2011).

〔2〕 惩罚性赔偿是一种问题导向式的制度，不宜简单归为公法责任或私法责任，这一制度的引入与发展在本质上是对行政规制失灵的回应。参见江帆、朱战威："惩罚性赔偿：规范演进、社会机理与未来趋势"，载《学术论坛》2019年第3期；赵鹏："惩罚性赔偿的行政法反思"，载《法学研究》2019年第1期。

惩罚，而是根据纳税人的经济负担能力分摊税款，那么所得税税前必须扣除没收财物带来的损失。

第二，纳税人为员工支付个人消费性支出应允许税前扣除。根据《企业财务通则》第46条的规定，企业不得承担诸如旅游、商业保险等个人支出。按照这一逻辑，《企业所得税法实施条例》原则上不允许企业为员工支付的商业保险费税前扣除。然而，无论是从营业自由角度来说，还是从企业经营管理不干涉原则来看，企业只要不是单纯为了税收利益避税，那么企业如何安排其对员工的支付皆应获得尊重。事实上，企业以不同形式向员工支付同等价值的利益较之于单一形式的金钱给付更能够提升员工的认同感，也更有助于调动员工积极性以便更好为企业服务以创造更大的经济价值。[1]更有研究表明，"治理结构好的企业不仅利润率高，而且提供给了员工更好的福利"。[2]此外，企业向员工无论是支付工资还是提供职工福利从本质上来说皆服务于员工的个人消费。就这一点来说，企业向员工支付工资与企业向员工支付商业保险费或者旅游费当无本质区别。更为重要的是，从交易实质来看，企业向员工提供个人消费性福利相当于企业向员工先行支付工资报酬，而后由员工以工资去支付自己的商业保险抑或旅游费用。基于此，企业向员工提供个人消费性支出不允许税前扣除不仅难以满足逻辑一贯性，对于纳税人的营业自由亦构成干涉。不过，企业向员工支付个人费用的同时，对于员工来说则应参照工资薪金所得缴纳个人所得税。

第三，除业务招待费外，其他企业经营费用的限额扣除应当取消。业务招待费虽然与企业的生产经营活动相关，但由于此种费用支出多用于私人消费并且很难对此种私人消费征税，限额扣除有其必要性。但诸如广告费与业务宣传费用、职工教育费用、佣金手续费以及贷款利息等支出，限额扣除并不具有足够的法理依据。[3]限额扣除作为类型化的一种形式，其所表现出的数字"仅仅是对社会现实的一种简单化描述，其中可能隐含着立法者对于社

---

[1] 参见樊剑英："员工旅游费支出能否税前扣除？"，载《海峡财经导报》2015年9月16日，第20版。

[2] 钟宁桦："公司治理与员工福利：来自中国非上市企业的证据"，载《经济研究》2012年第12期。

[3] 尽管广告费支出具有长期受益属性，与一般的期间费用有所不同，但从企业所得税法的规定来看，广告费并未被作为长期待摊费用对待，也不被认为是资本支出，对其进行限额扣除并不符合立法目的。

会现实的主观偏见，这种偏见却以客观化的方式呈现出来"。〔1〕此种偏见还会干涉企业的经营自由与国家的税收中立，有论者就指出"刚成立的企业，很难有自己的品牌，广告费支出一般较多，而此时企业效益并不明确，如果广告费税前扣除标准与其他企业相同，则很难在竞争中取胜"。〔2〕这同样适用于生产经营所需的贷款利息扣除。对于中小企业来说，融资难和融资贵问题本就比较突出，在贷款利息扣除上若一味比照金融机构贷款利率进行限额扣除，〔3〕这无疑会使得融资成本较高的纳税人在市场竞争中的劣势更加突出，限额扣除对于融资成本较高的纳税人将构成税收惩罚。

　　第四，纳税人根据法律法规强制要求提取的准备金或保证金应税前扣除。一般情况下，纳税人根据会计准则的规定预提的准备金较大程度上取决于纳税人及其财会人员的主观判断，其真实性不易把控，因而企业所得税法对未经核定的准备金不允许税前扣除确也有合理之处。但纳税人若因从事某一经营行为而须依据法律法规的规定提取一定的准备金或者保障金，此等准备金或者保证金的提取也就很难为纳税人所操纵。有论者结合巨灾风险准备金的特殊性指出，"在巨灾发生之前，保险公司的风险实际上是在逐渐增加的。如果没有提取巨灾准备金，那么保险公司这部分增加的风险成本就没有体现在利润表当中……合理的计税基础应该是提取巨灾准备金之后的盈余"。〔4〕实践中，国务院财税主管部门将此类准备金作为税收优惠政策对待自是不妥。〔5〕相应的，行政机关在此类扣除上应当受到法秩序整体性的拘束。循此逻辑，根据《中华人民共和国旅游法》的规定，纳税人提取并向银行缴存的旅游服务质量保证金虽在会计上不被认为是当期成本费用，但此种缴存从本质上来说不仅是对未来风险的分散，更是减少了纳税人可支配所得，亦应按照企业

---

　　〔1〕 吴飞飞："论法律数字化的功能、可能风险及其优化"，载《安徽大学学报（哲学社会科学版）》2019 年第 4 期。

　　〔2〕 朴姬善、金兰：《中韩税收比较研究》，中国社会科学出版社 2012 年版，第 197 页。

　　〔3〕 《企业所得税法实施条例》第 38 条规定，企业在生产经营活动中发生的下列利息支出，准予扣除：（1）非金融企业向金融企业借款的利息支出、金融企业的各项存款利息支出和同业拆借利息支出、企业经批准发行债券的利息支出；（2）非金融企业向非金融企业借款的利息支出，不超过按照金融企业同期同类贷款利率计算的数额的部分。

　　〔4〕 周县华："农业保险、巨灾准备金与税前扣除"，载《财政研究》2011 年第 6 期。

　　〔5〕 例如，根据《财政部　国家税务总局关于保险公司农业巨灾风险准备金企业所得税税前扣除政策的通知》（财税〔2012〕23 号），保险公司计提的农业保险巨灾风险准备金税前扣除政策就被认为是为了"促进保险公司拓展农业保险业务，提高农业巨灾发生后恢复生产能力"。

所得税法的立法逻辑允许税前扣除，而不应由财税主管部门单方裁量。否则，"一方面于财经法领域否认营利事业可支配该笔项目，另一方面却要求营利事业须就该项目履行纳税义务，不啻造成评价上的自相矛盾"。[1]至于此种准备金或者保证金税前扣除的额度，本书认为只要能够满足法律法规强制要求即可。

第三节　生计费用扣除规则的补足与拓展

个人所得税中的免税额与扣除额有着不尽一致的功能，前者在于保障纳税人维持物理生存的"生存权"，而后者在于保障纳税人有尊严的"生活权"，但这并不否认生计费用扣除规则设计的初衷在于保障纳税人及其家庭成员拥有现代意义上的生存权，而且这种保障与社会救助法的保障应保持在同一层次上。在理念上，领取社会救助的主体不应同时缴纳个人所得税。若某一主体一边缴纳个人所得税，另一边又领取社会救助，其中便产生二者协调的问题。然而，随着支出型贫困在我国日益深入人心，纳税人缴纳所得税的同时领取社会救助已然不是值得大惊小怪之事。这在各地制定的支出型贫困认定政策中不乏明文规定。[2]这一现象的存在可能说明以下两个问题：其一，我国个人所得税生计费用扣除标准尚存诸多瑕疵，无法保障纳税人及其家庭成员的基本生存权；其二，社会救助标准存有不妥之处，不符合最低生存保障的应有之义。[3]由于社会救助关乎一国财政资源的配置，如何确定社会救

---

〔1〕　黄士洲："税法对私法的承接与调整"，台湾大学 2007 年博士学位论文。

〔2〕　例如，《浙江省最低生活保障办法》（浙江省人民政府令第 358 号）第 10 条在界定家庭收入时规定，"家庭收入包括扣除缴纳的个人所得税和社会保障性支出后的工资性收入、经营性收入、财产性收入、转移性收入和其他收入"，虽然这不能直接说明领取最低生活保障（简称低保）的群体必然承担了个人所得税，但可以说明不排除某些纳税人承担了个人所得税之后转而成为社会救助对象的可能。

〔3〕　较具有典型性的为武汉市，《武汉市支出型贫困家庭救助实施办法（试行）》将六类基本民生刚性支出纳入认定范围，分别是重大大疾病支出、残疾人照料治疗支出、老年人照料支出、育幼支出、教育支出、住房租金支出。其中，教育支出覆盖各阶段学历教育支出，办法认定家庭有全日制在校学生的，该成员的每月支出按照 2 倍低保标准确定，在 2019 年相当于 1560 元。该办法还明确，"家庭人均月可支配收入不超过本市上年度城镇居民人均可支配收入"（2018 年城镇常住居民人均可支配收入 47 359 元/年，即 3947 元/月）的家庭在"家庭可支配收入扣除家庭刚性支出后，人均月可支配收入低于本市低保标准的 2 倍"皆可纳入社会救助的范畴。在一个三口之家，若只有 1 人工作，即便其月收入 12 000 元左右仍然可能成为社会救助的对象。若按照这一基准，我国个人所得税生计费用扣除标准无疑是偏低的。

助的标准多被认为是一个立法裁量的问题。[1]因而，本节的逻辑起点便定格在承认社会救助立法的妥当性，并在此基础上讨论生计费用扣除规则的完善问题。

我国社会救助立法日渐完善，并已初步形成以《城市居民最低生活保障条例》和《社会救助暂行办法》为主的社会救助立法体系。但在此基础上，各类社会救助政策规定又层出不穷，各地社会救助立法价值取向亦有差距。为方便讨论，本书主要依托我国《社会救助暂行办法》的规定并适当参酌其他国家或地区实践来检视我国个人所得税中生计费用扣除项目的正当性并提出完善之策。在整体结构上大体遵循现行立法对生计费用扣除项目的规定，但也作出适当调整与整合。具体来说，本部分依次对基本减除费用扣除、保险费用扣除、专项附加扣除的规则优化方向加以讨论。在此基础上，对我国生计费用扣除项目的拓展空间亦加以展望。

一、基本减除费用扣除规则的改善

基本减除费用，亦有被称为"免征额"或者"起征点"。本书无意去争执哪种命名更为可取，但可以肯定的是起征点显然是一种不可取的理解。至于是命名为基本减除费用还是命名为免征额或者说免税额，则因各国或地区用语习惯而有所不同。在我国，其法律用语为"基本减除费用"，在德国甚至有学者以"论最低生活保障免税：基本免税额还是税基扣除？"为题展开讨论。[2]不管怎么命名，其内涵应是相似的，亦即实现最低生存保障的功能。另结合第一节的讨论，我国基本减除费用标准亦应与社会救助标准保持一致，虽不应低于社会救助标准，但也不宜高于。最典型的社会救助标准当属最低生活保障标准，[3]简称"低保标准"。关于最低生活保障标准，《城市居民最低生

---

〔1〕 近几年来，德国联邦宪法法院对立法机关形塑社会救助标准的权力不断压缩，程序性控制的效果初步显现，但社会救助的实体标准仍系立法裁量。参见杨欣："德国社会救助标准确立机制中的宪法监督——以'哈茨 IV'案为例"，载《德国研究》2011 年第 3 期。

〔2〕 Stefan Homburg, Zur Steuerfreiheit des Existenzminimums: Grundfreibetrag oder Abzug von der Bemessungsgrundlage?, Finanzarchiv N. F1995., S. 182.

〔3〕 值得说明的是，也有些学者（边恕："解决城市低保制度就业负激励问题的方案探讨——基于'补差制'与'负所得税制'的分析"，载《中国软科学》2014 年第 10 期）认为对城市低保要改变绝对贫困的传统观念，将城市低保划分为食物线、基本生活线、持续生活线、初步发展线、全面发展线五个层次。其目的在于增强劳动者积极性，促使其摆脱"贫困与失业陷阱"。

活保障条例》和《社会救助暂行办法》皆给予了一定的规定。[1]颇为遗憾的是，这两部行政法规都未能明确低保标准具体是怎么产生的，应当遵循什么基准。尽管如此，参酌我国各地低保标准中较高者仍有其价值与意义。在此，不妨以北京市为例。根据《北京市社会救助实施办法》第9条第4款，该市最低生活保障标准系根据"上年度城镇居民人均消费支出的一定比例"加以确定，2019年的低保标准为每人每月1100元。相应的，将我国基本减除费用标准确定为1100元每月较为合适。反观我国现行每月5000元的基本减除费用，这与应然标准极为悬殊，严重偏离了基本减除费用旨在保障纳税人基本生存所需这一核心内涵。[2]因此，《个人所得税法》的修改不应再把重心放在基本减除费用的绝对数额上。

　　基本减除费用标准的设定还要考虑到特殊群体的最低生存保障，进而与社会救助立法所确立的价值理念保持统一。我国《社会救助暂行办法》第12条第2款规定，"对获得最低生活保障后生活仍有困难的老年人、未成年人、重度残疾人和重病患者，县级以上地方人民政府应当采取必要措施给予生活保障"。这说明，这几类特殊群体的基本生活需要高于一般群体。基于法秩序的统一性，我国个人所得税基本减除费用亦不应一刀切地为所有纳税人设计一个定额标准，还应视纳税人本人及其家庭成员的身体、年龄乃至家庭结构这些具体情况而有所区分。例如，在基本减除费用基础上可针对60岁以上的老年人额外设计老年免税额等附加项目。对于重度残疾人，亦可专门设置重度残疾人免税额或者身心障碍免税额等。此等做法在我国台湾地区也有体现，以我国台湾地区综合所得税的免税额为例，我国台湾地区"所得税法"第17条规定，纳税义务人本人及其配偶年满70岁者，免税额增加50%。又如其特别扣除中的身心障碍特别扣除规定，纳税义务人、配偶或受扶养亲属如为领有身心障碍手册或身心障碍证明者，及"精神卫生法"第3条第4款规定之

---

　　[1]《城市居民最低生活保障条例》第6条第1款明确规定，"城市居民最低生活保障标准，按照当地维持城市居民基本生活所必需的衣、食、住费用，并适当考虑水电燃煤（燃气）费用以及未成年人的义务教育费用确定"。《社会救助暂行办法》第10条第1款规定，"最低生活保障标准，由省、自治区、直辖市或者设区的市级人民政府按照当地居民生活必需的费用确定、公布，并根据当地经济社会发展水平和物价变动情况适时调整"。

　　[2] 当然，也必须承认，我国的基本减除费用标准所考虑的并不只是纳税人本人，还概括地考虑了其所赡养的人口，但即便去除这一影响（2011年每一就业者负担1.93人的基本生活），我国个人所得税所核算的人均基本减除费用也超过2500元，较之于北京市的低保标准还高出近1.5倍。

病人，每人每年扣除 20 万元。尽管立法者在决定哪些人属于所谓的特别群体以及对于特别群体的额外基本生活费应当给予多大程度上的考量具有立法裁量空间，但这种裁量也是受到约束的，即应当与一国社会救助立法作出的价值判断保持一贯性，[1]否则便与生存权保障的内在要求相悖。鉴于我国社会救助立法已经考虑到特殊群体最低生活保障的特殊性，我国个人所得税法中的基本减除费用制度应当对此加以回应。[2]

基本减除费用标准的设定还应考虑纳税人的家庭成员，但此种考虑不应以赡养系数这种极为粗糙的方式加以反映，而应尽可能切合实际。有鉴于我国个人所得税的纳税单位为个人而非家庭，所得税法在考虑纳税人家庭成员基本生存所需时亦应与之匹配。较为可取的是，纳税人举证证明其家庭成员的收入距其保障自我基本生存所需尚有差距，此时方可允许纳税人在这一差额范围内减除其家庭成员的基本减除费用。这一思路既能与我国当下的专项附加扣除制度相衔接，又能与我国在短期内无法推行家庭课税制度这一国情相适应。[3]至于家庭成员的范围，可考虑与婚姻法相衔接，凡纳税人负有法定赡养、抚养、扶养的亲属皆可纳入其中，也可以考虑与社会救助立法对家庭成员的定义相衔接。无论采取何种方案，基本减除费用对于纳税人及其家庭成员基本生存保障的价值都能得到更好凸显。但若要进一步比较的话，可谓是各有利弊。与婚姻法相衔接的话，这虽更加契合法理要求，能够充分体现家庭救助优先于国家救助这一理念，但在操作上可能存在诸多问题。例如，纳税人与其父母之间虽存在赡养与被赡养的关系，但由于不在同一家庭，要

---

〔1〕 如果一定要讨论老年人或残疾人的额外免税额应当达到何等程度，则需要视我国社会救助立法的完善情况而加以决定。结合我国台湾地区实践，特殊群体的免税额的确定既可以采取单一定额模式，也可以采取基础免税额的一定百分比的模式。鉴于我国中央层面的社会救助立法尚且比较粗糙，此类问题的根本解决尚需从提高我国社会救助立法的质量做起。

〔2〕 我国台湾地区税法学界有观点认为基本减除费用或者免税额不因纳税人的年龄等因素而有所区别，应采统一标准。参见吕怡燕："论扶养亲属费用之课税——民法与税法之调和"，成功大学 2014 年硕士学位论文；柯格钟："论个人综合所得税之免税额"，载《月旦法学杂志》2007 年第 142 期。但也有论者批判这一观点过于机械，与现实不符（张于忆："税法上'长期照顾'保障之问题研究"，成功大学 2015 年硕士学位论文）。本书认为，这应是一个价值判断问题而非事实判断问题，应尊重立法者的基本价值决定。既然我国立法者认为年龄、身心状况等因素会影响最低生活费，在基本减除费用中自然也有必要尊重这一价值观念而不应轻易加以否定。

〔3〕 关于家庭课税所面临的困难与障碍，可参见刘鹏："家庭课税：我国个人所得税改革的应然之举?"，载《经济体制改革》2016 年第 4 期。

掌握其父母的收入状况并不容易，这对于纳税申报来说构成具体操作障碍。相反，若与社会救助法对家庭成员的界定相衔接的话，即共同居住的家庭成员，与法理的契合度虽然有所不足，但在操作上更加便利，可以更有效地应对纳税申报中的信息获取问题。为应对操作难题，在具体制度设计上，可考虑在一定额度内（按照基本减除费用标准确定）准许纳税人支付的赡养费、抚养费予以税前扣除，但相关款项同时计入收款方的应税收入。[1]

二、保险费用扣除规则的调适

我国保险费用税前扣除分别涉及专项扣除中的三险一金扣除、其他扣除中的企业年金扣除、职业年金扣除、符合国家规定的商业健康保险扣除以及税收递延型商业养老保险扣除。就其分类而言，既可以分为法定保险费扣除和商业保险费扣除，也可以分为养老保险费扣除与医疗保险费扣除。基于基本生存保障免税的原则或者说主观净所得原则，这些保险费扣除规则该如何调整优化才能与之契合以避免保险费税前扣除沦为税收补贴进而破坏所得税本应恪守的量能平等课税原则值得讨论。德国联邦财政法院和德国联邦宪法法院对此不乏类似裁判，本部分结合相关实务观点加以分析。

基本生存保障免税可以辐射至与基本生存保障相关的保险费支出。对此，德国联邦财政法院和德国联邦宪法法院的观点不尽一致。2003 年德国联邦财政法院在一起养老保险支出限额扣除案中指出，此种限制与基本法对基本生存保障免税的要求并不冲突。[2]其核心论点在于，保险费用系预防费用，而预防费用是面向未来的费用，进而与保障当前基本需要的费用不同，"立法者无需在最低限度的范围内将这些利益从税收中屏蔽掉。相反，纳税人在履行所得税责任后，仍然有足够的资金来支付其必要的生计并能够为法定社会保险供款就足够了"。[3]在此基础上，其也认识到养老保险费与医疗保险费存有差别，指出"养老金支出不是产生收入的支出，而是使用收入的措施。它们的形式是对养老保险和人寿保险的缴费（也是最低规定），它们是特殊类型的有抵押的储蓄福利。根据现行所得税法，储蓄利益是不可扣除的，也不能免

---

[1]　实际上，此种思路已经比较接近专项附加扣除中的赡养老人专项附加扣除。

[2]　BFH DStR 2003, 279.

[3]　BFH DStR 2003, 279（280）.

税。健康和护理保险费用用于对冲未来存在的风险。宪法也不要求完全扣除"。[1]德国联邦宪法法院在 2008 年一起关于医疗以及长期照护保险费裁定中给出了不完全一致的观点,认为"纳税人的健康和护理费用,特别是相应的保险费,也可以成为最低生活保障免税标准中的一部分……在任何情况下,健康和护理保险缴款都不具有储蓄性质……维持最低生活水平的免税旨在满足'当前需求'的说法并非旨在区分物质费用和保险费。它仅指的是最低免税额应基于所得税的周期性。从这个意义上说,'当前'需求是需要满足各个日历年的最低生活水平。将纯风险保险包括在可以按日历年定额的缴费基础上,没有根本的担忧"。[2]本书更赞同德国联邦宪法法院的观点,即为了实现最低生存保障而发生的保险费支出皆应税前扣除,无论是养老保险还是医疗保险。但问题的核心还不仅限于此,还要进一步回答具体哪些保险费可以基于基本生存保障免税的逻辑而加以扣除,哪些则构成税收优惠。

法定社会保险支出虽属于强制性支出,但也只有在基本生存保障范围内才可扣除。德国联邦宪法法院认为,"法定保险制度和私人保险制度的不同基本结构对医疗保险缴费的平等评估具有决定性作用。法定健康保险的本质特征是团结原则,而私人健康保险则遵循对等原则"。[3]简单来说,法定保险情形下,由于个人获得的福利与缴费之间的对价关系极为弱化,其再分配的效果却尤为突出。加之,法定保险一般都是为了保障纳税人较为基本的生存水平,允许相关支出税前扣除符合基本生存保障的要求。但是,社会保险所保障的程度与社会救济所要保障的程度也还是有区别的,因为"社会保障法的原则是确保生活水平高于社会救助水平。社会保障与社会救助之间也存在辅助性关系"。[4]相应的,并不能从社会保险支出乃不可避免的法定义务支出中推导出社会保险费支出应当基于基本生存权保障的要求而全额扣除。具体到我国社会保险费用支出上,养老保险和医疗保险分为单位缴费和个人缴费两部分,单位缴费部分进入社会统筹,而个人缴费部分计入个人账户。其中,个人缴费部分几乎不具有再分配的功能,这就意味着基于生存权保障的理念允许其扣除的正当性并不充足,而单位缴费部分则具有更充分的理由。相应

---

[1] BFH DStR 2003, 279 (280).

[2] BVerfG DStR 2008, 604 (608).

[3] BVerfG DStR 2008, 604 (606).

[4] BVerfG DStR 2008, 604 (608).

的，单位缴费部分也就不必计入个人所得，即便计入个人所得也应当允许据实扣除。当然，考虑到个人缴费也是我国社会保险制度的一环，姑且承认其基本生存保障功能进而允许其扣除，那么扣除的标准也应当加以限制，应当采取较低水平。目前，对于单位职工来说，个人缴费基数在当地社会平均月工资水平的60%和300%之间浮动。如此大的浮动区间无法通过基本生存保障予以正当化，社会保险缴费税前扣除中有较大一部分进入了税收优惠或者税收补贴的范畴进而违背量能课税的要求，故此，可考虑个人缴费部分只有在当地社会平均月工资水平的60%范围内限额扣除。这一结论同样可以适用于住房公积金税前扣除，所不同的是单位缴存的住房公积金系进入个人账户，而非进入社会统筹账户，故而单位缴存的部分必须作为纳税人的当期应税所得，不能税前扣除。

商业养老保险费支出原则上不符合最低生存保障支出不课税的要求。就企业年金、职业年金以及税收递延型商业养老保险支出税前扣除来说，这部分完全属于税收补贴范畴，系税收优惠。究其原因，我国现行城镇职工基本养老保险给付待遇通常情况下明显高于社会救助标准，若基本养老保险费支出尚且无法在完整意义上构成基本生存保障所要求的支出，自然更不必说这些补充养老保险。对商业养老保险费的税前扣除体现的是全体纳税人为这部分缴费人过上更高的生活水平分担税款，这明显缺乏正当性。若考虑到累进税率的影响，同一扣除额度对于不同收入层次的纳税人有着完全不一样的经济价值，其正当性更是匮乏。较为可取的是，尽可能废止此类扣除。即便有必要设计，也应当遵循两个原则：其一，额度最小化；其二，扣除额度应随纳税人收入水平逐级递减。当然，本书更赞同采取直接财政补贴这种模式并借助于所得税途径将之给予纳税人。

商业健康保险费支出在合乎社会救助法要求的情况下可以基于最低生存所需不课税的理念而从税基中加以扣除。与养老保险的储蓄性质不同，健康保险的功能在于分散未来为了维持身体健康状况所应承担的医疗费用。通常来说，医疗支出属于维持生存所必须的支出，但医疗支出数额并不具有确定性。又因为我国基本医疗保险覆盖的范围还不够广泛，保障程度还较为有限，尚难以满足所有纳税人最低限度的健康与医疗需要，允许商业健康保险费支出扣除也就有其必要性。这一点可以从我国《社会救助暂行办法》第29条的规定得出，即个人及家庭在各种医疗保险报销后仍然无力承担符合条件的医疗费用的，国家几乎予以兜底。相应的，从辅助性原则来看，若纳税人能够用自己的所得满足自己及其家庭成员的医疗需求，那么国家就应当加以尊重，而商业健康保险又系防范未来医疗费用支出的一种形式，因而应当允许商业健康保险费用扣除。当然，考虑到并非所有的商业健康保险都以保基本需求为目标，故而应当适当参酌保险待遇给付状况加以综合判断。就我国税优型商业健康保险，本书认为符合基本生存保障支出不课税的要求，不宜将之归入税收优惠范畴。至于扣除的额度，目前采取的是每年 2400 元的定额标准，这一标准未尽合理，应结合投保人的身心具体情况确定一个合乎实际的标准。此项扣除既以最低生存保障为目标，严格来说，就不宜仅限于纳税人本人扣除，若纳税人为其家庭成员购买该项保险而有所支出，亦应准许扣除。

三、专项附加扣除规则的改进

就专项附加扣除的定性，目前尚有三种不尽相同的观点。一种观点认为其系税式支出或者税基型税收优惠，例如叶姗指出，"专项附加扣除在性质上属于税基式税收优惠措施，纳税人完全有权不申报专项附加扣除事项"。[1]另一种观点认为其系量能课税要求的净所得原则的产物，与公益捐赠这种税收优惠式扣除乃两码事。[2]还有一种观点介于二者之间，认为专项附加扣除是基本生存权保障的产物，也是量能课税原则的内在要求，但是它属于税收优惠中的保障型税收优惠，持该观点的代表人物为蒋悟真教授。[3]就立法者的观点来看，实际是暧昧不清的，也无怪乎论者会得出不完全相同的几种认知。唯在本书看来，如果将专项附加扣除视为税式支出或者税收优惠的话，就必须考虑将其转化为直接财政补贴是否具有可接受性。鉴于我国个人所得税中的综合所得和经营所得采取的是累进税率，在累进税率下同一扣除额度的效果是不同的，会形成高收入者补贴多，低收入者补贴少，而无收入者不补贴的怪象。正因如此，论者才会指出，"一个理想的税收体制的两个公认的标准

---

〔1〕 叶姗："个人所得税纳税义务的法律建构"，载《中国法学》2020 年第 1 期。

〔2〕 参见侯卓："税收优惠的正当性基础——以公益捐赠税前扣除为例"，载《广东社会科学》2020 年第 1 期。

〔3〕 参见蒋悟真："税收优惠分权的法治化：标准、困境与出路"，载《广东社会科学》2020 年第 1 期。

是横向公平和纵向公平，然而税收支出通常违反这两个标准"。[1]与之相应的是，专项附加扣除若作为税收优惠或者税式支出几乎不具备设立的正当性。同时，这也意味着取消所有的专项附加扣除是专项附加扣除规则优化的最佳路径。若果真如此，恐怕立法者大可不必费尽周折去设计专项附加扣除。本部分既然是对专项附加扣除规则的优化，自然不是要从根本上否定专项附加扣除制度存在的必要性。作此认知，是因为在本书看来专项附加扣除在整体层面系对主观净所得原则加以落实的产物，也是最低生活费不课税的内在要求。只不过，相较于基本减除费用来说，专项附加扣除所考量的维度更侧重于纳税人及其家庭成员维持基本生存的特别支出，在性质上也与文化社会意义上的生存较为接近。当然，专项附加扣除以家庭基本生存所需为着眼点也确有不妥之处，毕竟我国个人所得税目前还是以个人为单位进行申报的。正是不相匹配的制度设计理念导致专项附加扣除并未能发挥其应有的效果。有研究表明，"提高基本费用扣除和增加专项附加扣除对中低收入者有一定的减负效果，但给中高收入者带来的相对收益更大"。[2]为了避免在分析时的混乱，本部分姑且尊重立法者的基本逻辑，对相关规则的优化加以检讨。

子女教育专项附加扣除从整体上来说具备正当性，[3]但在具体范围和额度上尚有斟酌空间。根据《社会救助暂行办法》规定，对于最低生活保障家庭成员，国家给予相应的教育救助，从救助的范围来看，以义务教育为救助的核心，高中教育和高等教育则为根据实际情况给予救助。由于教育救助系

---

〔1〕　［美］莱斯特·M.萨拉蒙主编：《政府工具　新治理指南》，肖娜等译，北京大学出版社2016年版，第372页。

〔2〕　刘蓉、寇璇："个人所得税专项附加扣除对劳动收入的再分配效应测算"，载《财贸经济》2019年第5期。

〔3〕　还有观点认为子女教育专项附加扣除不符合公平原则，因为低收入纳税人无法享有扣除，而高收入纳税人却可以享有（参见张守文："改革开放、收入分配与个税立法的完善"，载《华东政法大学学报》2019年第1期）。对此，本书认为此种观点是没有理清楚子女教育专项附加扣除的功能定位，若认识到其系家庭成员基本生存保障支出，便不会认为不公平。实际上，低收入纳税人完全可以借助社会救助渠道解决子女教育支出问题。至于现实中出现的"夹心层"人群的尴尬境遇，即一方面无法享受社会救助，另一方面也无法税前扣除，这并非个人所得税税制所导致的，而是社会救助制度缺乏科学性才导致的。当然，其中也一定程度存在个人所得税生计费用扣除设计未能恪守基本生存保障这个要求的问题，比如前文提及的基本减除费用就远远高于社会救助标准。但即便如此，解决低收入群体面临的问题仍应致力于社会救助制度的完善，改变以往的收入型社会救助为支出型社会救助。

在最低生活保障基础上的专项救助，因而在基本减除费用对准低保线的基础上，个人所得税法的生计费用扣除项目应当设计与之对应的子女教育专项附加扣除。如此，可以避免那些收入略微高于低保标准的家庭一边因缴纳个人所得税而导致可支配收入低于低保标准，另一边却无法享受到子女教育救助这种极其不合理现象的发生。有鉴于我国社会救助立法尚未将子女接受幼儿园教育纳入基本生存所需的范畴，子女教育专项附加扣除亦不应对此加以考虑，即便要考虑也不应采取税基扣除的方式，最好采取财政补贴或者社会福利的方式。[1] 至于子女接受义务教育支出，多有观点认为我国义务教育既然免费就不应再行扣除，[2] 但本书并不如此认为，盖因低保家庭子女接受义务教育尚且能够获得相应社会救助，有收入能力的家庭在确保子女接受义务教育发生的相应支出亦无理由否认。至于说扣除的额度，本书认为每月 1000 元的标准确实比较高，对此，不妨参考各地对低保家庭子女接受义务教育救助标准较高者重新加以规划并作为未来调整的方向。高中教育和高等教育上道理亦然，有问题的不是扣除项目本身，而是现行的定额扣除标准是否合理。[3] 较

---

〔1〕 需要说明的是，各地并未严格遵循《社会救助暂行办法》的规定执行，集中凸显了我国给付行政的混乱。有些地方规定低保家庭子女入幼儿园可以享受免交保教费待遇，如北京市，具体可参见《北京市社会救助实施办法》；有的地方则通过给予低保家庭以相应的补贴解决其子女接受幼儿园教育，如福建省，可参见《福建省财政厅 福建省教育厅关于进一步做好学前教育资助工作的通知》（闽财教〔2014〕26 号）。若从各地的实践来看，似乎也可以认为子女接受幼儿园教育也属于家庭成员维持基本生存所需的范畴。相应的，纳税人子女接受幼儿园教育发生的支出便应予以税前扣除而不宜再定性为税收优惠或者财政补贴。但鉴于本书无意评判此等做法是否妥当，仍遵循《社会救助暂行办法》所确立的思路加以判断。言及至此，需要顺便说明的是，本书认为一项支出是否属于维持基本生存所需的支出，这应由一国立法机关加以判断，而不宜由一国地方政府加以决定。否则，在同一个国家，基本生存也将被分为三六九等。而这无论如何都难以与生存权的应有之义相契合。

〔2〕 参见贾智莲："专项附加扣除：个人所得税改革的制度性突破"，载《内蒙古日报（汉）》2018 年 7 月 13 日，第 3 版。

〔3〕 只不过令人觉得诧异的是，子女接受硕士研究生和博士研究生教育无论如何都难以被作为维持基本生存所需的支出，甚至还会认为我国硕士和博士研究生教育近乎是公费，几乎不会发生相应的支出（参见吴旭东、王晓佳、宋文："个人所得税专项附加扣除研究"，载《财经问题研究》2019 年第 2 期）。对此，仍然可以从我国社会救助标准上加以正当化，既然社会救助立法并未否认低保家庭的子女接受高等教育可以获得相应的教育救助，那就说明立法者认为子女接受高等教育亦属家庭成员基本生存所需。相应的，专项附加扣除亦无对之加以否定的道理。所应考虑的是扣除额度是否符合实际情况，这则需要立法者结合高等教育社会救助情况加以综合判断。需要额外说明的是，高等教育社会救助不等于高等教育社会福利，前者仅面向低保或者低收入家庭，而后者则不问家庭收入状况。实践中存在的研究生助学金应当定性为社会福利而非社会救助，因为这与研究生的家庭收入状况不存在关联，而是普惠性的。

为可取的是，将现行的定额扣除标准改为定额范围内据实扣除以符合社会救助立法上的根据实际情况加以救助的理念。[1]至于有论者将子女教育专项附加扣除看作税收优惠的一环，并与其他国家或地区的税收抵免相类比，这显然是对个人所得税生计费用扣除的误读，进而将社会福利政策与所得税扣除混为一谈。[2]当然，也必须承认，借助所得税法体系推行社会福利政策也并非毫无意义，毕竟可以起到节约征管成本的效果。但是，必须注意的是，税额抵免的本质是"和租税债务没有直接紧密联系的补贴"，"如果抵免额所要减除的对象，是为减轻纳税能力较低者的负担的话，那就应该采用扣除额而非抵免额"。[3]

继续教育专项附加扣除税收优惠属性突出，正当性不足。与前述子女教育不同，继续教育并不被我国社会救助立法认为是维持基本生存所需的支出，将之归入主观净所得意义下的扣除缺乏正当性。在本书看来，若继续教育支出与纳税人获取收入相关，不妨将之归入成本费用扣除以丰富我国个人所得税成本费用扣除项目。但就目前立法文本来看，立法者并不强调此种相关性，将继续教育专项附加扣除归入税收优惠更为妥当。这就意味着，该项扣除的正当性也就存疑。该等税收优惠无法实现其鼓励继续教育的目的，因为那些低收入群体几乎无法从该等税收优惠中获得激励，只有较高收入群体才有机会获得，并且公平性存疑，涉嫌歧视低收入群体接受继续教育。未来专项附加扣除规则的调整或修改应考虑将之转化为税额抵免乃至将之删除。

大病医疗专项附加扣除的范围和标准尚有完善空间。无论是根据宪法还是婚姻法的规定，纳税人对其父母皆负有生存照顾的义务，这意味着纳税人父母自身若无法独立防范大病风险以维持基本生存，首先应当由其子女给予必要的辅助，而后才能由国家予以介入。但从现行大病医疗扣除的范围来看，

---

〔1〕　定额范围内据实扣除可能会存在举证困难的情况，但这更加符合社会救助立法上的理念，也符合高等教育费用支出的实际情况。更何况，子女在接受高等教育期间也可能会有相应的收入，不一定需要父母予以经济上的支持。当然，若考虑到我国个人所得税纳税申报主体为个人而非家庭这一点，此种认知的正当性会进一步增强。

〔2〕　参见黄匡时："如何在个税中扣除子女教育支出：国际经验与操作路径"，载《人口与计划生育》2018年第8期；李华、蔡倩："个人所得税教育费用扣除的经验与借鉴"，载《财政科学》2020年第1期。

〔3〕　陈薇芸：《社会福利与所得税法》，翰芦图书出版有限公司2009年版，第318页。

纳税人仅能扣除配偶以及未成年子女发生的大病医疗费用，尚无法扣除其父母发生的大病医疗费用，这与婚姻家庭制度保障以及生存权保障的理念并不吻合。当然，必须说明的是，尽管赡养老人支出允许税前扣除，但无论是每月 1000 元的扣除还是每月 2000 元的扣除，这对于大病医疗支出而言可谓是杯水车薪。更何况，赡养老人支出从制度设计的理念来看在于保障纳税人负法定赡养义务的长辈的日常生活支出，并非在于防范大病这类特别风险。此外，将子女范围限缩在未成年子女也存在不妥之处，这与子女教育专项附加扣除将子女范围扩张至所有接受全日制学历教育的成年或未成年子女的理念不相吻合，与社会救助立法将接受高等教育的子女纳入家庭成员的理念亦有冲突。就扣除标准来说，现行扣除标准采取定额范围内据实扣除，唯在本书看来既然医疗保险支出皆为符合国家规定条件的基本医疗支出，在标准上不应再次予以限制，应允许据实扣除。否则，极有可能出现纳税人及其家庭成员一边因为大病医疗支出难以据实扣除而需缴纳个人所得税，另一边却又因大病返贫进而要国家予以社会救助，这与社会救助的补充性明显相悖。

赡养老人专项附加扣除的适用条件尚需优化。[1]就赡养老人专项附加扣除的立法目的来说，主要在于避免对纳税人履行法定义务的支出加以课税。但根据德国联邦宪法法院在 2008 年作出的一则判决，"当税捐义务人事实上或是依据法律的规定而负有一定数额的扶养给付，倘若容许该费用在超过社会救助法救助标准的范围内允许从所得税的税基中扣除，这会导致违反量能课税原则的结果"。[2]在本书看来，若纳税人负有法定赡养义务的长辈能够依靠自己的退休金和养老金维持基本生存，便不应准许纳税人该项给付税前扣除。[3]简单来说，"被赡养人的收入达到一定水平，赡养人不得进行赡养支

---

〔1〕 严格来说，赡养老人支出应列入基本减除费用之中，只是受限于我国当下实行的个人纳税单位的税制模式，将之列入专项附加扣除亦无不可，但这与税收优惠全然无关。亦如本书在基本减除费用部分所提及的，赡养老人的支出亦应遵循辅助性原则，由老人先保障自我基本生存，自己所不能及者才由纳税人予以补充。

〔2〕 BVerfGE 120, 125（164）.

〔3〕 在本书看来，若国家在应税收入端已经考虑了纳税人的生存保障支出，在支出端若再加以考虑，这很可能会出现为了保障纳税人的生存权而在个人所得税的不同规范之中重复考量，以致生存权保障对于不同纳税人而言有着完全不同的意义，进而与生存权平等保障的理念发生根本冲突。我国《个人所得税法》第 4 条第 1 款第 7 项明确规定"按照国家统一规定发给干部、职工的安家费、退职

出扣除".[1]与之相应的是，若纳税人依据婚姻法负有法定赡养义务的长辈无法满足基本生存，即应准许纳税人此等支出加以扣除。相较之下，我国《个人所得税专项附加扣除暂行办法》规定的老人的范围还显得较为狭窄，与婚姻法的要求尚有差距，可以将（外）孙子女赡养（外）祖父母的条件加以调适，即不以父母死亡为条件，仅以其父母是否具备赡养能力为准。在扣除额度上亦应采差异化标准，视被赡养人的人数及其收入状况而有所区分。

住房贷款利息扣除中的"首套住房贷款"认定基准有待优化。[2]就我国住房贷款利息扣除制度的目的来说，在于保障纳税人基本住房支出不课税。该项扣除制度整体来说具备正当性，但问题在于首套住房贷款的认定基准。从制度设计的初衷来说，纳税人用于居住的住房发生的贷款利息理应扣除，认定的核心应在于住房的套数。但从各地的实践来看，首套住房贷款的认定标准不尽一致，在某些情形下纳税人的唯一住房因为不能享受首套住房贷款利率，因而该套住房发生的贷款利息亦不能扣除。由于税法与金融法有着不完全相同的价值取向，税法上的首套住房贷款的认定不宜与金融法的认定完全保持同步。对于确系唯一住房但非享受首套住房贷款利率的住房，若无特殊理由，应当准许该类住房发生的贷款利息予以扣除以合乎生存权保障的应有之义。

专项附加扣除在扣除标准的分配上应更加灵活。基于婚姻家庭制度保障，国家不仅有义务排除对于婚姻、家庭的不当干预，并有义务以适当的社会手段，促进婚姻、家庭发挥其社会功能。税法作为干预法，应避免对婚姻家庭秩序

（接上页）费、基本养老金或者退休费、离休费、离休生活补助费"属于免税所得，此类免税从立法目的来看，显然是为了保障公民的基本生存所需。然而，从我国现行的个人所得税立法规定来看，此类纳税人若取得综合所得依旧可以扣除各种生计费用，这无疑是对此类纳税人基本生存所需的重复考虑。更为重要的是，此类纳税人通常构成赡养老人扣除中的"老人"，而其从其法定赡养义务人中获取的赡养费也系保障其生存所需。如此，一个年龄达到 60 岁的典型的退休职工不仅因为生存权保障的缘故不必就其获得的退休金课税，还可以在其获得综合所得的情形下扣除各类生计费用扣除项目，按照现行规定似乎也可以就其获得子女给予的赡养费予以免税，对此类纳税人的扣除额度与免税额度整体叠加，毫无疑问会超过此类群体的基本生存所需的标准进而诱发相关制度的正当性危机。要解决这些问题则还应完善现行的税收优惠规定。

〔1〕　北京大学赡养老人支出扣除研究课题组张守文、刘怡："赡养老人支出扣除研究"，载《国际税收》2018 年第 11 期。

〔2〕　参见冯铁拴："回归住房权保障：重塑'首套住房贷款利息'扣除标准"，载《现代经济探讨》2019 年第 7 期。

构成不当干预。反观《个人所得税专项附加扣除暂行办法》对涉及婚姻家庭内部生存保障支出的分配，强制性分配居多。例如，子女教育费用扣除与住房贷款利息扣除在具体分配上仅允许纳税人与其配偶平均分配扣除额度或单方全额扣除，而未成年子女发生的医疗费用支出以及住房租金支出则仅能由纳税人或其配偶一方选择扣除。此种强制分配与我国婚姻家庭制度将夫妻作为生活共同体与财产共同体的理念多有抵触。[1] 较为可取的是将涉及家庭生存所需支出的扣除标准分配交由纳税人及其配偶协商决定。

四、生计费用扣除规则的拓展

除前文所涉及的生计费用扣除规则外，基于生存权保障的要求，为了与《社会救助暂行办法》所确立的价值理念相协调，生计费用扣除规则还存在进一步拓展的空间。以下分别从生计费用扣除所适用的主体以及生计费用扣除的具体项目两方面加以阐述。

就生计费用扣除规则适用的主体来说，《个人所得税法》层面仅为获得综合所得的纳税人，尚不涉及获得其他类型所得的纳税人。然根据前述分析，生计费用扣除的目的在于对纳税人及其家庭成员基本生存所需不课税，至于纳税人通过何种方式获取所得来保障自身及其家庭成员的基本生存所需，这并非税法所应关注的问题。实际上，我国社会救助立法在理念上也尊奉此等逻辑，即无论居民以何种类型的收入维持自身及其家庭成员的生存，国家原则上在所不问，《社会救助暂行办法》第 9 条即体现了此。民政部印发的《最低生活保障审核确认办法》（民发〔2021〕57 号）更是将家庭收入的范围予以细化，可谓是应有尽有，具体包括五大类：（1）工资性收入；（2）经营净收入；（3）财产净收入；（4）转移净收入；（5）其他应当计入家庭收入的项目。正如前文提及的，不乏纳税人一边缴纳个人所得税，另一边又通过社会救助的方式领取国家救助，此种现象就与我国当下个人所得税生计费用扣除规则狭隘地适用于获取综合所得纳税人这一点密不可分。尽管根据《个人所

---

〔1〕 现行的夫妻财产制虽说是法定制与约定制并存，后者的效力高于前者，但从新中国成立以后直至今天的社会实践看，仍然以夫妻法定财产制——婚后所得共同制为主。这意味着在婚姻关系存续期间，夫妻双方的收入属于夫妻共同所有。对于共同财产，夫妻享有共同使用、收益和处分的权利。参见金眉："婚姻家庭立法的同一性原理——以婚姻家庭理念、形态与财产法律结构为中心"，载《法学研究》2017 年第 4 期。

得税法实施条例》第 15 条的规定，获得经营所得的纳税人在无综合所得的情况下亦可减除生计费用，这虽一定程度上扩张了生计费用扣除适用的主体，但这一规定也存在诸多可完善之处：其一，在纳税人的综合所得数额较小无法覆盖生计费用时，应允许纳税人运用经营所得进一步抵销结余的生计费用；其二，纵然纳税人的经营所得无法准确核定，也应确保纳税人的生计费用扣除，因为经营所得所需核算的应只是经营净收入，所影响的只是成本费用扣除，与生计费用扣除并无关联。不可否认的是，生计费用扣除主体限于获取综合所得或经营所得的纳税人，这与我国个人所得税采取分项与综合相结合的征收模式有着较大关系，但应当认识到从生存权保障的角度来说，此种征收模式应逐渐过渡为综合征收。而综合征收的进一步推进必然要求与之相配套的纳税单位的调整，即由个人为纳税单位进化为家庭为纳税单位。

就生计费用扣除项目来说，仍存在扩张的空间，可考虑增设"灾害损失"扣除项目或者"其他额外支出"项目。[1]根据《社会救助暂行办法》的规定，"对基本生活受到自然灾害严重影响的人员，提供生活救助"，"国家对因火灾、交通事故等意外事件……导致基本生活暂时出现严重困难的最低生活保障家庭，以及遭遇其他特殊困难的家庭，给予临时救助"。就相关立法意旨而言，灾害事件的发生会增加维持基本生存的成本，国家为了保障公民基本生存愿意分担此类风险。同样，在生计费用扣除项目的设计上，立法者亦应遵循这一价值取向，将灾害损失或者其他意外事件带来的额外负担加以考虑。当然，若考虑到与灾害损失存在相似性但又非灾害损失的意外事件等其他额外支出，似乎设置"其他额外支出"扣除项目更为妥当。至于哪些项目可以构成其他额外支出，可以考虑由我国法院系统在税务司法实践中不断探索。对此，可以参照《德国个人所得税法》第 33 条对"特殊的负担"作出的界定，即"超过了通常标准的但不可避免的、基本生存所必须的私人费用。由此引起的主观给付能力减少通过相应的扣除实情而被考虑……a）不能有其他的扣

---

〔1〕　亦有观点从纳税能力角度出发，认为"纳税人以及与其共同生活的亲人所有的资产，比如房产、汽车等遭遇灾害、盗窃等损失的时候，其损失数额超过一定的限度也会严重影响纳税人的纳税能力，从维持纳税人的'担税力'、贯彻量能课税理念的角度出发，这部分损失也应酌情在应税所得中扣除"（李貌："日本《所得税法》中'所得扣除'制度研究"，载《江苏理工学院学报》2019 年第 5 期）。这一观念与本书的观点大体一致，但在具体操作上，尚存在些许差异，比如纳税人的小汽车遭受损失在本书语境下就不应当扣除，因为从我国社会状况来看，小汽车尚属奢侈品，并非生存保障所必须的资产，该类资产的损失既然不会影响纳税人基本生存，自无税前扣除的道理。

除可能性，b）费用必须 c）给纳税人造成了负担并且它必须具有 d）特殊的和 e）不可避免的特点"。[1]若果真如此，这不仅有助于打破现行生计费用扣除过于标准化、难以应对纷繁复杂的特殊事件的现状，还能够不断提升我国法院介入税务案件的能力与动力。至于具体扣除标准，虽可由立法者加以裁量，但仍应避免绝对化的倾向。

---

〔1〕〔德〕迪特尔·比尔克：《德国税法教科书》，徐妍译，北京大学出版社 2018 年版，第 345 ~ 346 页。

结 论

本书坚持问题导向，以所得税扣除乱象为分析起点，以问题解决为终点，以所得税扣除立场转变为中间桥梁，共设置了五章。第一章和第二章架构起所得税扣除乱象与基本权利保障立场之间的关系，使得起点得以通达中点；第三章和第四章的功能则在于评价拟转向的基本权利保障立场的理论正当性与现实可行性，作用在于检验中间桥梁是否足够坚实稳固；第五章与第一章、第二章的逻辑刚好相反，旨在从中点到达终点，主要解决基本权利保障立场具体实现的问题。根据这一思路，通过研究，得出如下结论。

第一，我国所得税扣除乱象频出，其中既有税收法律工具主义的影响，也有税法规范制定者对所得税扣除税法机能缺乏深刻认知的原因。但根本来说，这些都受制于税法规范制定者对所得税扣除所持有的立场——恩惠立场。我国特殊的税收法治状况使得行政机关对待所得税扣除的立场较之于立法者来说更具有决定性并以行政恩惠的方式诠释出我国的恩惠立场。

第二，所得税扣除的典型立场有国家恩惠与基本权利保障两种。国家恩惠立场下，扣除是国家的特别恩赐，能否扣除完全取决于规则制定者的单方裁量，与纳税人基本权利无涉。基本权利保障立场下，扣除是国家为保障纳税人基本权利而在所得税法上作出的具体制度安排。国家恩惠立场带来的权力恣意问题日益受到批判，与之相对的基本权利保障立场更加合乎时代发展趋势。

第三，在所得税扣除上坚持基本权利保障立场既合乎税理和法理，也符合我国国情。从税理来说，所得税扣除机理内置基本权利保障理念。就法理而言，所得税扣除乃制衡所得税征税权以确保基本权利本质内容不受侵犯的工具。就国情面来说，确立基本权利保障立场不仅可以呼应对所得税法进行合宪性审查这一时代课题，还有助于补强税收法定原则的价值缺憾，助力我国迈向税收实质法治。

第四，为所得税扣除植入基本权利保障立场虽然还面临系列障碍，如扣除"法律空洞化"、扣除"调控"主导以及扣除标准"非典型性"，但随着制度环境的改善，如税收法治进程日益提速、合宪性审查逐渐步入正轨以及税收征管技术持续改进，这些障碍已然在消解并将最终消除。

第五，不同类型的费用扣除有着不完全相同的基本权利基础。成本费用扣除的基本权利基础在于财产权、平等权与营业自由权，但核心在于营业自由权。生计费用扣除的基本权利基础在于财产权、生存权、平等权以及婚姻家庭制度保障，但焦点在于生存权。

第六，生计费用扣除与社会救助皆植根于生存权保障，虽面向不同，但基于法价值秩序的统一性，二者之间应保持紧密联系。生计费用扣除项目的设置应参酌社会救助项目并确保各扣除项目功能定位清晰；扣除标准的确定应对齐社会救助标准中的较高值，无论是低于还是高于都不具有正当性；生计费用扣除应充分考虑家庭因素，确保家庭成员基本生存所需，同时也应与纳税单位制度相衔接。

第七，成本费用扣除的设计应最大程度尊重纳税人的意思自治并考量纳税人营业所需承担的法定义务。确定扣除标准时，应以据实扣除为原则，若有限制，须有重大理由且应满足目的正当、手段合适且损害最小等要求。对成本费用扣除的限制性规定应由法律或者由法律具体明确授权的行政法规加以规定。在纳税人不能准确核算成本费用的情况下，出于稽征经济原则，类型化的限额扣除模式方有正当性，但应确保具备起码的典型性。

第八，个人所得税基本减除费用人均扣除标准明显偏高，应适当降低，未来还应考虑特殊群体的额外生计费用。个人社会保险缴费税前扣除标准区间分布过于宽泛，可考虑在当地社会平均月工资水平的60%范围内限额扣除。税优型商业健康保险费扣除符合基本生存保障支出不课税的要求，不宜归入税收优惠范畴，纳税人为其家庭成员购买健康保险费用支出亦应准许税前扣除。包括企业年金在内的商业养老保险费扣除皆系税收优惠，应由税基扣除转变为税额抵免。在专项附加扣除中，继续教育专项附加扣除的正当性最为薄弱，可调整为税额抵免。此外，生计费用扣除规则适用的主体应扩张至各类所得纳税人，不应限于综合所得纳税人；生计费用扣除项目可考虑增设"灾害损失"或"其他额外支出"项目。

中外文参考文献

一、中文著作

1. 黄茂荣、葛克昌、陈清秀主编：《税法各论》，新学林出版股份有限公司 2015 年版。

2. 张守文：《税法原理》，北京大学出版社 2018 年版。

3. 刘剑文：《财税法——原理、案例与材料》，北京大学出版社 2015 年版。

4. 刘炤主编：《〈中华人民共和国企业所得税法实施条例〉释义及适用指南》，中国财政经济出版社 2007 年版。

5. 蔡昌：《中国税史》，中国财政经济出版社 2016 年版。

6. 王人博、程燎原：《法治论》，广西师范大学出版社 2014 年版。

7. 刘茂林、杨贵生、秦小建：《中国宪法权利体系的完善：以国际人权公约为参照》，北京大学出版社 2013 年版。

8. 胡明：《财政信托论》，法律出版社 2018 年版。

9. 巨宪华编著：《经济结构调整的税收对策研究》，中国税务出版社 2003 年版。

10. 张丽清编译：《法治的是与非——当代西方关于法治基础理论的论争》，中国政法大学出版社 2015 年版。

11. 赖正直：《机能主义刑法理论研究》，中国政法大学出版社 2017 年版。

12. 刘剑文等：《财税法总论》，北京大学出版社 2016 年版。

13. 陈敏：《税法总论》，新学林出版股份有限公司 2019 年版。

14. 王泽鉴：《民法总则》，中国政法大学出版社 2001 年版。

15. 刘少军、王一轲：《货币财产（权）论》，中国政法大学出版社 2009 年版。

16. 张守文：《财富分割利器：税法的困境与挑战》，广州出版社 2000 年版。

17. 熊伟：《财政法基本问题》，北京大学出版社 2012 年版。

18. 何廉、李锐：《财政学》，商务印书馆 2017 年版。

19. 朱孔武：《征税权、纳税人权利与代议政治》，中国政法大学出版社 2017 年版。

20. 魏东主编：《刑法观与解释论立场》，中国民主法制出版社 2011 年版。

21. 陈金钊等：《法律解释学——立场、原则与方法》，湖南人民出版社 2009 年版。

22. 韦森：《国家治理体制现代化 税收法定、预算法修改与预算法定》，商务印书馆 2017 年版。

23. 王鸿貌、陈寿灿：《税法问题研究》，浙江大学出版社 2004 年版。

24. 丁玮：《美国宪法上的正当法律程序——一个历史的视角》，黑龙江人民出版社 2007 年版。

25. 李磊：《社会保障法律问题研究——基于社会保障权视角》，中国民主法制出版社 2011 年版。

26. 陈锋：《清代财政政策与货币政策研究》，武汉大学出版社 2008 年版。

27. 陈清秀：《税法各论》，法律出版社 2016 年版。

28. 刘剑文主编：《新企业所得税法十八讲》，中国法制出版社 2007 年版。

29. 杨斌：《治税的效率和公平——宏观税收管理理论与方法的研究》，经济科学出版社 1999 年版。

30. 杨志勇编著：《税收经济学》，东北财经大学出版社 2011 年版。

31. 王冬：《税法理念问题研究》，法律出版社 2015 年版。

32. 杜振华编著：《公共经济学》，对外经济贸易大学出版社 2010 年版。

33. 王鸿貌主编：《税法学的立场与理论》，中国税务出版社 2008 年版。

34. 陈清秀：《现代财税法原理》，厦门大学出版社 2017 年版。

35. 何志鹏：《反思与构建：权利基本理论》，北京大学出版社 2012 年版。

36. 王磊：《税收社会学》，经济科学出版社 2011 年版。

37. 张千帆：《宪法学导论》，法律出版社 2008 年版。

38. 何华辉：《比较宪法学》，武汉大学出版社 2013 年版。

39. 葛克昌：《税法基本问题（财政宪法篇）》，北京大学出版社 2004 年版。

40. 黄茂荣：《法学方法与现代税法》，北京大学出版社 2011 年版。

41. 刘丽：《税权的宪法控制》，法律出版社 2006 年版。

42. 李万甫：《商品课税经济分析》，中国财政经济出版社 1998 年版。

43. 汗青父：《从增值税到税收法典》，中国税务出版社 2009 年版。

44. 莫纪宏主编：《纳税人的权利》，群众出版社 2006 年版。

45. 张民安、丘志乔：《民法总论》，中山大学出版社 2017 年版。

46. 吴旅燕：《论我国私有财产权的宪法保护——以宪法相关规范之实施为中心的研究》，中国政法大学出版社 2013 年版。

47. 郑贤君：《基本权利原理》，法律出版社 2008 年版。

48. 唐清利、何真：《财产权与宪法的演进》，法律出版社 2010 年版。

49. 陈新民：《德国公法学基础理论》（上卷），法律出版社 2010 年版。

50. 葛克昌：《租税国的危机》，厦门大学出版社 2016 年版。

51. 王建学：《作为基本权利的地方自治》，厦门大学出版社 2010 年版。

52. 葛克昌：《所得税与宪法》，北京大学出版社 2004 年版。

53. 饶志静:《基本权利的原理与运用》,上海人民出版社 2012 年版。

54. 黄焱:《国际税收竞争与最优资本课税研究》,中国税务出版社 2009 年版。

55. 陈慈阳:《基本权核心理论之实证化及其难题》,翰芦图书出版有限公司 2007 年版。

56. 黄俊杰:《税捐正义》,北京大学出版社 2004 年版。

57. 高军:《纳税人基本权研究》,中国社会科学出版社 2011 年版。

58. 李旭鸿:《税式支出制度的法律分析》,法律出版社 2012 年版。

59. 蒋永甫:《西方宪政视野中的财产权研究》,中国社会科学出版社 2008 年版。

60. 胡锦光:《合宪性审查》,江苏人民出版社 2018 年版。

61. 刘剑文、熊伟:《税法基础理论》,北京大学出版社 2004 年版。

62. 曹静韬:《中国税收立法研究》,经济科学出版社 2016 年版。

63. 于文豪:《基本权利》,江苏人民出版社 2016 年版。

64. 张翔主编:《德国宪法案例选释 第 1 辑 基本权利总论》,法律出版社 2012 年版。

65. 李鑫:《法律原则适用的方法模式研究》,中国政法大学出版社 2014 年版。

66. 陈宜中:《何为正义》,中央编译出版社 2016 年版。

67. 徐振雄:《法治视野下的正义理论》,洪叶文化事业有限公司 2005 年版。

68. 李晓南:《多元视野下的政治哲学研究》,云南大学出版社 2009 年版。

69. 严锡忠:《税法哲学》,立信会计出版社 2015 年版。

70. 杨盛军:《税收正义——兼论中国遗产税征收的道德理由》,湖南人民出版社 2014 年版。

71. 卓泽渊:《法的价值论》,法律出版社 2017 年版。

72. 陈清秀:《税法总论》,元照出版有限公司 2012 年版。

73. 刘剑文主编:《税法学》,北京大学出版社 2017 年版。

74. 郭维真:《税法学》,北京师范大学出版社 2013 年版。

75. 丛中笑:《税法原理》,吉林大学出版社 2009 年版。

76. 张守文:《税法原理》,北京大学出版社 2009 年版。

77. 李炜光:《权力的边界 税、革命与改革》,九州出版社 2014 年版。

78. 葛克昌:《行政程序与纳税人基本权》,北京大学出版社 2005 年版。

79. 张文显:《法哲学通论》,辽宁人民出版社 2009 年版。

80. 王文婷:《税法规范生成的解释》,法律出版社 2016 年版。

81. 张晓君:《国家税权的合法性问题研究》,人民出版社 2010 年版。

82. 严存生:《法治的观念与体制 法治国家与政党政治》,商务印书馆 2013 年版。

83. 湛中乐:《权利保障与权力制约》,法律出版社 2003 年版。

84. 刘剑文主编:《民主视野下的财政法治》,北京大学出版社 2006 年版。

85. 陈云生:《宪法监督的理论与违宪审查制度的建构》,方志出版社 2011 年版。

86. 李鹏:《立法与监督 李鹏人大日记》(上),新华出版社、中国民主法制出版社 2006

年版。

87. 谢芬芳：《中国政府税收行政效率研究》，研究出版社 2008 年版。

88. 李龙主编：《法理学》，武汉大学出版社 2011 年版。

89. 杜宴林主编：《法理学》，清华大学出版社 2014 年版。

90. 叶金育：《环境税整体化研究——一种税理、法理与技术整合的视角》，法律出版社 2018 年版。

91. 陈清秀：《现代税法原理与国际税法》，元照出版有限公司 2010 年版。

92. 熊伟：《法治、财税与国家治理》，法律出版社 2015 年版。

93. 张千帆：《宪法学导论　原理与应用》，法律出版社 2008 年版。

94. 徐秀义、韩大元主编：《现代宪法学基本原理》，中国人民公安大学出版社 2001 年版。

95. 施正文：《税法要论》，中国税务出版社 2007 年版。

96. 王婷婷：《课税禁区法律问题研究》，法律出版社 2017 年版。

97. 蔡维音：《社会国之法理基础》，正典出版文化有限公司 2001 年版。

98. 张扩振：《生存权保障　一种体系化路径》，中国政法大学出版社 2016 年版。

99. 朴姬善、金兰：《中韩税收比较研究》，中国社会科学出版社 2012 年版。

100. 叶金育：《税法整体化研究　一个法际整合的视角》，北京大学出版社 2016 年版。

101. 薛华勇：《职业自由及其限制》，苏州大学出版社 2016 年版。

102. 陈薇芸：《社会福利与所得税法》，翰芦图书出版有限公司 2009 年版。

103. 梁文永：《人权与税权的制度博弈》，中国社会出版社 2008 年版。

104. 张怡等：《人本税法研究》，法律出版社 2016 年版。

105. 张怡等：《衡平税法研究》，中国人民大学出版社 2012 年版。

106. 杨阳：《营业自由研究》，法律出版社 2017 年版。

107. 丁一：《纳税人权利研究》，中国社会科学出版社 2013 年版。

108. 蔡金荣：《我国宪法上宏观调控条款运行研究》，浙江大学出版社 2018 年版。

109. 谢立斌主编：《中德宪法论坛·2014》，社会科学文献出版社 2014 年版。

110. 张巍：《中国需要现代化的个人所得税——观英德美法个人所得税》，浙江工商大学出版社 2015 年版。

二、中文译著

1. ［德］魏德士：《法理学》，丁晓春、吴越译，法律出版社 2005 年版。

2. ［美］E. 博登海默：《法理学　法律哲学与法律方法》，邓正来译，中国政法大学出版社 1998 年版。

3. ［日］中里实等编：《日本税法概论》，郑林根译，法律出版社 2014 年版。

4. ［美］布赖恩·Z. 塔玛纳哈：《法律工具主义　对法治的危害》，陈虎、杨洁译，北京大学出版社 2016 年版。

5. ［比］西尔文·R. F. 普拉斯切特：《对所得的分类、综合及二元课税模式》，国家税务局税收科学研究所译，中国财政经济出版社 1993 年版。

6. ［美］休·奥尔特等：《比较所得税法——结构性分析》，丁一、崔威译，北京大学出版社 2013 年版。

7. ［日］北野弘久：《税法学原论》，陈刚、杨建广等译，中国检察出版社 2001 年版。

8. ［美］德沃金：《法律帝国》，李常青译，中国大百科全书出版社 1996 年版。

9. ［美］罗纳德·德沃金：《法律帝国》，许杨勇译，上海三联书店 2016 年版。

10. ［美］凯斯·R. 桑斯坦：《权利革命之后　重塑规制国》，钟瑞华译，中国人民大学出版社 2008 年版。

11. ［美］路易斯·亨金：《权利的时代》，信春鹰、吴玉章、李林译，知识出版社 1997 年版。

12. 《马克思恩格斯选集》（第 3 卷），人民出版社 1995 年版。

13. ［瑞士］西斯蒙第：《政治经济学新原理》，何钦译，商务印书馆 1983 年版。

14. ［英］威廉·配第：《赋税论》，邱霞、原磊译，华夏出版社 2006 年版。

15. ［英］亚当·斯密：《国富论》（下），陈叶盛译，中国人民大学出版社 2016 年版。

16. ［日］金子宏：《日本税法》，战宪斌、郑林根等译，法律出版社 2004 年版。

17. ［日］北野弘久：《纳税者基本权论》，陈刚等译，重庆大学出版社 1996 年版。

18. ［荷］亨克·范·马尔塞文、格尔·范·德·唐：《成文宪法　通过计算机进行的比较研究》，陈云生译，北京大学出版社 2007 年版。

19. ［英］洛克：《人类理解论》，关文运译，商务印书馆 1959 年版。

20. ［日］桑原洋子：《日本社会福利法制概论》，韩君玲、邹文星译，商务印书馆 2010 年版。

21. ［德］罗尔夫·施托贝尔：《经济宪法与经济行政法》，谢立斌译，商务印书馆 2008 年版。

22. ［德］Christian Starck：《法学、宪法法院审判权与基本权利》，杨子慧等译，元照出版有限公司 2006 年版。

23. ［美］道格拉斯·C. 诺思：《经济史中的结构与变迁》，陈郁等译，上海三联书店、上海人民出版社 1994 年版。

24. ［美］约翰·罗尔斯：《正义论》，何怀宏、何包钢、廖申白译，中国社会科学出版社 1988 年版。

25. ［美］约翰·罗尔斯：《作为公平的正义　正义新论》，姚大志译，中国社会科学出版社 2011 年版。

26. ［美］罗伯特·诺奇克：《无政府、国家和乌托邦》，姚大志译，中国社会科学出版社

2008 年版。

27. ［美］罗纳德·德沃金：《原则问题》，张国清译，江苏人民出版社 2004 年版。

28. ［英］亚当·斯密：《国富论》，胡长明译，人民日报出版社 2009 年版。

29. ［美］史蒂文·M. 谢福林：《税收公平与民间正义》，杨海燕译，上海财经大学出版社 2016 年版。

30. ［美］理查德·A. 马斯格雷夫、佩吉·B. 马斯格雷夫：《财政理论与实践》，邓子基、邓力平译校，中国财政经济出版社 2003 年版。

31. ［意］埃里希·科齐勒：《税收行为的经济心理学》，国家税务总局税收科学研究所译，中国财政经济出版社 2012 年版。

32. ［英］维克托·迈尔-舍恩伯格、肯尼思·库克耶：《大数据时代　生活、工作与思维的大变革》，盛杨燕、周涛译，浙江人民出版社 2013 年版。

33. ［美］尼尔·布鲁斯：《公共财政与美国经济》，隋晓译，中国财政经济出版社 2005 年版。

34. ［美］查尔斯·贝兹：《人权的理念》，高景柱译，江苏人民出版社 2018 年版。

35. ［德］森图姆：《看不见的手　经济思想古今谈》，冯炳昆译，商务印书馆 2016 年版。

36. ［日］大须贺明：《生存权论》，林浩译，法律出版社 2001 年版。

37. ［日］藤田宙靖：《日本行政法入门》，杨桐译，中国法制出版社 2012 年版。

38. ［美］莱斯特·M. 萨拉蒙主编：《政府工具　新治理指南》，肖娜等译，北京大学出版社 2016 年版。

39. ［美］B. 盖伊·彼得斯：《税收政治学　一种比较的视角》，郭为桂、黄宁莺译，江苏人民出版社 2008 年版。

40. ［德］伯阳：《德国公法导论》，北京大学出版社 2008 年版。

41. ［美］乔尔·斯莱姆罗德、乔恩·巴基哲：《课税于民：公众税收指南》，刘蓉、刘洪生、彭晓杰译，东北财经大学出版社 2013 年版。

42. ［美］维克多·瑟仁伊：《比较税法》，丁一译，北京大学出版社 2006 年版。

43. ［美］V. 图若尼主编：《税法的起草与设计》，国家税务总局政策法规司译，中国税务出版社 2004 年版。

44. ［美］史蒂芬·霍尔姆斯、凯斯·R. 桑斯坦：《权利的成本　为什么自由依赖于税》，毕竞悦译，北京大学出版社 2011 年版。

45. ［德］迪特尔·比尔克：《德国税法教科书》，徐妍译，北京大学出版社 2018 年版。

46. ［德］斯蒂芬·沃依格特：《制度经济学》，史世伟等译，中国社会科学出版社 2016 年版。

47. ［德］弗里茨·里特纳、迈因哈德·德雷埃尔：《欧洲与德国经济法》，张学哲译，法律出版社 2016 年版。

48. ［德］奥托·迈耶:《德国行政法》，刘飞译，商务印书馆 2013 年版。
49. ［德］尼克拉斯·卢曼:《法社会学》，宾凯、赵春燕译，上海人民出版社 2013 年版。

三、中文学位论文

1. 叶金育:"税法解释中的纳税人主义研究"，武汉大学 2015 年博士学位论文。
2. 马福军:"劳动权的税法保障研究"，西南财经大学 2011 年博士学位论文。
3. 李高雅:"法人基本权利问题研究"，武汉大学 2012 年博士学位论文。
4. 曾云燕:"平等原则研究"，吉林大学 2014 年博士学位论文。
5. 黄士洲:"税法对私法的承接与调整"，台湾大学 2007 年博士学位论文。
6. 黄奕超:"量能原则与纳税人程序保障——以租税申报程序为中心"，台湾大学 2010 年硕士学位论文。
7. 黎绍宁:"论税法之违宪审查基准——以量能课税原则为中心"，台湾大学 2017 年硕士学位论文。
8. 张伟志:"论所得税法之最低生存保障"，台湾大学 2017 年硕士学位论文。
9. 吕怡燕:"论扶养亲属费用之课税——民法与税法之调和"，成功大学 2014 年硕士学位论文。
10. 张于忆:"税法上'长期照顾'保障之问题研究"，成功大学 2015 年硕士学位论文。
11. 张潇逸:"个人所得税法税前扣除规则研究——主观净额所得原则的引入"，西南政法大学 2018 年硕士学位论文。
12. 王路平:"所得税和增值税的关系研究"，中国社会科学院研究生院 2016 年硕士学位论文。

四、中文期刊论文

1. 谭珩:"关于企业所得税扣除的几个问题"，载《税务研究》2012 年第 12 期。
2. 施正文:"分配正义与个人所得税法改革"，载《中国法学》2011 年第 5 期。
3. 刘畅:"个人所得费用扣除标准的人权考量"，载《理论探索》2013 年第 6 期。
4. 石坚、刘蓉、费茂清:"个人所得税费用扣除制度的国际比较研究"，载《国际税收》2018 年第 7 期。
5. 刘鹏:"税收公平与个人劳动所得税前扣除设计"，载《地方财政研究》2017 年第 1 期。
6. 马珺:"个人所得税税前扣除的基本逻辑：中美比较分析"，载《国际税收》2019 年第 9 期。
7. 夏恿:"法治是什么——渊源、规诫与价值"，载《中国社会科学》1999 年第 4 期。
8. 梁迎修:"理解法治的中国之道"，载《法学研究》2012 年第 6 期。

9. 谢晖："法律工具主义评析"，载《中国法学》1994 年第 1 期。

10. 封丽霞："大国变革时代的法治共识——在规则约束与实用导向之间"，载《环球法律评论》2019 年第 2 期。

11. 邢会强："政策增长与法律空洞化——以经济法为例的观察"，载《法制与社会发展》2012 年第 3 期。

12. 张守文："税制变迁与税收法治现代化"，载《中国社会科学》2015 年第 2 期。

13. 侯卓："财税法功能的'法律性'解构"，载《财经法学》2017 年第 1 期。

14. 李乔彧："个人所得认定治理路径的转型"，载《行政法学研究》2020 年第 1 期。

15. 侯卓："税制变迁的政策主导与法律规制——税收法定二元路径的建构"，载《财经理论与实践》2017 年第 5 期。

16. 潘爱国："论公权力的边界"，载《金陵法律评论》2011 年春季卷。

17. 张生堰："美国独立和建国时期的国家收入问题探析——兼述汉密尔顿的国家征税权思想"，载《暨南学报（哲学社会科学版）》2012 年第 5 期。

18. 张宏彦、张念明："税收有效性、征税权归属与宪法性约束"，载《财经理论与实践》2012 年第 4 期。

19. 刘风景："立法目的条款之法理基础及表述技术"，载《法商研究》2013 年第 3 期。

20. 张传伟："假释的基本趋向：从国家恩惠到罪犯权利"，载《政法论丛》2006 年第 4 期。

21. 谭剑："给付行政下的政府不作为责任"，载《学术论坛》2010 年第 5 期。

22. 柯格钟："论免税额与扣除额之意义"，载《裁判时报》2014 年第 28 期。

23. 黄士洲："列举扣除额的改定适用与基本权保障"，载《月旦法学杂志》2008 年第 152 期。

24. 柯格钟："论所得税法上的所得概念"，载《台湾大学法学论丛》2008 年第 3 期。

25. 蒋悟真："我国社会救助立法理念及其维度——兼评《社会救助法（征求意见稿）》的完善"，载《法学家》2013 年第 6 期。

26. 林其玄："认购（售）权证发行所得之课税争议"，载《岭东财经法学》2016 年第 9 期。

27. 陈清秀："量能课税原则在所得税法上之实践——综合所得税裁判之评析"，载《法令月刊》2007 年第 5 期。

28. 柯格钟："量能原则作为税法之基本原则"，载《月旦法学杂志》2006 年第 136 期。

29. 周全林："论'三层次'税收公平观与中国税收公平机制重塑"，载《当代财经》2008 年第 12 期。

30. 秦蕾："税收公平内涵的解析与税收制度审视"，载《税务研究》2008 年第 1 期。

31. 熊伟："环境财政、法制创新与生态文明建设"，载《法学论坛》2014 年第 4 期。

32. 叶金育："环境税量益课税原则的诠释、证立与运行"，载《法学》2019 年第 3 期。

33. 黄茂荣："核实课征原则之实践及其司法审查"，载《交大法学》2015 年第 4 期。

34. 朱孔武："论宪法平等权对税收立法的拘束"，载《江汉大学学报（社会科学版）》2007 年第 2 期。

35. 朱大旗："论税法的基本原则"，载《湖南财经高等专科学校学报》1999 年第 4 期。

36. 陈清秀："量能课税与实质课税原则（上）"，载《月旦法学杂志》2010 年第 183 期。

37. 许多奇："论税法量能平等负担原则"，载《中国法学》2013 年第 5 期。

38. 曹明星："量能课税原则新论"，载《税务研究》2012 年第 7 期。

39. 闫海："绳结与利剑：实质课税原则的事实解释功能论"，载《法学家》2013 年第 3 期。

40. 吴信华："平等权的体系思考（下）"，载《月旦法学教室》2007 年第 56 期。

41. 林来梵、翟国强："论基本权利的竞合"，载《法学家》2006 年第 5 期。

42. 陈征："宪法自由权与平等权冲突的解决途径"，载《浙江社会科学》2014 年第 12 期。

43. 蔡昌："分离·趋同·协作——税会关系模式及协调机制研究"，载《财会学习》2011 年第 10 期。

44. 邓子基、尤雪英："税收法规与会计标准关系模式的国际比较与有益启示"，载《当代财经》2007 年第 3 期。

45. 任宛立："增值税纳税人抵扣权之保障"，载《暨南学报（哲学社会科学版）》2019 年第 5 期。

46. 翁武耀："论增值税抵扣权的产生"，载《税务研究》2014 年第 12 期。

47. 李富君："增值税与所得税并存的复合税制改进探讨"，载《财会研究》2012 年第 10 期。

48. 郝晓薇、高美华、宋伊晨："复合税制下增值税与企业所得税重复征税刍议"，载《税收经济研究》2017 年第 4 期。

49. 杨斌、胡文骏、林信达："账簿法增值税：金融业'营改增'的可行选择"，载《厦门大学学报（哲学社会科学版）》2015 年第 5 期。

50. 王宗涛："增值税抵扣权与发票制度：形式课税原则之改进"，载《税务研究》2019 年第 7 期。

51. 李累："论宪法上的财产权——根据人在社会中的自治地位所作的解说"，载《法制与社会发展》2004 年第 4 期。

52. 易继明："财产权的三维价值——论财产之于人生的幸福"，载《法学研究》2011 年第 4 期。

53. 龚向和、龚向田："生存权的本真含义探析"，载《求索》2008 年第 3 期。

54. 汪劲元："论生存权的保护领域和实现途径"，载《法学评论》2010 年第 5 期。

55. 徐钢、方立新："论劳动权在我国宪法上的定位"，载《浙江大学学报（人文社会科学版）》2007 年第 4 期。

56. 王德志："论我国宪法劳动权的理论建构"，载《中国法学》2014 年第 3 期。

57. 谢立斌："论宪法财产权的保护范围"，载《中国法学》2014 年第 4 期。

58. 郝铁川："宪法的核心权利及其经济支撑"，载《华东政法大学学报》2010 年第 6 期。

59. 王宗涛："税收正当性：一个理论命题与分析框架"，载《甘肃政法学院学报》2012 年第 2 期。

60. 叶姗："个人所得税纳税义务的法律建构"，载《中国法学》2020 年第 1 期。

61. 张翔："财产权的社会义务"，载《中国社会科学》2012 年第 9 期。

62. 胡邵峰、曹映平、王维顺："税额确认程序中的举证责任——基于'放管服'的视角"，载《税务研究》2020 年第 3 期。

63. 张书琴："正义的征收——税收正当性的法理分析"，载《湖南师范大学社会科学学报》2009 年第 4 期。

64. 周钟敏："基本权利限制理论正当性的根据"，载《社会科学家》2016 年第 6 期。

65. 杜强强："论法人的基本权利主体地位"，载《法学家》2009 年第 2 期。

66. 杨小敏："论基本权利主体在新中国宪法文本中的变迁"，载《法学论坛》2011 年第 2 期。

67. 赵宏："限制的限制：德国基本权利限制模式的内在机理"，载《法学家》2011 年第 2 期。

68. 郑琳："基本权利限制之限制——比例原则在香港特区合基本法审查中的发展与启示"，载《财经法学》2019 年第 6 期。

69. 高慧铭："基本权利限制之限制"，载《郑州大学学报（哲学社会科学版）》2012 年第 1 期。

70. 陈征："征收补偿制度与财产权社会义务调和制度"，载《浙江社会科学》2019 年第 11 期。

71. 张翔："个人所得税作为财产权限制——基于基本权利教义学的初步考察"，载《浙江社会科学》2013 年第 9 期。

72. 胡川宁："德国社会国家原则及其对我国的启示"，载《社会科学研究》2015 年第 3 期。

73. 黄镨："论作为国家义务的社会救助——源于社会救助制度规范起点的思考"，载《河北法学》2018 年第 10 期。

74. 蔡维音："财产权之保护内涵与释义学结构"，载《成大法学》2006 年第 11 期。

75. 宋新："论德国宪法上的人的尊严及借鉴"，载《东方法学》2016 年第 6 期。

76. 苗连营："合宪性审查的制度雏形及其展开"，载《法学评论》2018 年第 6 期。

77. 秦前红、周航："论我国统一合宪性审查制度的构建"，载《江苏行政学院学报》2019年第4期。

78. 上官丕亮："合宪性审查的法理逻辑与实践探索"，载《苏州大学学报（哲学社会科学版）》2019年第3期。

79. 莫纪宏："论加强合宪性审查工作的机制制度建设"，载《广东社会科学》2018年第2期。

80. 刘志刚："论我国合宪性审查机构与合宪性审查对象的衔接"，载《苏州大学学报（哲学社会科学版）》2019年第3期。

81. 刘连泰："中国合宪性审查的宪法文本实现"，载《中国社会科学》2019年第5期。

82. 陈征、李想："论对狭义法律限制基本权利的合宪性审查制度"，载《中国高校社会科学》2018年第6期。

83. 朱学磊："弱司法审查是中国实施宪法的蹊径吗——'合宪性审查工作体系化'的提出"，载《政治与法律》2019年第4期。

84. 胡锦光："论推进合宪性审查工作的体系化"，载《法律科学》2018年第2期。

85. 林来梵："合宪性审查的宪法政策论思考"，载《法律科学》2018年第2期。

86. 李少文："合宪性审查的法理基础、制度模式与中国路径"，载《比较法研究》2018年第2期。

87. 莫纪宏："论法律的合宪性审查机制"，载《法学评论》2018年第6期。

88. 于文豪："宪法和法律委员会合宪性审查职责的展开"，载《中国法学》2018年第6期。

89. 王锴："合宪性、合法性、适当性审查的区别与联系"，载《中国法学》2019年第1期。

90. 刘连泰："宪法上征收规范的效力是否及于征税：一个比较法的观察"，载《现代法学》2009年第3期。

91. 陈鹏："合宪性审查中的立法事实认定"，载《法学家》2016年第6期。

92. 刘国："税收法定主义的宪法阐释"，载《华东政法大学学报》2014年第3期。

93. 张守文："论税收法定主义"，载《法学研究》1996年第6期。

94. 李刚、周俊琪："从法解释的角度看我国《宪法》第五十六条与税收法定主义——与刘剑文、熊伟二学者商榷"，载《税务研究》2006年第9期。

95. 王鸿貌："税收法定原则之再研究"，载《法学评论》2004年第3期。

96. 刘剑文、耿颖："税收法定原则的核心价值与定位探究"，载《郑州大学学报（哲学社会科学版）》2016年第1期。

97. 廖益新、李乔彧："税收法定主义视野下的个人所得认定"，载《法学家》2019年第5期。

98. 侯卓："税收法定的学理阐释及其进阶路径"，载《学习与实践》2019年第7期。

99. 张怡："税收法定化：从税收衡平到税收实质公平的演进"，载《现代法学》2015年第3期。

100. 张天犁："关于税收法定原则的一般考察及相关问题研究"，载《财政研究》2017年第6期。

101. 翁武耀："再论税收法定原则及其在我国的落实——基于意大利强制性财产给付法定原则的研究"，载《交大法学》2017年第1期。

102. 佘倩影、刘剑文："税收法定主义：从文本到实践的挑战与路径"，载《辽宁大学学报（哲学社会科学版）》2016年第6期。

103. 丁一："税收法定主义发展之三阶段"，载《国际税收》2014年第5期。

104. 侯作前："从税收法定到税收公平：税法原则的演变"，载《社会科学》2008年第9期。

105. 张翔："基本权利的双重性质"，载《法学研究》2005年第3期。

106. 郑春燕："基本权利的功能体系与行政法治的进路"，载《法学研究》2015年第5期。

107. 赵宏："作为客观价值的基本权利及其问题"，载《政法论坛》2011年第2期。

108. 杜承铭："论基本权利之国家义务：理论基础、结构形式与中国实践"，载《法学评论》2011年第2期。

109. 那艳华："'制度性保障'宪法理论的流变及现代价值"，载《北方法学》2016年第2期。

110. 汪全胜："论立法的制度环境"，载《学习与探索》2004年第6期。

111. 王鹏翔："基本权作为最佳化命令与框架秩序——从原则理论初探立法余地问题"，载《东吴法律学报》2007年第3期。

112. 徐继强："宪法权利规范的结构及其推理方式"，载《法学研究》2010年第4期。

113. 张雪魁："论税收正义"，载《伦理学研究》2009年第4期。

114. 赵立新："论现代税收正义的宪政基础"，载《社会主义研究》2005年第2期。

115. 施正文："论程序法治与税收正义"，载《法学家》2004年第5期。

116. 陈晴："我国新一轮税制改革的理念变迁与制度回应——以税收正义为视角"，载《法商研究》2015年第3期。

117. 宁晓青："税收正义刍论"，载《税务与经济》2006年第3期。

118. 陆佳、廖振中："论税法正义价值之不确定性——以美国财产转移税法为例"，载《西南民族大学学报（人文社会科学版）》2005年第7期。

119. 王军："马克思主义正义观视角下的税收正义问题研究"，载《税务研究》2017年第11期。

120. 张慰："公平视野下的德国简化税法改革方案——基于保罗·基尔希霍夫教授税收正义理论的公法学思考"，载《西南政法大学学报》2014年第1期。

121. 李炜光："一个有关税收正义的理论"，载《中国储运》2016 年第 5 期。

122. 王世涛："税收原则的宪法学解读"，载《当代法学》2008 年第 1 期。

123. 侯作前："区域税收优惠法律制度：反思与重构——以税收正义和全球税制改革为视角"，载《杭州师范学院学报（社会科学版）》2007 年第 2 期。

124. 刘剑文："落实税收法定原则的现实路径"，载《政法论坛》2015 年第 3 期。

125. 黄俊杰："税捐正义之维护者"，载《台湾大学法学论丛》2003 年第 6 期。

126. 钟芳桦："租税正义与一贯性原则：论 Tipke 租税正义理论及其对税捐法律的标准"，载《台湾大学法学论丛》2018 年第 1 期。

127. 杨登杰："执中行权的宪法比例原则 兼与美国多元审查基准比较"，载《中外法学》2015 年第 2 期。

128. 汤洁茵："形式与实质之争：税法视域的检讨"，载《中国法学》2018 年第 2 期。

129. 李拥军："合法律还是合情理：'掏鸟窝案'背后的司法冲突与调和"，载《法学》2017 年第 11 期。

130. 杨盛军、曹刚："论税收正义——公共利益、个人权利与国家权力的关系辨析"，载《西南大学学报（社会科学版）》2011 年第 2 期。

131. 黄茂荣："税捐稽征经济原则及其'司法'审查"，载《人大法律评论》2016 年第 2 期。

132. 卢亮："房地产市场调控的法律空洞化研究"，载《学术探索》2016 年第 10 期。

133. 邢会强："财政政策与财政法"，载《法律科学》2011 年第 2 期。

134. 金梦："立法性决定的界定与效力"，载《中国法学》2018 年第 3 期。

135. 秦前红、刘怡达："'有关法律问题的决定'：功能、性质与制度化"，载《广东社会科学》2017 年第 6 期。

136. 江辉："有关法律问题的决定与法律的区别"，载《人大研究》2012 年第 1 期。

137. 黄金荣："'规范性文件'的法律界定及其效力"，载《法学》2014 年第 7 期。

138. 江国华、梅扬、曹榕："授权立法决定的性质及其合宪性审查基准"，载《学习与实践》2018 年第 5 期。

139. 李样举、韩大元："论宪法之下国家立法具体化功能的实现"，载《厦门大学学报（哲学社会科学版）》2013 年第 3 期。

140. 邢会强："论精确的法律语言与税收实质法定原则"，载《税务研究》2011 年第 3 期。

141. 刘剑文："个税改革的法治成果与优化路径"，载《现代法学》2019 年第 2 期。

142. 徐凤："法律语言的模糊性及其克制"，载《首都师范大学学报（社会科学版）》2013 年第 1 期。

143. 侯卓："论税法分配功能的二元结构"，载《法学》2018 年第 1 期。

144. 熊伟："法治视野下清理规范税收优惠政策研究"，载《中国法学》2014 年第 6 期。

145. 张富强、许健聪："税收宏观调控中纳税人信赖利益之保护"，载《法学杂志》2016年第9期。

146. 刘风景："法条的功用与设置"，载《法学》2018年第5期。

147. 叶姗："社会财富第三次分配的法律促进——基于公益性捐赠税前扣除限额的分析"，载《当代法学》2012年第6期。

148. 王霞："税收规范性文件的异化：根源及矫正——从海南三正公司税务行政纠纷说起"，载《湖南社会科学》2016年第2期。

149. 张守文："'结构性减税'中的减税权问题"，载《中国法学》2013年第5期。

150. 李华荣："技术正义论"，载《中北大学学报（社会科学版）》2002年第4期。

151. 韩兴："专利制度危机背景下的技术正义原则研究"，载《知识产权》2016年第11期。

152. 曹玉涛："交往视野中的技术正义"，载《哲学动态》2015年第5期。

153. 盛子龙："租税法上类型化立法与平等原则"，载《中正财经法学》2011年第3期。

154. 葛克昌："量能原则为税法结构性原则——与熊伟台北对话"，载《月旦财经法杂志》2005年第1期。

155. 陈少英、杨剑："试论税法的类型化"，载《税务研究》2013年第11期。

156. 盛子龙："租税法上举证责任、证明度与类型化方法之研究——以赠与税课征要件上赠与合意之证明为中心"，载《东吴法律学报》2012年第1期。

157. 王宁："代表性还是典型性？——个案的属性与个案研究方法的逻辑基础"，载《社会学研究》2002年第5期。

158. 陈清秀："论税法上类型化（上）"，载《法令月刊》2008年第4期。

159. 闫泽滢："保险税收制度改革滞后于行业发展的问题及建议"，载《税收经济研究》2013年第6期。

160. 杨征、李国栋："保险公司手续费及佣金支出所得税前扣除问题研究"，载《金融会计》2010年第7期。

161. 李敏："民法上国家政策之反思——兼论《民法通则》第6条之存废"，载《法律科学》2015年第3期。

162. 刘作翔："'法源'的误用——关于法律渊源的理性思考"，载《法律科学》2019年第3期。

163. 吴鹏："中国行政法法源理论的问题及其重构"，载《政治与法律》2006年第4期。

164. 周佑勇："论作为行政法之法源的行政惯例"，载《政治与法律》2010年第6期。

165. 余军、张文："行政规范性文件司法审查权的实效性考察"，载《法学研究》2016年第2期。

166. 叶姗："税权集中的形成及其强化考察近20年的税收规范性文件"，载《中外法学》2012年第4期。

167. 黄信瑜、石东坡："立法博弈的规制及其程序表现"，载《法学杂志》2017 年第 2 期。

168. 周佑勇："行政法中的法律优先原则研究"，载《中国法学》2005 年第 3 期。

169. 金梦："法律博弈论及其核心构造"，载《江海学刊》2015 年第 5 期。

170. 高凛："论'部门利益法制化'的遏制"，载《政法论丛》2013 年第 2 期。

171. 李雷："宪法和法律委员会开展合宪性审查的法理基础"，载《地方立法研究》2019 年第 6 期。

172. 邢斌文："论立法过程中法律草案合宪性的判断标准"，载《政治与法律》2018 年第 11 期。

173. 郑贤君："全国人大宪法和法律委员会的双重属性——作为立法审查的合宪性审查"，载《中国法律评论》2018 年第 4 期。

174. 李刚："论税收调控法与税法基本原则的关系"，载《厦门大学学报（哲学社会科学版）》2008 年第 3 期。

175. 张义军："《税收基本法》立法问题研究"，载《税收经济研究》2015 年第 5 期。

176. 叶海波："设立宪法和法律委员会的法治分析"，载《武汉大学学报（哲学社会科学版）》2019 年第 2 期。

177. 梁鹰："备案审查制度若干问题探讨"，载《地方立法研究》2019 年第 6 期。

178. 王长林："金税工程二十年：实践、影响和启示"，载《电子政务》2015 年第 6 期。

179. 余宜珂、袁建国："大数据在我国税收领域的应用：前景和挑战"，载《税务研究》2017 年第 2 期。

180. 于俊："开放共享发展理念下的政府数据治理能力建设——以税务大数据开放共享实践为例"，载《福建论坛（人文社会科学版）》2017 年第 8 期。

181. 任超然："基于区块链技术的税收征管模型研究"，载《税务研究》2018 年第 11 期。

182. 蔡昌、赵艳艳、戴梦妤："基于区块链技术的税收征管创新研究"，载《财政研究》2019 年第 10 期。

183. 张巍、郭墨："区块链技术服务税收征管现代化的契合性研究"，载《税务研究》2019 年第 5 期。

184. 程辉："区块链技术驱动下的税收征管与创新"，载《财政科学》2019 年第 9 期。

185. 毕明波、王京臣："企业所得税支出税前扣除原则及范围探析"，载《财会通讯》2009 年第 10 期。

186. 陈征、刘馨宇："改革开放背景下宪法对营业自由的保护"，载《北京联合大学学报（人文社会科学版）》2018 年第 3 期。

187. 宋华琳："营业自由及其限制——以药店距离限制事件为楔子"，载《华东政法大学学报》2008 年第 2 期。

188. 蔡宗珍："营业自由之保障及其限制"，载《台湾大学法学论丛》2006 年第 3 期。

189. 潘昀："作为宪法权利的营业自由"，载《浙江社会科学》2016 年第 7 期。

190. 黄源浩："法国税法中的转移定价交易"，载《台湾大学法学论丛》2009 年第 2 期。

191. 高亚军、周曼："个人所得税改革目标不应局限免征额的调整"，载《中国财政》2011 年第 18 期。

192. 纪益成、吴思婷、李亚东："'免征额'与'起征点'：概念的混淆、扭曲和误用"，载《现代财经》2018 年第 1 期。

193. 刘颖："完善我国个人所得税扣除项目问题的思考——基于中国与加拿大个人所得税相关政策比较"，载《国际税收》2019 年第 4 期。

194. 徐显明："人权的体系与分类"，载《中国社会科学》2000 年第 6 期。

195. 蔡维音："最低生存基础之界定——从社会救助与个人综合所得税进行之交互考察"，载《月旦法学杂志》2013 年第 212 期。

196. 喻少如："论行政给付中的国家辅助性原则"，载《暨南学报（哲学社会科学版）》2010 年第 6 期。

197. 赵鹏："惩罚性赔偿的行政法反思"，载《法学研究》2019 年第 1 期。

198. 贺燕："我国'合理商业目的'反避税进路的反思"，载《税收经济研究》2019 年第 5 期。

199. 黄源浩："论经营管理不干涉原则——中国大陆企业所得税法第 47 条规范意旨之再思考"，载《月旦财经法杂志》2008 年第 13 期。

200. 江帆、朱战威："惩罚性赔偿：规范演进、社会机理与未来趋势"，载《学术论坛》2019 年第 3 期。

201. 吴飞飞："论法律数字化的功能、可能风险及其优化"，载《安徽大学学报（哲学社会科学版）》2019 年第 4 期。

202. 周县华："农业保险、巨灾准备金与税前扣除"，载《财政研究》2011 年第 6 期。

203. 杨欣："德国社会救助标准确立机制中的宪法监督——以'哈茨 IV'案为例"，载《德国研究》2011 年第 3 期。

204. 侯卓："税收优惠的正当性基础——以公益捐赠税前扣除为例"，载《广东社会科学》2020 年第 1 期。

205. 蒋悟真："税收优惠分权的法治化：标准、困境与出路"，载《广东社会科学》2020 年第 1 期。

206. 刘蓉、寇璇："个人所得税专项附加扣除对劳动收入的再分配效应测算"，载《财贸经济》2019 年第 5 期。

207. 冯铁拴："回归住房权保障：重塑'首套住房贷款利息'扣除标准"，载《现代经济探讨》2019 年第 7 期。

208. 黄士洲："婚姻、家庭的制度性保障与夫妻所得合并申报——所得税对婚姻、家庭制度的承接与干预",载《月旦法学杂志》2010 年第 176 期。

209. 金眉:"婚姻家庭立法的同一性原理——以婚姻家庭理念、形态与财产法律结构为中心",载《法学研究》2017 年第 4 期。

210. 黄茂荣:"税捐稽征经济原则",载刘剑文主编:《财税法论丛》(第 7 卷),法律出版社 2005 年版。

211. 黄士洲:"依法课税的宪法意义与租税改革的关键理念",载刘剑文主编:《财税法论丛》(第 10 卷),法律出版社 2009 年版。

212. 熊伟:"走出宏观调控法误区的财税法学",载刘剑文主编:《财税法论丛》(第 13 卷),法律出版社 2013 年版。

213. 翟继光:"论税收政策的合法化",载刘剑文主编:《财税法论丛》(第 5 卷),法律出版社 2004 年版。

214. 蒋退雏:"功能导向下我国税前扣除制度的变迁与进路",载《求索》2020 年第 2 期。

215. 贺蕊莉:"工薪所得个人所得税费用扣除标准的确定",载《税务研究》2013 年第 9 期。

216. 柯格钟:"论个人综合所得税之免税额",载《月旦法学杂志》2007 年第 142 期。

217. 张守文:"改革开放、收入分配与个税立法的完善",载《华东政法大学学报》2019 年第 1 期。

218. 邢会强:"个人所得的分类规制与综合规制",载《华东政法大学学报》2019 年第 1 期。

219. 蔡孟彦:"薪资所得扣除额之法理——以日本法制为比较对象",载《财税研究》2017 年第 4 期。

220. 李貌:"日本《所得税法》中'所得扣除'制度研究",载《江苏理工学院学报》2019 年第 5 期。

221. 徐妍:"个人所得税赡养老人专项附加扣除制度法律问题研究",载《学习与探索》2020 年第 1 期。

222. 蒋退雏:"个人所得税税前扣除的概念厘清与制度完善——以混合所得税制改革为背景",载《法商研究》2020 年第 2 期。

223. 张旭:"个人所得税专项附加扣除规则的反思与改进",载《税务与经济》2020 年第 5 期。

224. 彭程:"个人所得税制中专项附加扣除权的证成与展开——将纳税人置于家庭婚姻的场域中考量",载《经济法论丛》2021 年第 1 期。

五、英文文献

1. Cleveland Bd. of Educ. v. Loudermill, 470 U. S. 532 (1985).

2. New Colonial Ice Co. v. Helvering, 292 U. S. 435 (1934).

3. Helvering v. Independent Life Ins. Co. , 292 U. S. 371, 381 (1934).

4. Alpenglow Botanicals, Ltd. Liab. Co. v. United States, 894 F. 3d 1187 (10th Cir. 2018).

5. Interstate Transit Lines v. Commissioner, 319 U. S. 590 (1943).

6. Alpenglow Botanicals, Ltd. Liab. Co. v. United States, 894 F. 3d 1187 (10th Cir. 2018).

7. Okla. Tax Comm'n v. Smith, 610 P. 2d 794 (Okla. 1980).

8. Buth v. Commissioner of Revenue, 1987 Minn. Tax LEXIS 95.

9. ClÍnica Mario JuliÁ v. Sec'y of the Treasury, 76 D. P. R. 509, (1954).

10. Golden Rule Church Ass'n v. Commissioner, 41 T. C. 719, 729 (1964).

11. N. Cal. Small Bus. Assistants, Inc. v. Comm'r, 2019 U. S. Tax Ct. LEXIS 24.

12. Thomas D. Griffith, *Theories of Personal Deductions in the Income Tax*, Hastings Law Journal, Vol. 40: 2 (1989).

13. Shoshana Speiser & Kevin Outterson, *Deductions for Drug Ads—The Constitution Does Not Require Congress to Subsidize Direct-to-Consumer Prescription Drug Advertisements*, Santa Clara Law Review, Vol. 52: 2 (2012).

14. Lowy, Peter A. & Juan F. Jr. Vasquez, *Interpreting Tax Statutes: When Are Statutory Presumptions Justified*, Houston Business and Tax Law Journal, Vol. 103: 2 (2004).

15. E. N. G. *An Argument against the Doctrine That Deductions Should Be Narrowly Construed as a Matter of Legislative Grace*, Harvard Law Review, Vol. 56: 7 (1943).

16. Steve R. Johnson, *Should Ambiguous Revenue Laws Be Interpreted in Favor of Taxpayers?*, Nevada Lawyer, Vol. 10: 4 (2002).

17. Jeffrey H. Kahn, *Personal Deductions—A Tax Ideal or Just Another Deal*, Law Review of Michigan State University Detroit College of Law, Vol. 2002: 1, (2002).

18. Victor Thuronyi, *The Concept of Income*, New York University Tax Law Review, Fall, 1990.

19. Barker, William B. , *The Three Faces of Equality: Constitutional Requirements in Taxation*, Case Western Reserve Law Review, Vol. 57: 1 (2006).

20. Henry Ordower, *Horizontal and Vertical Equity in Taxation as Constitutional Principles: Germany and the United States Contrasted*, Florida Tax Review, Vol. 7: 5 (2006).

21. Tyler A. LeFevre, *Justice in Taxation*, Vermont Law Review, Vol. 41: 4 (2017).

22. Douglas A. Kahn &Howard Bromberg, *Provisions Denying a Deduction for Illegal Expenses and Expenses of an Illegal Business Should Be Repealed*, Florida Tax Review, Vol. 18: 5 (2016).

23. Daniel I. Halperin, *Business Deduction for Personal Living Expenses: A Uniform Approach to an Unsolved Problem*, University of Pennsylvania Law Review, Vol. 122: 4 (1974).

24. Neil Brooks, *The Tax Expenditure Concept*, Canadian Taxation, Vol. 1: 1 (1979).

25. William J. Turnier, *Personal Deductions and Tax Reform: The High Road and the Low Road*, Villanova Law Review, Vol. 31: 6 (1986).

26. Limor Riza, *In Retrospect of 40 Years, Another Look at Andrews' Personal Deductions Argument: A Comparison of Charitable Contributions and Child-Care Expenses*, DePaul Business & Commercial Law Journal, Vol. 15: 1 (2016).

27. Adi Libson, *Taxing Status: Tax Treatment of Mixed Business and Personal Expenses*, University of Pennsylvania Journal of Business Law, Vol. 17: 4 (2015).

28. Richard J. Wood, *Supreme Court Jurisprudence of Tax Fairness*, Seton Hall Law Review, Vol. 36: 2 (2006).

29. Victoria Hartman, *End the Bloody Taxation: Seeing Red on the Unconstitutional Tax on Tampons*, Northwestern University Law Review. Vol. 112: 2 (2017).

30. David I. Walker, *Suitable for Framing: Business Deductions in a Net Income Tax System*, William and Mary Law Review, Vol. 52: 4 (2011).

31. Anthony C Infanti, *Tax Equity*, Buffalo Law Review, Vol. 55: 4 (2008).

32. Michael Walpole, *Income Tax: Deduction of Expenditure on Education of Oneself-An Australian Perspective*, South African Law Journal, Vol. 113: 3 (1996).

33. Leo A. Diamond, *The Relevance (or Irrelevance) of Public Policy in Disallowance of Income Tax Deductions*, Taxes-The Tax Magazine, Vol. 44: 12 (1966).

34. Donald H. Gordon, *The Public Policy Limitation on Deductions from Gross Income: A Conceptual Analysis*, Indiana Law Journal, Vol. 43: 2 (1968).

35. Charles A. Borek, *The Public Policy Doctrine and Tax Logic: The Need for Consistency in Denying Deductions Arising from Illegal Activities*, University of Baltimore Law Review, Vol. 22: 1 (1992).

36. Kimberly A. Pace, *The Tax Deductibility of Punitive Damage Payments: Who Should Ultimately Bear the Burden for Corporate Misconduct*, Alabama Law Review, Vol. 47: 3 (1996).

六、德文文献

1. BVerfGE 87, 153.

2. BVerfGE 99, 246.

3. BVerfGE 122, 210.

4. BVerfGE 107, 27.

5. BVerfGE 67, 290.

6. BVerfGE 93, 121 .

7. BFH DStR 2003, 279.

8. BVerfG NJW 2005, 2448.

9. BVerfG DSTR 2008, 604.

10. BVerfG NJW 1990, 2869.

11. Eva-Maria Gersch, in: Franz Klein (Hrsg.), AO Kommentar, 14. Aufl., 2018, § 3, Rn. 14-18.

12. Paul Kirchhof, Der Grundrechtsschutz des Steuerpflichtigen Zur Rechtsprechung desBundesverfassungsgerichts im vergangenen Jahrzehnt, Archiv des öffentlichen Rechts, Band 128, 2003, S. 3.

13. Michael Droege, Steuergerechtigkeit-eine Demokratiefrage?, RW 2013, S. 395ff.

14. Paul Kirchhof, Steuergerechtigkeit durch Vereinfachung des Steuerrechts, in: Winfried Kluth (Hrsg.) Facetten der Gerechtigkeit, 1. Aufl., 2010, S. 68ff.

15. Ulf Steenken, Die Zulässigkeit gesetzlicher Pauschalierungen im Einkommensteuerrecht am Beispiel der Entfernungspauschale, Band 9, 2002, § 5 S. 240.

16. Moris Lehner, Die verfassungsrechtliche Verankerung des objektiven Nettoprinzips-Zum Vorlagebeschluss des BFH und zur Entscheidung des BVerfG über die Verfassungswidrigkeit der Entfernungspauschale, DStR 2009, S. 189ff.

17. Joachim Englisch, Verfassungsrechtliche Grundlagen und Grenzen des objektiven Nettoprinzips, Beihefter zu DStR 2009, S. 94.

18. Johanna Hey, Körperschaft- und Gewerbesteuer und objektives Nettoprinzip, Beihefter zu DStR 2009, S. 110.

19. Kirchhof, Drei Bereiche privaten Aufwands im Einkommensteuerrecht-Zur Trennung der Erwerbs-von der Privatsphäre unter besonderer Berücksichtigung der außergewöhnlichen Belastungen, DStR 2013, S. 1870.

20. Stefan Homburg, Zur Steuerfreiheit des Existenzminimums: Grundfreibetrag oder Abzug von der Bemessungsgrundlage?, Finanzarchiv N. F1995., S. 182.

七、报纸

1. 蔡江伟:"当虚增利润多缴税款可以退还",载《证券时报》2019 年 7 月 15 日,第 A03 版。

2. 吴秋余:"个税改革激发消费潜力",载《人民日报》2019 年 6 月 18 日,第 5 版。

3. 张枫逸:"'赡养费税前扣除'有三重意义",载《经济参考报》2015 年 12 月 15 日,第 8 版。

4. 刘昌海:"'与老人同住减税'是种良性激励",载《重庆日报》2015 年 12 月 11 日,第 17 版。

5. 龙继辉:"税前扣除赡养支出是老有所养的福音",载《企业家日报》2018 年 9 月 3 日,第 3 版。

6. 吴力:"中企提升发展质量破题低利润",载《国际商报》2019 年 9 月 12 日,第 2 版。

7. 刘剑文、郭维真:"准确理解税收法定进程中的'税制平移'",载《中国社会科学报》2019 年 5 月 15 日,第 5 版。

8. 马向东:"保险中介市场竞争将加剧",载《中国保险报》2018 年 8 月 7 日,第 6 版。

9. 朱俊生:"'手续费及佣金税前扣除政策调整'深度解读",载《中国保险报》2019 年 5 月 31 日,第 2 版。

10. 刘天永:"企业所得税税前扣除五大原则",载《财会信报》2017 年 2 月 13 日,第 B03 版。

11. 黄德荣:"企业所得税税前扣除原则需准确把握",载《海峡财经导报》2014 年 6 月 11 日,第 17 版。

12. 贾智莲:"专项附加扣除:个人所得税改革的制度性突破",载《内蒙古日报(汉)》2018 年 7 月 13 日,第 3 版。

后　记

　　本书是在笔者博士学位论文《基本权利保障立场下所得税扣除制度研究》基础上修改而成的。从形式上看，该书确实只是笔者博士学位论文的改头换面，但回顾其从萌芽到出版的全过程，她却是对笔者嗷嗷待哺到三十而立这三十年生涯的另一种诠释，与博士学位论文确有本质差异。因此，本书的后记亦非对博士学位论文致谢的翻版，本书从酝酿到撰写完毕历时长达五个月之久，同样倾注了笔者颇多心血。

　　我出生在中原大地，这里曾遍布热带雨林，大象也在此繁衍，"豫"这一简称就发端于此。沧海桑田，随着地壳运动以及气候变化，河南省早已不再盛产热带雨林和大象，自然景观也以温带落叶阔叶林为主。但在人类社会发展的长河中，她的地位却不容小觑，甚至被认为是华夏文明极为重要的发祥地之一。我的故乡（新郑市）更是有着绵长的历史，据部分史学家考证，被尊祀为"人文始祖"的轩辕黄帝就诞生于此。及至春秋战国时期，新郑先后被作为郑国和韩国的都城。长达两千余年的封建王朝普遍定都在北方，甚至还有多个朝代定都河南省，加之封建社会以农业立国，新郑市在这两千余年中一直拥有举足轻重的地位。改革开放以来，作为中部省份的河南省虽在经济上不及沿海发达省份，但新郑市凭借其便利的交通、丰富的历史文化旅游资源以及发达的农业基础，时常在全国百强县榜单中存有一席之地。一方水土养育一方人，有着丰厚历史底蕴的故乡也在很大程度上形塑着本地的民风。这里的百姓深受周礼的影响，尊师重教、尊亲孝长、诚实信用、遵纪守法、爱岗敬业等传统美德可谓是代代相传。耳濡目染下，这些优良传统不仅塑造了我的价值观，也影响着我的职业规划，冥冥之中指引着我走进法学专业、迈向教师岗位。

　　依稀记得四岁时的我，说话尚不伶俐，智力发育也极为缓慢，更不识数。到了五岁的时候，村子里面的小伙伴陆续去学校上了学前班，我也随大流跟着小伙伴们一起混日子。可在学校，我既不会写自己的名字，也不会起码的算数，时常惹来笑话。而在这时，我的父母并没有嫌弃我，而是在我放学之后用各种方式辅导我，教我写名字，用摔鞋子的方式教我数数。也许因为学费太贵的缘故，也许因为父母觉得一个学期花费近一百元给我上学前班学费不太值得的缘故，在我上学前班的第二学期时，整个学期都没有缴学费。现在想来，其中恐怕还有别的原因。彼时，农业主要靠人力和畜力作业，尚无今日随处可见的各种农业机械，劳动力被束缚到农业的精耕细作，加之农民外出务工的渠道严重受限，农业收成不好而农业税又一直居高不下。作为顶梁柱的父亲虽起早贪黑，但挣到的钱却无法负担昂贵的学费，只好在县城的新华书店给我买一些必需的教材供我自学。也许是我和父母的坚持与努力感动了幸运女神，在我六岁上一年级的时候，我不仅能够写自己的名字，还能较为伶俐地进行自我表达，数数也不在话下，自然也就没有同学再嫌我笨拙，甚至有的时候，我还能考到班级前几名。到了小学二三年级的时候，我的学业表现逐渐趋于稳定，能够在班级保持前几名。学业成绩趋于稳定后，我对揭示现实问题的发展逻辑表现出很强的求知欲，甚至成为街坊邻居眼里的"十万个为什么"。那时，我喜欢辩论，也喜欢跟别人讲道理，凡是自己理解不了的，便会问别人"凭什么""为什么"，甚至有时候还会给出自己的见解。久而久之，家族里有亲人就给我贴上"律师"这个未来职业的标签，而我也在有意无意中往这个方向发展。当然，我那时并不知道律师这个职业究竟是做什么的，或许就是电视剧里面的讼师，也或许就是指代讲理的人。但不管如何，这对于我成为法律职业共同体的一员却具有启蒙作用。

还记得在我上小学二年级时，我跟随父母开着叔父家的拖拉机拉着满车的小麦去乡里缴农业税，那时候心里面着实觉得委屈。这种委屈对于一个初具思考能力的七岁儿童来说，其实也就只是一种儿童朴素的不舍得将自家粮食上缴的心理，至于农业税是否有正当的法律依据以及基层政府收取的农业税是否合法乃至什么样的税负是合理的，这些显然不是一个七岁儿童所能想到的。正是对农业税的天然抵触，在我读小学三年级时候，村里的村委会主任去我家发放通知"交公粮"的凭证（限期缴纳税款通知书），我那时候竟然天真地以为只要不接受这一凭证就可以豁免农业税，于是采取拖拽村主任的衣服的方式避免他去我家发放这一凭证。当然，在今天看来，彼时的行为或许在某种意义上构成了"抗税"，并非法律人应有的处事方式。由于收成有限，全家人不得不更加勤俭节约。出生于抗战年代的祖父更是如此，但他的省吃俭用却也害他患上了肠胃癌，五十多岁便与世长辞。也许是祖父的遭遇让全家人意识到节流固然重要，开源的意义更为突出。祖父的去世给父母带来了沉重的哀痛，却也使他们把更多精力放到对我学业的引导上，期待我早日走出农村，考上大学，进入"吃商品粮"[1]的序列。就此而言，我在儿时对税收的初步接触及对"吃商品粮"的憧憬，对我今日以高校教师的角色涉足民生财税问题的研究不无启蒙意义。

小学时期的智力开窍使我变得更加自信，影响着我中学时期的表现和对财税议题的思考。从农村小学进入县城初中，我开始还面临一些来自英语方面的挑战，但这种不适在两个多月后便被克服。依稀记得，我读初中一年级的时候，第一次考试成绩还排在年级一百五十多名，第二次考试便进入年级前五十名，第三次及以后的考试就稳定在年级前十名，甚至还时常位居年级前两名。这种状态一直延续到高中阶段。高中阶段，我的成绩也比较稳定，综合成绩几乎都在年级前十名。在高一下学期文理分科时候，很多老师倾向于让我选择理科，但我深知自己并不够聪明，更多是靠自己的勤奋才取得了些许成绩，几经纠结，我还是选择了文科，这是我潜意识中对社会科学偏爱的结果，也为我日后走上法学专业这条道路奠定了基础。中学时期，我的文科和理科都还不错，数理化这些科目也时常获得满分，但我对政史地这些科目却尤其感兴趣，对文科的偏爱也铸就了我情感细腻而又悲天悯人的品性。政史地的课程知识学习也在一定程度上解答了我儿时的一些困惑，比如税收是国家财政收入的重要形式，再如税收是国家机器赖以存续的物质基础，又如税收往往成为引发革命和改革的重要导火索，还如市场存在失灵需要政府干预等。正是怀揣着对经济和法律的偏好，在高考填志愿的时候我报了经济和法学两类专业。遗憾的是，本被老师们寄予厚望的我在高考中发挥得并不理想，未能按照高考前的一测二测三测的轨迹顺利进入全省前一百名，更与清北无缘。也许是整个学校的缘故，我的高考成绩虽然在全县应届生中位居第二名，但在全省却排到了三百名左右，当年整个学校都无考入清北的同学。虽一度想过复读一年，但想到武汉大学也差强人意，加之第二年复读也未必

---

[1] "吃商品粮"泛指国家公职人员，即不需要缴纳农业税的那些职工，主要指机关事业单位工作人员。

就能够取得更好的成绩，我最后还是接受了武汉大学的录取通知书。不过，当年的武汉大学在招生时存在专业级差，全省文科排名三百名的我虽成绩尚可，却也因这一已经被废除的规定而与第一二专业志愿专业失之交臂，只好无奈地接受保底志愿——公共管理专业。

　　十二年前的九月五日，夏秋之交，午后的郑州依然格外炎热，或许这是温带大陆性季风气候的共同特征。但一场突如其来的大雨使郑州凉爽了下来。彼时，从我所在的村子到郑州火车站并不便利，尤其是到了下午四五点，从乡镇到郑州市区的车辆基本处于停发的状态。暴雨的突如其来使得本就不便利的入学之路变得更加崎岖。幸运的是，父亲所受雇的建筑公司的经理得知我考上了武汉大学，强烈提议开车接父亲和我从村子到郑州火车站。就这样，在父亲的陪同下，我扛着行李第一次坐火车离开故乡。大约是六日的凌晨三点半，火车就已经进入武昌火车站。当时的江城格外热情，仿佛是在欢迎我和父亲的到来。安静地坐在武昌火车站，等待了近 3 个小时，天总算亮了，我跟父亲坐上了学校迎新的校车正式踏进珞珈山。依稀记得校车停靠在武汉大学牌坊前，下车后，我跟随父亲在地图的指引下，兜兜转转找到了武汉大学文理学部新生报到处——梅园小操场。几乎办完了入学的所有手续后，我们被告知还差缴学费这一最后环节。近乎五千元的学费本不应该成为入学的障碍，却一度成为我和父亲共同担心的问题，毕竟我们最初规划的就是入学后凭借助学贷款读完几年大学。好在这时候，学校迎新的老师得知我们的情况后指引我们去宋卿体育馆办理了绿色通道，交了学费，还被资助了一千元的生活费。或许这一举动在很多人看来是理所当然，但我和父亲却被学校的如此善举深深打动。这也为我后来十余年一直留在珞珈山和江城武汉埋下了伏笔。入学手续办理完毕后，我和父亲在学院学长学姐的带领下来到武汉大学文理学部的枫园宿舍。由于我和父亲是第一个来到宿舍的，宿舍里面的卫生打扫也就成了我和父亲所要做的首要事情。经过一番打扫，宿舍终于具备了入住的条件。到了正午饭点时分，我和父亲决定先吃午饭，再回来开展下一步工作。也许是因为武汉大学太大，也许是因为陌生的缘故，我和父亲的方向感都失灵了，不辨东西南北，枫园食堂本就在枫园宿舍附近，但我和父亲却跋山涉水来到了桂园食堂，吃上了我大学生活的第一餐。在宿舍午休一段时间后，父亲又带我去迎新处买了一部属于自己的诺基亚滑盖手机。也许是父亲觉得我的大学生活基本安顿下来了，也许是因为家里农活还等着父亲做，也或许是父亲担心在武汉住宿太贵，大约下午五点钟的时候，父亲告诉我他要坐车回家了。怀着依依不舍的心情，我陪父亲走到了学校门口，目送父亲坐上开往武昌火车站的 564 路公交。直至父亲的身影淡出我的视野，我才离去。彼时的心情既有不舍，也有遗憾，还有思乡。但无论如何，这标志着我的大学生活正式开始。

上着自己并不算满意的学校，学着自己并不多么喜爱的公共管理专业，穿梭于宿舍、教室与图书馆之间，我大学第一学年就这样结束了。就在大二开学不久，我遇到了本科导师石书伟副教授，他爱生如子，对学生知无不言。在跟老师的互动与交流中，我萌生了攻读法学博士学位的想法，而这在当时是多么不可思议。此后，我辅修了法学双学位，从大二下到大四上，每个周末都能聆听法学院老师们精彩的授课，江国华教授的温文尔雅，柯坚老师的不拘一格，黄启辉老师的慷慨激昂……，都给我留下了深刻的印象。当然，在主修的行政管理专业学习的公共经济学、宏观经济学、微观经济学、公共政策学、行政法、当代中国政府等专业课程也为我今日的研究打下了些许基础。繁忙的大学生活一直持续到大三下学期。在大三暑假，我和朱斌、任俊等几个好友一同备战司法考试，至今仍难以忘记，也许是司法考试的备考经历让我更加坚定了成为法律人的梦想和追求。就在大四保研时，怀着对珞珈山的不舍，对成为法律人的极度渴望，我放弃了各种选择，毅然接受了武汉大学法学院法律硕士的推免。就这样，我总算完成了"政管人"到"法苑人"的角色变化。

在八年前，法律硕士（非法学）意味着本科没有任何法学基础，更意味着老师们的"轻视"，尽管这对拥有法学双学位背景和高分通过司法考试的我并不公平。也因如此，我们所上的课程几乎跟本科双学位时如出一辙，八九十人的课堂时常只有五分之一不到的同学坐在教室内听讲，最少的时候更是只有个位数。这种情形下，想通过法律硕士（非法学）攻读法学博士学位无异于天方夜谭。我也因此一度陷入迷茫状态，不知道未来该何去何从。七年前的春季学期，我偶然来到法学院 120 教室，意外聆听到熊伟老师为本科生开设的财税法课程。也许是命中注定，我在迷茫中找到了方向，发现自己对财税法问题比较感兴趣，也特别想跟随熊老师探索财税法问题。在得知熊老师还面向经济法专业硕士研究生开设财税法课程后，我又踏进 331 教室去聆听。由于 331 教室属于小班教学，起初时常有同学带着异样的眼光看待我。

幸运的是，熊老师非但没有难为我，还鼓励我参与课程讨论。经过一个学期的学习，我对财税法有了更深刻的认识，对熊老师那种让人痴迷的人格魅力更是由衷地钦佩。就在学期课程即将结束的时候，我向熊老师表达了想要追随熊老师进一步学习的想法，熊老师欣然答应。从此，财税法和熊老师走进了我的人生。在六年前春夏之交的一个飘着小雨的晚上，熊老师在教五多功能报告厅为全校同学作了一次普及税法的讲座。这个晚上对于绝大多数人来说可能是极为普通的一个夜晚，这场讲座更是发生在武汉大学的一个较为寻常的讲座。然而，这个夜晚和这场讲座对于我却有着极为特殊的意义，因为它拉开了我攻读博士学位的序幕，也铸就了博士毕业论文撰写这个"因"，对本书的出版无疑是不可或缺的。就在那个夜晚，我终于鼓起勇气向熊老师表达了自己的内心，"老师，我想读博……"。向导师表白自己读博的诉求，这对于多数人来说可能也就是极为平常的一件事。然而，对于一名借法学双学位从行政管理跨专业保研到法学院的非法学法律硕士来说，提出这个诉求并不轻松，我必须做好充足的心理准备，尤其是被拒绝的心理准备。庆幸的是，熊老师非但没有打击我的积极性，还表示会帮我关注相关的信息。读博的诉求得到导师的支持与肯定后，我的内心既开心又沉重。之所以开心，是因为导师愿意帮助我，这会在较大程度上为我考博提供便利的渠道；之所以沉重，则是由于自己手头尚无一篇公开发表的学术论文，学术水平可能无法支撑自己读博的梦想，到头来反倒辜负了导师。在我焦虑和沉重之际，叶金育师兄（彼时为武汉大学法学院讲师）走进了我的生活。得知我有意读博并且意向较为强烈，叶师兄让我参与他所立项或申报的课题，从协助文献搜集到报告初稿撰写再到课题申报书的初稿撰写。在一系列学术训练下，我在半年时间内得以公开发表三篇学术论文且两篇发表在 211 大学学报。至此，考博所需的主观要件和客观要件基本满足。

当"指时针"转到 2017 年初，历经各种波折与抉择后，我终于拿到了梦寐以求的攻读经济法学博士学位的"入场券"。除了熊老师，在此还必须感谢西南政法大学的张怡教授和武汉大学的江国华教授，他们在我读博无门的时候选择接纳了我，让我得以保持报考博士研究生的勇气。尽管后来阴差阳错，我得以留在珞珈山攻读经济法学博士学位，但我对西南政法大学经济法专业和武汉大学宪法行政法专业的发展却始终保持着密切关注。当然，这段复杂的博士备考经历也为我较为开放的研究风格奠定了基础，这也是我读博以来对宪法行政法议题仍旧颇为关注的重要原因。入围博士候选人以及顺利拿到硕士学位固然使我高兴了一段时间。这种久违的兴奋与喜悦逐渐褪去，取而代之的则是使命感，无穷无尽的灵魂拷问也随之而来。无数个夜晚，我思考着学位论文的选题。虽说入学伊始，我便明确了自己的研究方向——税法学，但想要在税法学中找到一个能够说服自己和他人的命题也绝非易事。站在十字路口，我迷茫过，也苦恼过，是延续自己硕士期间关注的资源税法议题还是另辟新领域？资源税法还有无研究价值？如果放弃资源税法的研究，又该转向何种议题？经过一年有余的摸索，结合导师的意见，最后还是否定了以资源税法作为博士论文的选题方向。恰在此时，《个人所得税法》迎来了第七次修正，《个人所得税专项附加扣除暂行办法》也相继出台，所得税扣除一时间成为脍炙人口的话题。然而，所得税扣除制度背后蕴含的机理却少有人问津。这个时候，叶师兄建议我重点关注所得税扣除问题中的"道"。怀揣着对所得税扣除中的"道"的追寻，我围绕所得税扣除阅读了大量文献，深感人们对所得税扣除的研究也时常存在立场的偏差。每当看到论者所言必称，"我国所得税扣除制度应当……"，我就深感疑惑，既然所得税扣除规则是由我国的最高立法机关规定的，难道这还会有错吗？如果仅恪守税收法定原则的价值立场，似乎学者无权质疑立法机关作出的决定。在国家恩惠立场下，扣除是国家给予纳税人的恩典，立法者可以随意形塑所得税扣除，是否设计以及如何设计皆取决于立法者的偏好。只有在基本权利保障立场下，立法者塑造的所得税扣除制度才存在边界可言，学者对所得税扣除制度的各种诟病也才有了起码的逻辑基础。两种立场之间该如何抉择，这绝非当然情事。循着这条道路，在金育师兄、德瑞师兄、宗涛师兄、聂森师兄、成松师兄、新凯师弟等师友的勉励与帮助下，我最后还是踏上了"基本权利保障立场下所得税扣除制度研究"这一征程，希望通过系统论证展示出所得税扣除制度的前世今生，也试图纠正人们对待所得税扣除所固有的国家恩惠立场，更希望通过对这一问题的探讨揭示出所得税扣除的事物本质。时至今日，尽管我对该议题的认识也难言全面，学者之间的看法也颇为悬殊，但我依旧认为有必要将所得税扣除制度置于宪法基本权利保障的角度观测，而不应将之作为确定应纳税所得额的一项技术要素，这也是本书长篇大论所要揭示出的最核心的价值判断。

命题的确定固然不易，本书主体内容即博士学位论文的撰写更充满了波折。2020年初，就在博士学位论文撰写最吃力的时候，新冠肺炎疫情在武汉率先暴发并在全国肆虐。武汉市人民政府和武汉大学果断采取了系列措施，我也因此被迫滞留在武汉并被封闭在宿舍。武汉"封城"直到二月底，在这漫长的一个多月中，我的内心世界与武汉疫情几乎是同步的，焦虑、迷茫、孤独以及恐惧种种情绪充斥着我的内心。在这期间，我虽坚持阅读期刊文献，但这些文献压根无法缓解我的烦恼与痛苦，因为我仍然不知道如何让自己的论文框架在逻辑上说得过去。晚上睡觉，我不敢关灯，我怕关灯会让自己睡过头。白天一想到揪心的论文，又会觉得自己的人生毫无价值。这段时间是我心理最为脆弱的一段时期，也是读博以来内心世界极为黑暗的一段时期。是父母和熊老师挽救了我，若没有他们隔三差五的谈心、安慰、鼓劲，我可能依旧在万丈深渊的边缘徘徊。进入三月份，武汉迎来了久违的春天，新冠肺炎疫情得到了初步控制，一切都有步入正轨的趋势。在熊老师的关心与鼓舞下，阳光日益照亮我的心扉，处于"冬眠"状态的大脑也逐渐被"激活"。而在叶师兄、聂森师兄的耐心帮助下，论文的框架得以理顺，论文的修改与调整也有了头绪。不知不觉中，论文写作取得了较大的突破，基本能够说服自己的博士学位论文得以初成。而在博士学位论文预答辩到正式答辩阶段，武汉大学经济法教研室的冯果老师、宁立志老师、孙晋老师、张荣芳老师、喻术红老师、李安安老师、袁康老师、班小辉老师，西南政法大学的王婷婷老师、张怡老师、张成松老师，以及西南大学杨复卫老师、中国政法大学时建中老师、浙江大学李有星老师、中国地质大学吕凌燕老师、中南民族大学段晓红老师、中南民族大学顾德瑞老师、武汉体育学院陈洪平老师、华中科技大学李貌老师、华东政法大学欧阳天健老师、湖北经济学院房海军老师、首都经济贸易大学褚睿刚老师，他们对论文主体内容的修改与完善同样给予了颇多启发，为本书的出版贡献良多。当然，在此还要特别感谢留学德国慕尼黑的段沁博士，他为我博士学位论文的撰写提供了颇多外文文献，使得本书的学术视野在国际化层面上得以扩张。此外，苏州大学唐冬平老师、湖南大学刘怡达老师和武汉大学梅扬老师对我论文撰写期间遇到的颇多宪法学困惑的解释，也在一定程度上增加了本书的科学性。还要感谢张阳、袁野、孟现玉、郭玉新等同学，邹新凯、滕文标、刘鹏、罗敏、曹堡磊等师弟师妹，他们在我撰写博士毕业论文关键时刻皆给予了各种关心与支持。书短意长，不尽欲言，愿大家一切安好！

　　两年前的此时，我博士学位论文顺利通过答辩，我如期获得了毕业证和学位证。这意味着珞珈山十年的学习生涯正式结束，职场生涯的序幕得以拉开。在选择工作之际，我并未考虑过太多的选择，江城武汉始终是我考虑工作的主阵地，这与我对江城的深切情感有着密切关系。彼时，我自认为自己还算努力和优秀，毕竟自己不仅具有武汉大学本硕博这个光鲜的学历背景，还手握令不少师弟师妹羡慕的注册会计师、注册税务师、法律职业、证券从业等含金量颇高的职业资格证书，更屡获国家奖学金、优秀研究生、实习实践先进个人、学术之星、优秀毕业研究生等校级乃至国家级荣誉。加之博士期间，我确实也发表了近十篇 C 刊论文，但每每想到无论是武汉工程大学还是中国地质大学（武汉）所提供的生活待遇都不尽如人意，扣除房租、水电费以及餐费后，一个月仅能储蓄三四千元，相比我硕士毕业时多家单位开出的每月一万至一万五千元的工资待遇明显少了一大截。也许期待越多，失望也就越大，这让我陷入了自我怀疑的状态，读书无用论的想法一度萌生于心。不过，在李元菊、江见、何俊、杨永健、朱斌等挚友以及金育师兄、苏娟嫂子、德瑞师兄、成松师兄、睿刚师兄的关心与疏导下，纠结的 6 月和 7 月得以度过，我看待未来职场的心态也逐渐变得积极。不容否认，彼时来看前述两个选择，都难言理想，但不想轻易离开江城的想法确也让我摒弃了其他备选项，从而一度纠结于是去现在任职的武汉工程大学还是中国地质大学（武汉）工作。受限于家庭经济状况，更希冀早日能够在武汉定居，我不得不将工作待遇作为择业的首要考虑因素，以至于最终作出了一个令颇多师友感到诧异的抉择，放弃中国地质大学（武汉）而入职武汉工程大学。迄今想来这些都历历在目。

2020 年 8 月入职后，我沿着博士学位论文确立的基本路径继续思考并围绕灾害应对、老年保障、促进生育、调节收入分配等议题先后发表数篇学术论文并获教育部人文社会科学青年基金项目、湖北省社科基金一般项目（后期资助项目）、湖北省教育厅哲学社会科学研究一般项目、武汉工程大学校内科学基金等科研项目立项。这些科研成绩不仅使我进一步确信博士学位论文的学术价值，还坚定了我将博士学位论文出版的信心。受限于学校颇为紧张的办学经费，专著的出版只能自筹经费，这为本书的出版平添了诸多烦恼。但幸运的是，在我工作的两年期间，学院的领导以及同事对我工作和生活给予了颇多关心和帮助，使我得以在繁忙的工作中抽出时间安心撰写学术论文和申报课题，为本书的出版创造了良好的外部环境。若没有他们的支持，前述的科研项目立项便会面临更多的不确定性，本书的出版也将因面临欠缺经费支持而无法顺利出版。

　　还要特别感谢我的家人。他们既是我奋斗的动力，也是我落寞时候的精神寄托，没有他们，我也许无法走到今天。父母不仅赐予我生命，还教育我坦然面对生活，更要求我诚恳对待身边的朋友。我的父亲是一个极为平凡的农民工、环卫工人，手指因为早年的工作被机械夺去了一半，但他不折不挠，总是用乐观的心态激励着我前进，并力所能及地参与我的学术研究与科研项目开展。我的母亲虽是食品厂生产车间很普通的一名工人，平时和我的语言交流较之于父亲来说要少得多，但我深知母亲对我的爱并不比父亲少，她只是用另外一种方式默默地守护着我的成长，这不仅体现在母亲在我生日时第一时间发送的生日红包，还体现在母亲在我每次回家之时特意推掉其他工作对我的陪伴，更体现在每次电话中嘱咐我不要有太大压力。与一般人眼中的"精彩极了"和"糟糕透了"的最佳父母组合不同，也许是因为我从小就颇为懂事孝顺，他们对我总是那么支持与肯定，我和父母几乎没有产生过矛盾，我到现在为止似乎还未有过青春期该有的叛逆，这对于我的成长无疑有着不可磨灭的贡献。时至今日，我的情商虽然时常被同事和领导认为不那么在线，但我自觉对人从来都是诚恳坦荡、知恩图报。我的祖母虽已年近八旬，但每次回家都会跟我讲知识改变命运，让我保持对知识的渴望。我那懂事的妹妹，在江城求学和工作的这十二年，我很少关心她的学习与生活，但她却从不曾抱怨，还时常利用她宝贵的周末时间跟我电话交流，给我繁忙的生活增加了颇多乐趣。还有我的爱人，她不仅是我生活上的伴侣，还是我学术上的合作伙伴，更是我的灵魂知己，对她说再多的感激都无法表达我此时此刻的心境，愿我们能够执子之手与子偕老。此外，还必须特别感谢我的叔父、叔母、姨妈、姨父等亲友，感谢他们一直以来对我生活、学习、成长的关心和支持。唯心存感恩，不断前行！

2022 年 5 月 31 日

南望山·中国地质大学东区